미래의 가격

THE PRICE OF TOMORROW

인플레이션 시대의 종말

미래의 가격
THE PRICE OF TOMORROW

제프 부스 지음 | 강성실 옮김

K 신팅 **한국물가정보**

THE PRICE OF TOMORROW

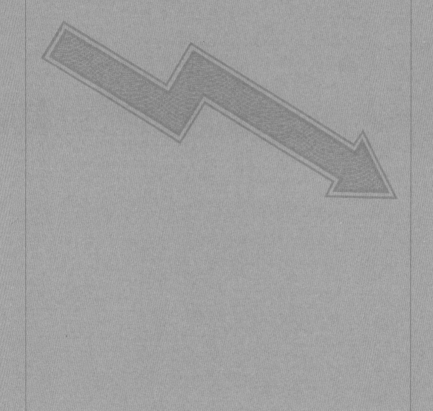

기술은 세상을 어떻게 바꿀 것인가?

우리는 인류 역사상 가장 풍요로운 특별한 시대에 살고 있다. 비록 사람마다 풍요의 기준은 다르겠지만, 어쨌든 풍요를 누리고 있는 것만은 사실이다. 기술은 우리가 그 기술에 대한 사용 방법을 미처 습득하기도 전에 그보다 빠른 속도로 끊임없이 발전을 거듭하고 있다. 상상 이상으로 빠르게 움직이는 이 세상에서 우리는 가만히 멈춰 서 있을 여유조차 없다. 기존의 시스템이 기술 발전 이전의 시기에 잘 작동했다는 이유로 그것을 고수하면서 현재에도 제대로 작동하고 있는 것처럼 가장할 수는 없다. 우리가 경제를 바라보는 방식과 경제를 건설해온 방식을 대대적으로 수정하지 않은 채 이 시대를 살아가려고 한다면 혼란은 예정된 결과다. 이대로 간다면 미래에 치러야 할 대가는 어마어마할 것이다. 이렇게 특별한 시대를 살아가고 있으면서도 과거에 통용되었던 기반 위에 미래에 통용될 어떤 것을 건설해야 한다고 믿는 것은 타당하지 않다.

이런 주장을 하는 내가 어떤 사람인지 궁금할 것이다. 나는 나의 노력으로 얻은 혜택이 아니라 태어날 때부터 주어진 혜택을 받고 자랐고 세상에 그 혜택을 되돌려 주고자 하는 사람이다. 나는 상당히 운이 좋은 편이었다. 우선 설문조사를 하면 종종 세계에서 가장 살기 좋은 나라 1위로 꼽히는 캐나다에서 태어났다. 또 나와 형제들을 사랑하고 지지해주는 훌륭한 부모님 밑에서 자랐다. 부모님은 우리에게 옳고 그른 것을 구분하도록 가르치셨고 열성적인 토론을 통해 끊임없이 학습 동기를 북돋워 주셨다. 내가 대다수의 사람과 다른 방식으로 세상을 바라보고 기존의 지식 체계 위에 새로운 것을 쌓아올릴 수 있었던 것은 이러한 부모님의 양육 방식 덕분이었다.

그렇다고 어려움을 전혀 겪지 않았던 것은 아니다. 우리 집이 부유하지는 않아서 모든 것을 한순간에 빼앗겼을 때 느끼는 감정과 비슷한 극심한 상실감을 경험하기도 했다. 하지만 가정에서의 양육 환경 덕분에 주변의 모든 사람에게서 배우고자 하는 깊은 호기심을 계발할 수 있었다. 그 결과 타인의 시각에서 세상을 바라볼 수 있는 눈을 가지게 되었다.

어린 시절부터 나는 늘 호기심이 많았다. 세상이 어떻게 돌아가는지 알고 싶어 했고, 왜 그런 방식으로 돌아가는지도 궁금했다. 그래서 거창하고 터무니없는 질문을 서슴지 않고 던졌다. 현대인의 생활 속에는 주의력을 흩트리는 것들이 수없이 많지만 나는 여전히 시간을 투자해 1년에 50권 정도의 책을 읽는다. 이러한 호기심이 더 좋은 무언가를 만들어내겠다는 투지와 결합하면서 기업가로서 세계 최고로 인정받는 기술 기업들과 어깨를 나란히 할 수 있는 놀라운 모험에 뛰어들게 되었다. 그 모험을 통해 나는 세계 여러 나라의 좋은 친구들을 얻었고 또 그들에게서 배울 수 있었다. 우버의 최고 기술 책임자(CTO)인 투안 팜(Thuan Pham)은 최근 한 조찬 자리에서 내게 이렇게 말했다. "저는 재능 있는 인재는 세계 곳곳에 공평하게 편재해 있지만 기회는 그렇지 않다고 생각합니다." 나는 그의 말에 전적으로 동감한다. 삶에서의 성공이 우리의 주변 사람들과 환경, 교육에 달려 있다면(나는 그렇다고 생각한다), 나는 전 세계, 어쩌면 선진국에서도 대다수의 사람이 갖지 못한 유리한 조건을 갖춘 셈이다.

나는 거의 20년 동안 최전방에서 기술 변화를 지켜봤다. 1999년 친구인 롭 뱅크스(Rob Banks)와 건축 산업을 간소화한다는 취지로 기술 기업인 빌드다이렉트(BuildDirect)를 창업했다. 전반적으로 혁신과 투명성이 부족한 업계에서 변화를 추구하느라 수많은 부침을 경험하면서 교훈을 얻게 되었다. 하나의 아이디어로 시작해 시가총액이 5억 달러가 넘는 사업체로 성장시켰고, 매년 매출이 배로 증가하면서 대박을 터뜨려 사업을 더 확장하기도 했다. (그러다가 결국 고배를 마셨지만 말이다). 기술 기업을 20년 가까이 운영하는 동안 닷컴버블 붕괴와 2008년 경제 위기, 기술 파괴의 새로운 조류를 겪으면서 끊임없이 변화하는 세계를 바라보는 남다른 통찰력을 얻을 수 있었다. 급속도로 변화하는 시기에 기업을 건설하는 일은 그에 따르는 외부적 도전들만으로도 충분히 두렵고 긴장되는 일이었다. 하지만 그 모험을 통해 얻은 나 자신에 대한 깨달음은 그에 비할 수 없을 만큼 컸다.

내가 아는 모든 기술 기업의 창업자들과 경영자들은 예외 없이 기술을 이용해 세상에 긍정적인 영향을 주고자 하는 강한 의지가 있었다. 이런 특성은 대다수 기술 기업가가 공통으로 가지고 있으리라 생각한다. 그들은 단순히 사업을 성공시키는 것을 넘어 더 좋은 세상을 만들고 싶어 했다. 그들도 우리 모두처럼 완벽하지는 않지만, 타인을 돕겠다는 진정한 열망이 있다는 공통점이 있었다.

기업가적 발상은 대부분 세상이 앞으로 어떻게 변할 것인지에 대한 구상과 현재의 세상 사이에서 촉발된다. 즉 더 나은 것을 창조할 기회는 제 기능을 못하게 된 것이나 당신이 생각하는 방식으로 작동하지 않는 것을 유심히 관찰하는 데서 탄생한다는 말이다. 단, 당신의 생각이 옳다 해도 변화는 결코 쉬운 일이 아니라서 사업은 종종 부침을 겪게 된다. 역사상 가장 훌륭한 기업가와 과학자, 지도자 중 많은 이가 일찍이 조롱거리가 되기도 하지만 끝까지 일을 추진하고야 만다. 변화가 필요한 무언가를 발견하고 그것이 바뀌어야 마땅하다고 생각했기 때문이다.

그들은 결국 자신의 현실을 창조해낸다. 그리고 우리의 현실도 함께 창조해낸다. 진실은 우리 모두에게도 그런 능력이 있다는 것이다. 자신의 현실을 어떻게 바라보고 스스로 어떤 사람이라고 생각하는지에 따라 우리가 선택하는 행동은 달라진다. 그 선택들이 하나하나 쌓여서 우리의 생각과 시간을 통제하는 것이다. 그럼에도 우리는 이 사실을 깨닫지 못하거나 잊어버린다. 우리 모두는 누구와 어떻게 시간을 보낼 것인지 선택할 수 있다. 이는 당신이 할 수 있는 가장 중요한 선택 중 하나이다.

지금 나는 운이 좋게도 가장 뛰어난 기술 기업가들과 다양한 분야에 걸쳐 있는 그들의 기업에 도움을 줄 수 있는 위치에 있다. 그런 입장이다보니 더 나은 내일을 기약하며 현재 진행 중인 많은 변화를 이해하는 시각을 가지게 되었다.

테라메라의 창업자이자 CEO인 칸 만하스(Karn Manhas)는 수많은 식물이 척박한 환경 속에서 자람에도 불구하고 왜 농장에서는 유독성 농약을 사용해야만 하는지에 대해 의문을 품었다. 그 의문이 출발점이 되어 그와 그의 팀은 합성 화합물의 효능을 능가하는 유기 화합물을 만드는 기술을 개발해냈다. 이 기술 덕분에 유기 농법에 혁신이 일어났을 뿐만 아니라 합성 농약의 사용량을 최대 90%까지 줄일 수 있었다. 병충해를 없애기 위해 식재료에 사용하는 농약은 결국 우리 몸으로 들어간다. 따라서 농약의 사용을 줄이거나 없애는 일은 아주 중요한 일이다.

주택 소유가 가장 중요한 부의 척도 중 하나임을 인식하게 된 마이클 스티븐슨(Michael Stephenson)과 스티브 재거(Steve Jagger)는 소외계층 90%가 주택을 소유하도록 만들겠다는 사명으로 사업에 착수했다. 그들이 경영하는 기업 애디(Addy)는 기술을 활용해 이 주택 자산을 민주화해서 사람들이 1달러라는 적은 금액으로도 부동산을 소유할 수 있게 해주고 있다. 불평등이 점차 가속하는 이 세상에서 소외계층에의 접근은 빈부격차를 좁히는 데 도움이 될 것이다.

촌락 마하수비라차이(Chonlak Mahasuvirachai)는 주택 건설업을 간소화해 동남아 최대 규모의 시장을 개발하기로 했다. 접근성이 떨어지고 고객 통제가 쉽지 않다는 문제에 봉착한 그녀는 훨씬 더 좋은 선택권과 가치, 간편성을 제공하기 위해 녹녹(NocNoc)을 창업하기에 이른다. 회사는 이 책에서 소개하는 플랫폼 원칙에 기반해 설계되었고 빠른 속도로 성장하고 있다. 2019년 2분기에 100만 바트가 겨우 넘는 매출에서 시작해 3분기에는 5,500만 바트 이상의 매출을 기록했다.

지금까지 언급한 경영자들은 내가 직접 옆에서 지켜본 몇몇 예일 뿐이다. 그들은 각자 다른 시장에서 다른 접근법을 사용했지만, 사람들을 돕겠다는 흔들림 없는 열망만큼은 모두 같았다. 그리고 그 열망이 그들의 회사를 성공으로 이끈 것이었다. 내가 관여하는 회사 대부분은 더 나은 결정을 내리기 위해 어떤 형태로든 인공지능을 활용한다. 상당수의 기업이 시장에 존재하는 엄청난 비효율을 걷어냄으로써 성공을 달성한다. 하지만 안타깝게도 그 성공에는 앞으로의 일자리 감소라는 희생이 따른다. 잘 나가는 기업들과 경영자들에게는 그것이 큰 이득일 것이다. 하지만 기술 업계 전반에서 일어나고 있는 양상을 종합해 본다면 새로운 산업이 아주 많이 생겨나지 않는 한 승자는 거의 없고 패자만 많아지는 셈이다.

나는 기술이 우리의 모든 병폐를 해결해 줄 것이라 믿는 기술 이상주의자는 아니다. 그렇다고 기술이 우리를 망칠 것이라고 주장하는 기술 반대주의자도 아니다. 이는 너무나 간단한 사고의 프레임이다. 인간이 만들어내는 조건은 한쪽의 결과만을 낳지 않는다. 어느 쪽이든 불행과 저항은 발생할 것이다. 기술이 우리의 모든 요구를 다 해결해 아무 문제가 없는 세상에서는 우리 스스로가 이내 지루해하며 해결할 문제가 있기를 바라게 될 것이다. 반면 기술이 우리를 통제하는 데 이용되는 반 이상향적인 세상에서는 결국 들고 일어나 통제에 맞서 싸우게 될 것이다. 그럼에도 나는 현재의 기술은 과거의 기술과는 다르다고 믿는다.

이 책에서 다루고 있는 주제는 내가 거의 10년 동안 추적해온 것이다. 그동안 나는 가족 및 친구들과 함께 내가 예상한 대로 상황이 전개되는 것을 지켜봤다. 마치 운전 중 도로에서 다음에 어떤 이정표가 나올지 예측할 수 있는 것처럼 말이다. 한편으로는 내가 틀렸으면 하는 바람도 있었다.

이 책은 광범위한 분야를 다루는 동시에 특정 연구 기술 분야에 대해 충분히 깊게 파고들어 잘 보이지 않는 패턴을 보여주기 위해 노력했다. 내가 이 책을 쓰기로 한 것은 우리 사회가 별로 관심을 기울이지 않는, 공개적으로 입에 올리기 어려운 보편적 진리를 말하기 위해서다. 기술이 우리가 살아가는 세상의 운영 체계를 바꾸고 있으니 내가 이 사실을 말해야 한다고 생각한 것이다. 이전까지 부와 경제를 건설한 규칙이었던 그 운영 체계는 정비가 필요해질 것이다. 하지만 지금까지 그와 관련된 논의나 대화는 충분히 이루어지지 못했다. 그나마 이루어진 논의도 근본 원인을 해결하는 데 집중되기보다는 근본 원인에서 기인한 2, 3차 효과에 집중되어 있다. 그 이유는 이 책에서 차차 살펴볼 예정이다.

이제는 더 큰 질문을 던지고 그에 대한 대답을 들어야 할 때다. 우리만을 위해서가 아니라 우리 아이들의 미래를 위해서 말이다.

인플레이션의 종말

"경제학자와 정치 철학자들의 사상은 그것이 옳을 때건 틀릴 때건 일반적으로 사람들이 생각하는 것보다 더 강력한 힘을 발휘한다. 실제로 세계는 그런 식으로 지배되는 것이다. 자신이 어떤 지적인 영향에서도 완전히 해방되어 있다고 믿는 실무가들조차도 실은 이미 고인이 된 어떤 경제학자의 노예로 살아가고 있는 것일 뿐이다."

존 메이너드 케인스(John Maynard Keynes, 1936년)

'기술은 디플레이션을 야기한다.'

이는 단순한 추측이 아니다. 기술의 속성이다. 또한, 기술이 우리의 일상에 더 깊숙이 침투해 들어올수록 지금까지 경험하지 못했던 디플레이션의 세계로 들어가고 있다는 뜻이기도 하다. 우리는 그것을 별로 원치 않을 수도 있고, 혹은 그러한 변화를 각오하고 있을 수도 있지만 어쨌든 그 사실에는 변함이 없다.

우리의 경제 시스템은 가격이 계속해서 떨어지는 기술 지배의 세상에 맞추어 설계된 것이 아니다. 노동과 자본이 불가분하게 연결되어 있었던 이전 시대에 맞추어 설계된 것이다. 그 시대는 성장과 인플레이션에 의지하고 있었고, 결핍과 비효율성 덕분에 돈을 버는 시대였다. 그 시대는 이미 끝이 났다. 하지만 우리는 마치 그 시대의 경제 시스템이 아직도 작동하고 있는 것처럼 행동하고 있다.

우리는 아주 중대한 시점에 놓여 있다. 우리가 하는 많은 선택이 사실상 경제와 관련된 선택들이기 때문이다. 대부분의 선택은 결국 경제적 현실, 즉 우리가 인식하는 가치와 가격 사이의 교환 거래로 귀결된다. 우리는 우리에게는 편리하지만, 환경에는 피해를 주는 자동차를 운전하겠다고 하면서도 더 친환경적인 사람이 되기를 열망하고 있는지도 모른다. 또한, 우리가 먹는 모든 음식이 유기농이기를 원하면서도 유기농 식품에 대해 추가 비용을 지불하고 싶어 하지 않거나 지불할 능력이 없는지도 모른다. 사업도 이와 마찬가지다. 사업은 우리와 목적이 같은 다른 사업체들과 경쟁하는 동시에 더 나은 사업으로 성장시키고자 하는 목적을 가지고 선택을 하는 사람들의 집합체이다. '더 나은 사업'은 종종 냉정한 경제 현실, 즉, 사업이 사용자에게 가져다주는 가치(가치가 있다고 인식되는 것이든 실제 존재하는 가치든)로 결정된다. 경쟁을 통해 더 많은 시장을 얻어내려고 하는 경제적 선택은 거의 모든 일을 가능하게 만든다. 당신의 소득과 라이프 스타일을 결정하는 것은 물론 여행 및 레저를 즐길 기회와 가족 부양에 이르기까지, 경제 조건은 그 모든 것들을 결정짓는 가장 기본이라 할 수 있다.

우리는 가끔 지금까지 알고 믿어왔던 모든 것을 새로운 시각으로 다시 보게 만드는 무언가를 배우게 될 때가 있다. 그 순간 우리의 지식 기반은 무너져버린다. 그리고 그와 함께 우리가 그 위에 쌓아 올려온 믿음 또한 허물어진다. 하지만 우리는 우리가 가진 믿음을 쉽게 놓지 않기에 그러한 변화 역시 잘 일어나지 않는다.

우리는 현재 중요한 갈림길에 서 있다. 과거에 성공했던 방식은 미래에는 통하지 않을 것이다. 기술은 너무 빠른 속도로 변화하고 있다. 그 변화는 앞으로 점점 더 빨라질 것이다. 우리가 원한다 해도 다시 이전 상태로 되돌아가는 것은 불가능하다. 우리는 국내 및 세계 경제를 위해 새로운 프레임을 만들어야 한다. 그렇게 하지 않으면 우리와 이 세계에 풍요를 가져다준 그 기술이 머지않아 그 풍요를 파괴하게 될 것이다.

오늘날 이 세계에서 성장을 이끄는 유일한 것은 손쉬운 신용 거래다. 신용 거래는 이해하기 힘든 속도로 빠르게 이루어지고 있다. 신용 거래와 그에 따른 부채의 증가로 우리는 시스템 속에 갇혀, 냄비 안의 개구리가 서서히 물의 온도가 올라가는 것도 모르는 상황과 같은 처지에 놓여 있다. 우리가 과거에 만들어진 경제 체제를 인위적으로 작동하고자 하면 할수록 문젯거리만 만들어내는 셈이 된다. 현 상황에서 이 세계는 앞으로 더욱 양극화되고 위험해질 것이다.

겉으로 보기에는 상관없어 보이는 브렉시트 사태와 트럼프 대통령, 포퓰리즘과 증오 문제의 부상은 상관없는 별개의 문제들이 아니다. 그 사건들은 모두 더 많은 사람을 위해 더 밝은 미래를 건설할 수 있다는 희망의 상실과 연관되어 있다. 그 근원에는 가난한 사람들만 경제적 불이익을 받는 것이 아니라는 새로운 경제적 현실이 깔려 있다. 상당수의 중산층 또한 쪼들리는 느낌을 받는 것이다. 케인스는 1930년에 쓴 에세이 〈손주 세대의 경제적 가능성(Economic Possibilities for Our Grandchildren)〉에서 주 15시간으로 노동 시간이 단축될 것이라 예견했지만 기술 발전으로 많은 사람은 오히려 더 장시간 일하고 있다. 그것도 그들의 일자리가 곧 사라질지도 모른다는 막연한 두려움 속에서 말이다.

궁지에 몰린 사람들은 직장에서 해고되는 경우를 대비해 가족 부양과 기본적인 생계를 해결할 방도를 고민하고 있다. 그와 동시에 우리는 불평등이 심화되고 있는 모습도 목격하고 있다. 미국에서는 이제 상위 5%의 인구가 2/3 이상의 부를 소유하고 있고, 나머지 95%의 인구가 남은 1/3의 부를 놓고 다투고 있다. 제프 베조스(Jeff Bezos), 빌 게이츠(Bill Gates), 워렌 버핏(Warren Buffett) 이 세 사람이 미국 인구 절반이 소유한 부보다 더 많은 부를 소유하고 있다.

부자들을 지적하고 그들에게 책임을 돌리기는 쉽다. 하지만 그보다는 극단적인 불평등을 심화시키는 잘못된 시스템에 초점을 맞출 필요가 있다. 실제로 많은 부자가 사회에 그런 문제가 생겨날 위험성을 인식하고 토론에 참여해 그들의 목소리를 내기도 하고 자선사업을 하는 등 문제 해결을 위해 노력한다. 현재(이 책의 집필 시점) 204명이 서명한 '기빙 플레지(The Giving Pledge)'의 참여자들은 그들 재산 대부분을 사회에 환원하기로 서약했다. 굳이 그럴 필요는 없는데도 말이다.

부의 편중은 1920년대 후반 이후 이처럼 심각했던 적이 없었다.

자신의 미래 경제 상황에 대해 점점 불안감을 느끼는 수많은 사람이 극히 소수의 사람 손에 엄청난 부가 형성되는 것을 목격할 때 세계는 자연스럽게 더 불안해진다. 그러한 환경이 혁명이 일어날 수 있는 좋은 조건을 제공하는 것이다. 믿을 수 있어야 할 시스템에 대해 신뢰를 잃게 되면 당연히 원망과 분열이 생기게 된다. 그리고 그 원망은 이 기회를 틈타 이민자들, 종교 집단, 정당, 다른 나라 등 표적 집단을 겨냥하게 된다. 다시 말해, 부당한 제도로 말미암아 포퓰리즘이 활개를 치게 되는 것이다. 1930년대 초 전 세계적으로 지금과 비슷한 희망의 상실과 포퓰리즘, 이데올로기가 부상해 결국 2차 세계대전으로 번지게 되었던 과거를 돌아보지 않을 수 없다.

오늘날 선거를 이끄는 것 역시 희망의 상실이다. 한때는 선진국이라 자인했던 국가들이 추악한 외국인 혐오증으로 분열되어 있다. 그들은 보호주의를 견지하며 국경을 폐쇄한다. 정치인들이 새로운 현실의 근본 원인은 밝히려 하지 않고 '우리 대 그들'이라는 대립 구도를 형성해 심각한 분노와 양극화를 조장하는 행위에 전 국민은 크게 동요하고 있다. 다수의 정치인이 권력을 한데 집중시킬 수 있는 강력한 무기로 소셜미디어를 활용하고 있다. 그들은 온라인상에서 영향력 높은 커뮤니티를 만들어 불화를 조장한다. 독일 극우 정당인 '독일을 위한 대안(AfD)'은 2013년 선거에서 한 석도 얻지 못했으나 2019년 제1 야당이 되었다. 권위주의적 정권이 득세하는 것이 세계적인 추세다. 부의 불평등과 양극화, 불화가 심화되는 경향은 우리 모두의 미래에 중대한 위협이 되고 있다. 이 모든 것들은 하나의 같은 원인을 가지고 있다. 바로 '다른 시대에 설계된 경제 제도를 고수하고 있는 것'이다.

우리는 어쩌다가 여기까지 온 것일까? 그리고 우리는 어디로 가고 있는 것일까?

인플레이션 시대

우리는 더 나은 미래에 대한 희망이 경제를 움직이는 원동력이 되고 성장이 지배하는 세상에서 살아왔다. 우리 부모와 조부모 세대 또한 그런 세상에서 자랐다. 그것이 우리가 아는 세상이다.

아메리칸 드림은 누구든 열심히 일하거나 혁신을 추구하면, 원하는 것은 거의 무엇이든 성취할 수 있다는 생각을 주입한다. 점점 소득이 높아지는 일자리도 이러한 사고방식의 중심에 놓여 있다. 우리는 직장에서 근무를 시작하고 시간이 지날수록 더 많이 벌며 그와 동시에 임금 인상률이 물가 인상률을 넘어서기를 기대한다. 운이 좋아 자산을 매입하게 된다면 인플레이션으로 인해 그 자산 가격 상승이 장기적인 부를 형성해 준다. 레버리지 즉, 빚을 내어 자산을 매입하면 수익은 더 커진다. 빚을 갚기 위해 우리가 지불하는 달러는 현재의 달러 가치를 기준으로 가격이 매겨지며 인플레이션과 그로 인해 우리 소득이 증가한 상황에서 미래에는 더 가치가 떨어진 달러로 빚을 갚게 되는 것에 반해 자산의 가치는 상승하기 때문이다.

주택 투자가 레버리지를 활용하는 전형적인 예라 할 수 있다. 나의 부모님은 우리의 첫 주택으로 1977년 캐나다 밴쿠버 교외에 있는 주택을 69,000달러에 매입했다. 당시로써는 아주 큰돈이었다. 하지만 10,000달러의 보유금과 59,000달러의 대출금으로 부모님은 인플레이션 환경에서 자산 매입의 이점을 누릴 수 있는 길로 들어섰다. 시간이 흐를수록 직장에서 부모님의 소득은 상승했고, 그로 인해 59,000달러의 대출금은 갚기가 수월해졌다. 그러는 동안 인플레이션으로 주택의 가치 또한 상승했다. 현재 그 주택의 가격은 약 150만 달러에 이른다.

자산이 주식이든 원자재나 예술품이든 거의 모든 자산은 기본적으로 같은 흐름을 탄다. 이런 자산들은 동일하게 여겨도 큰 문제가 없다. 그들은 엄청난 부와 번영을 가져다주었다. 자산을 보유한 사람들이 다른 이들보다 더 많이 번영한 것은 사실이며, 그것이 부의 불평등에 한몫하긴 했지만, 전반적으로 보면 세계의 상당 부분을 가난에서 구제해냈다. 하지만 성장과 인플레이션에 기반을 둔 제도에 우리가 더는 의지할 수 없다면 어떻게 되겠는가? 만약 더 강력한 힘이 우리가 인플레이션을 만들어낸 모든 노력을 무의미한 것으로 만들어버린다면? 이미 구식이 되어버린 인플레이션 경제 모델에 필사적으로 매달리느라 우리 사회가 부의 불평등과 양극화, 불화를 심화시키고 있다면?

현재 우리는 바로 그런 상황에 놓여 있다. 우리가 기대하는 (우리가 국가의 경제를 건설할 때 기반으로 한 제도인) 지속 성장과 인플레이션은 서서히 종말을 맞이하고 있다. 기술 발전은 아주 강력한 힘으로 디플레이션 환경을 만들고 있어 결국 우리는 무슨 수로도 그것을 막지 못하게 될 것이다.

거품이 빠지고 있는 기술 세상

나는 1988년 처음으로 휴대폰을 소유하게 되었다. 새로운 일을 시작하기 위해 회사를 떠날 때 상사에게서 선물로 받은 것이었다. 생각지도 못한 선물이었기에 정말 특별한 선물로 여겨졌다. 1988년에는 휴대폰이 정말로 보기 드물었으며, 모토로라 8000이 실질적인 휴대용 제품으로는 거의 최초였다. 그 전에는 가방에 넣고 다녀야만 하는 모델이었다. 전화기는 거의 벽돌 하나 정도의 크기와 무게였고 기다란 안테나가 달려 있었다. 10시간에서 12시간 동안 충전해서 30분 동안 통화가 가능했고, 가격은 2,000달러 정도였다. 친구들은 자신들이 휴대폰으로 전화하고 있음을 자랑하기 위해 종종 내 휴대폰을 빌렸고, 나는 그들이 너무 오래 통화하지 못하도록 감시해야만 했다. 통화 요금이 1분에 무려 1.5달러였기 때문이다.

문자 메시지도 앱도 데이터도 없이 오로지 전화 통화만 가능했지만 내가 전화하고 싶을 때 공중전화와 동전을 찾지 않고도 전화할 수 있다는 것은 가히 혁명적이었다. 내 휴대폰의 첫 요금은 로밍 요금을 포함해 총 1,200달러가 청구되었다. 그 당시 너무나 터무니없는 요금이었기 때문에 나는 아주 선명하게 기억하고 있다. 하지만 내게는 1988년 기술의 시대가 드디어 막을 올린 것이었다.

그로부터 30년 남짓한 시간이 흘렀고 그동안 우리는 믿기 힘들 정도로 많은 발전을 이루었다. 당신의 스마트폰을 한번 꺼내 보라. 크기는 어느 정도인가? 가격은 얼마였는가? 통화료는 얼마인가? 그걸로 어떤 일을 할 수 있는가?

앞서 언급한 디플레이션 경향으로 인해 휴대폰은 가격이 더 싸면서도 더 강력해졌다. 휴대폰은 카메라, 손전등, 지도, 줄자, 달력, 지갑, 기타 튜너 등 수백 가지의 역할을 한다. 게다가 모두 무료이거나 거의 무료다.

우리는 기술을 이용할 때 그것의 가격에 대비해 산출물과 성능 면에서 아주 큰 효과를 누리고 있다. 혜택은 훨씬 더 늘어나면서 가격은 계속해서 떨어지고 있다. 이렇게 기술이 우리 삶에 가져다주는 풍요로움은 엄청나며 그 예는 우리 주변에서 쉽게 찾아볼 수 있다. 4장에서 이 놀라운 성능 향상의 배경에 대해 심도 있게 다뤄볼 예정이다. 하지만 기술의 디플레이션 효과에 대해 확실한 개념을 알고 싶다면 우리가 사용하는 휴대폰을 들여다보는 것만으로도 충분하다.

간단히 말하자면, 디플레이션은 당신이 가지고 있는 돈에 비해 더 많은 것을 받는 것이다. 인플레이션이 금액과 비교해 더 적은 것을 받는 것이듯 말이다. 디플레이션일 때는 재화와 서비스에 대한 구매력이 상승하기 때문에 통화의 가치가 더 높아진다. 인플레이션일 때는 그 반대의 상황이 벌어진다. 즉, 재화와 서비스의 가격이 상승함에 따라 구매력은 줄어들고 통화 가치도 떨어진다.

디플레이션 자체가 좋거나 나쁘다고 말할 수는 없다. 중요한 것은 돈을 어떤 형태로 보유하고 있는가이다. 어느 쪽이든 승자와 패자가 존재한다. 인플레이션 상황에서는 자산을 보유하고 있는 쪽이 승자다. 미래에는 달러의 가치가 하락해 차후에 자산을 매입하려면 더 많은 돈이 들 것이기 때문이다. 내 부모님의 첫 주택 매입이 자산 보유가 유리한 경우에 해당한다. 디플레이션 상황에서는 현금을 보유하고 있는 쪽이 승자다. 현재 현금으로 살 수 있는 것보다 미래에 더 많은 재화와 서비스를 살 수 있기 때문이다.

문제는 우리가 아직도 디플레이션 현상이 우리 경제의 일부에만 국한되어 있다고 생각한다는 것이다. 전자기기에서는 더 적은 돈으로 더 많은 혜택을 계속해서 누리겠지만 나머지 부분에서는 인플레이션의 혜택을 받고 있다고 생각한다. 그에 더해 아직도 기술을 우리 휴대폰의 기능을 강화시켜 주는 어떤 것으로만 여기며 좁은 시야로 바라보고 있다.

약간 시야를 넓힌다 해도 기술 산업을 애플이나 구글, 마이크로소프트, 페이스북, 아마존, 그리고 중국에서는 텐센트, 바이두, 알리바바와 같은 거대 기업들과 연관지어 생각하는 정도다. 우리는 종종 그들이 제공하는 많은 서비스를 이용하면서 흐뭇해하는 것이 디플레이션의 영향이라고 인식하지 못하기도 한다. 아예 그런 생각조차 하지 않는 경우가 많다. 그것이 구글이 제공하는 엄청난 양의 무료 정보가 되었든 아마존의 지속적인 저가 정책과 서비스 향상이 되었든 우리는 계속해서 더 적은 돈을 내고 더 많은 것을 받고 있다.

그러나 기술은 더 광범위하게 더 중요한 파장을 일으킨다. 기술은 휴대폰이나 구글 검색, 우리가 아마존에서 구매하는 상품들에만 국한되어 있는 산업이 아니다. 기술은 모든 산업 분야로 침투해 점차 모든 산업과 기업의 중추로 자리를 잡아가고 있다. 가까운 미래에는 기술 기반의 기업이 아니면 아예 기업으로 인정받지도 못하는 상황이 올 수도 있다. 따라서 기술이 산업 전반으로 침투하는 상황이라면, 왜 우리는 일부에서만 디플레이션의 혜택을 누리기를 기대해야 한단 말인가? 우리에게 휴대폰을 통해 풍요를 선사해준 바로 그 기술이 이제는 산업 전반으로 옮아가고 있다면 다른 모든 분야에서도 풍요와 가격 하락을 기대해서는 안 된단 말인가?

만약 모든 분야가(휴대폰이나 인터넷 기업뿐만 아니라 모든 분야) 더 나은 서비스를 제공하는 동시에 가격은 하락한다면, 올해 75,000달러의 수입을 벌어 생활비를 충당하는 데 어려움을 겪었던 가구가 내년에는 70,000달러를 벌어 어려움 없이 생활을 영위할 수 있게 될 것이다. 그리고 몇 년 뒤에는 60,000달러를 벌어 생활을 영위하는 것이 가능해지고 달러의 가치는 더 상승해 기술이 이끄는 자연스러운 디플레이션 경향으로 계속해서 더 적은 돈으로 더 많은 것을 얻게 될 것이다. 그러한 추세는 우리가 더 비싼 제품을 사고 더 높은 생활 수준에 발맞추기 위해 더 높은 연봉을 주는 직장을 원했던 기존의 생활 방식에서 벗어나게 해줄 것이다.

이 이야기가 극단적으로 들릴지도 모르지만, 기술이 디플레이션 환경을 만들고 계속해서 전 산업 분야로 퍼져나갈 것으로 예상한다면 전혀 극단적인 이야기가 아니다. 오히려 분별력 있는 선견지명일지도 모른다. 그러나 여전히 의문점은 남는다. 기술이 모든 상품과 서비스의 가격을 싸게 만들고 있다면 왜 우리의 생활은 점점 더 돈이 많이 드는 것일까?

보수 경제학

전 세계적으로 집값, 집세, 난방비, 식비 등 모든 비용이 인상됨에 따라 우리는 다람쥐 쳇바퀴 같은 직장 생활에서 벗어나지 못하고 있다. 이런 환경에서 사는 사람이라면 디플레이션과 그것이 가져다주는 풍요로움 같은 것은 믿기 어려울 것이다. 그러나 이러한 가격 인상은 신용 거래와 부채의 엄청난 증가로 인위적으로 발생한 것이다.

정부와 중앙은행은 디플레이션을 막기 위해 가능한 모든 조치를 할 것이다. 인플레이션 목표치(보통 2%로 설정됨)를 설정하는 일은 인플레이션을 지속시켜야 한다는 터무니없는 생각으로 그들이 행사하는 공식적 권한 중 하나이다. 지금까지 경제가 실제로 성장한 부분이 있다면 순전히 손쉬운 신용 거래와 부채로 인해 가능했던 유례없는 과소비 덕분이었다. 그로 인해 물밑에서 실제로 어떤 일이 벌어지고 있는지는 완벽히 가려진 것이었다. 그리고 그보다 더 큰 문제는 더 많은 대출을 일으켜 디플레이션과 만물의 자연법칙을 막을 수 있다고 믿었던 것이었다. 그것은 마치 중력에 대항하겠다고 팔을 퍼덕거리는 것과 비슷한 모양새로, 중력이 이기는 것은 당연한 결과이다. 공중에 떠 있기 위해 엄청난 양의 에너지를 사용하는 비행기조차도 결국에는 착륙해야만 한다.

세계 부채 현황을 살펴볼 때는 정부와 가계, 기업의 총 부채가 총 GDP(국내 총생산) 성장률에 미친 영향을 고려하며 이들을 비교해 봐야 한다. 그렇게 자세히 따져보지 않으면, 경제의 한 부문에서 부채가 천천히 증가하는 것만 보고 다른 부문에서 부채가 빠른 속도로 증가해 그것이 상쇄되는 것은 보지 못해 눈속임을 당하기 쉽기 때문이다. 예를 들면, 정부가 어떤 계획을 더 이상 지원하지 않기로 함으로써 정부 부채를 안정시키고자 했을 때, 지원 중단으로 인해 그 계획의 수혜를 입었던 소비자들의 부채는 더 빠른 속도로 증가하게 되는 것이다. 따라서 총 부채를 살펴봐야 GDP에 미치는 실질적인 영향을 알 수 있다.

이미 세계의 부채 현황은 심각하다. 그래서 역설적이게도 문제 해결은 더 어려워진다. 부채에 디플레이션이 더해지면 치명적이다. 돈을 빌린 사람이 더 적은 돈을 벌면서 이자로는 이전과 똑같은 금액을 상환해야 하기 때문이다. 그로 인해 대출금의 실질 가치는 올라가고 부채 상환은 더 불확실해지는 것이다. 그에 따라 채무 불이행은 급증하고 신용 거래는 무너져 심각한 경기 침체로 접어들게 된다.

2000년 세계 총 부채는 미화로 약 62조 달러였다. 2000년 당시 세계 경제 규모는 약 33조 5천억 달러였다. 2000년 이후 세계 경제 규모는 33조 5천억 달러에서 약 80조 달러로 성장했다. 하지만 국제 금융협회(Institute of International Finance)에 따르면 그 성장을 달성하기 위해 총 부채는 2018년 3분기 기준으로 247조 달러 이상으로 늘어났다. 다시 말하면 46조 달러의 세계 성장을 달성하기 위해 185조 달러의 부채를 얻었다는 뜻이다.

우리가 더 이상 부채를 늘리지 않고 1초에 1,000달러씩 갚는다고 가정해도 부채를 모두 상환하는 데 거의 8,000년이 걸릴 것이다. 그런데 우리는 오히려 부채를 더 많이 쓰고 있다. 상황은 더 심각해져 46조 달러의 성장을 위해 185조 달러의 빚을 얻어야 했다면, 또 한

번 46조 달러의 성장을 이룩하려면 최소한 185조 달러의 두 배에 달하는 금액이 필요하게 되는 것이다. 그 이유는 4장에서 살펴볼 예정이다. 은행에 대출받으러 가서 1달러의 성장을 이룩하기 위해 4달러의 추가 대출금이 필요한 이유를 설득한다는 것은 말이 안 되는 일이다. 내가 1달러 소득을 100% 돌려준다 해도 1달러로는 절대로 대출금을 갚지 못할 것이다. 오늘날의 성장 신기루는 부채가 조장한 과잉소비에 불과하다.

부채가 조장하는 소비가 항상 나쁜 것만은 아니다. 부채가 영리한 장기 투자를 위한 자금으로 현명한 성장을 위해 사용되는 경우도 많다. 자동화에 투자하기 위해 빚을 안고 가기로 한 사업체는 다른 경쟁업체들보다 더 많은 레버리지 효과를 얻게 될 것이며, 자동화에 투자한 덕분에 향후 그 사업체는 더 많은 이득을 남기고 빚을 상환할 수 있게 된다. 하지만 회사가 수입보다 지출이 많거나 빚을 내어 수익이 나지 않는 곳에 투자한다면, 현재 자금은 이자나 원금을 갚는 데 할당되어야 하므로 빚은 미래 성장에 부담으로 작용할 것이다. 어느 시점에서 빚 부담은 견디기 힘들 정도로 커져 그 회사는 구조조정을 하거나 폐업에 이른다. 그것으로 빚은 청산이 되겠지만 돈을 빌려준 이들은 피해를 입게 되는 것이다.

전반적으로 국가 경제도 이와 마찬가지다. 국가 경제도 부채나 신용 거래를 활용해 더 빨리 성장시킬 수 있다. 비용은 내일 지불하는 조건으로 오늘의 소비를 늘려 수요를 이끌어내는 것이다. 사람들과 가계는 더 많은 돈을 가지게 되어 더 많이 소비하고 기업들과 경제는 더 빠른 속도로 성장한다. 하지만 어쨌든 그 돈은 갚아야 하는 돈이다. 오늘날 금융 시장의 큰손들이 기업의 성장에 투자하는 대신 중앙은행장과 정부의 통화 정책과 관련된 행보에 투자한다는 사실이 놀랍지 않은가? 한편에는 기술 발전이 가져온 놀라운 디플레이션 상황이 놓여 있으며, 다른 한편에는 그것을 막으려는 힘이 존재한다. 그 힘은 바로 화폐 발행이다.

레이 달리오(Ray Dalio)는 수많은 연구와 시장 관련 지식을 통해 그의 책 〈부채 위기를 극복하는 원칙(Principles for Navigating Big Debt Crises)〉에서 빚이 감당할 수 없을 정도로 불어나는 경우 그것이 정부 정책에 어떤 영향을 미치는지 알아보기 위해 과거의 부채 위기와 관련된 자료를 활용하고 있다. 달리오는 복잡한 시장에 관한 개념을 놀랍도록 이해하기 쉬운 언어로 풀어낸다. 그의 책에 따르면 부채가 지나치게 크게 불어났을 때 정책 담당자들이 부채 수준을 소득과 현금 흐름 수준에 맞춰 낮출 수 있는 네 가지 방안이 있으며, 그 내용은 다음과 같다.

1. 긴축 재정 - 소비를 줄인다.
2. 채무 불이행/ 구조조정
3. 중앙은행이 화폐를 더 많이 발행하거나 다른 보증 수단을 만든다.
4. 필요 이상으로 돈을 많이 가진 자에서 가지지 못한 자에게로 부의 이동
   (부자에게 훨씬 더 높은 세금 징수)

달리오는 책의 말미에서 이렇게 결론짓는다. "정책 담당자들은 항상 돈을 찍어낸다. 긴축 재정은 이점보다 고통이 더 크기 때문이다.

대규모 구조조정은 많은 부를 너무 빨리 처분한다. 가진 자에게서 가지지 못한 자에게로 부를 이동시키는 일은 혁명을 일으키지 않고서는 충분한 정도로 이루어지기 힘들다." 나는 세계 각국 정부들이 또 한 번 문제를 회피하려고 함에 따라 정책 담당자들이 다시 돈을 찍어낼 가능성이 아주 크다는 달리오의 말에 동의한다. 그런데 이번에는 그것이 올바른 해결책이라고 생각하지 않는다. 오히려 상황을 더 악화시킬 것이다.

역사적으로 봤을 때 과거에 겪었던 부채 위기에서는 기술 발전이 추동하는 놀라운 디플레이션 경향은 찾아볼 수 없었다. 현재는 산업혁명과 같은 역사적 이행기와는 그 성격이 다르다. 게다가 디플레이션은 이제 막 시작하려고 하는 단계에 놓여 있다. 대부분의 디플레이션 상황은 아직 우리 앞에 도래하지 않았다. 글로벌 시장의 모든 정부 당국자들은 경제 성장을 추구하고 높은 임금을 지급하는 일자리 창출을 원한다. 이러한 글로벌 시장 상황과 맞물려 전례 없이 디플레이션의 미래를 준비해야만 하는 상황에 놓인 것이다. 그 미래에는 모든 규칙이 새롭게 바뀔 것이다.

기술 자체는 좋은 것도 아니고 나쁜 것도 아니다. 기술이 불러오는 디플레이션 효과 역시 그렇다. 우리의 통치 시스템은 기술을 사용하는 방식을 결정한다. 적어도 현재에는 기술이 인간에 의해 설계되고 세상에 엄청난 혜택과 풍요를 가져다주기 위해 사용된다. 우리 모두가 적은 비용으로도 훨씬 더 많은 것을 얻을 수 있도록 해주면서 말이다. 하지만 이제는 기술 산업에 종사하지 않는 사람들은 말할 것도 없고, 그 누구라도 기술의 발전 속도를 따라가기가 힘들어졌다. 우리가 현재 주변에서 볼 수 있는 기술은 조만간 새로운 기술이 등장하면 퇴물이 되어버릴 것임이 분명하다. 우리는 완전히 새로운 게임을 시작하는 것이다. 이 게임에서는 많은 규칙이 우리가 익히 알고 있던 것과는 완전히 반대이다.

모든 게임에는 승자와 패자가 있기 마련이다. 인생의 게임을 생각해보면 쉽게 이해할 수 있다. 어떤 사람들은 다른 이들보다 더 쉽게 승리하기도 하며, 그렇다고 그게 나쁜 일은 아니다. 열정, 위험 감수, 독창성, 노력, 좋은 지능은 마땅히 보상받아야 한다. 어느 사회에서든 경제적 게임이 소수 몇 사람의 이익을 옹호하고 다른 이들은 불이익을 당하도록 조작될 때 엄청난 문제가 발생하게 된다. 특히 불이익을 당하는 사람들이 그들이 이길 수 없는 게임을 하고 있다는 사실을 깨달았을 때 더욱 그러하다.

그것이 현재 세계가 처해 있는 상황이다. 대다수 사람은 그 이유도 모른 채 불만은 고조되어 가고 있다. 지금까지는 자산을 보유한 사람들과 부채와 레버리지를 활용하는 사람들이 압도적인 승자가 되었다. 레버리지를 활용해 이전에 가능했던 규모보다 더 크게 독점을 창출하고자 하는 기술 기업들 또한 승자였다. 하지만 그와 같은 승리에는 대가가 따른다. 전 세계적으로 만연해 있는 포퓰리즘이라는 대가다. 그리고 대중의 불만은 폭발 직전에 이르렀다. 지금부터 나는 이 책에서 이런 상황을 깊이 있게 들여다볼 예정이다. 우리가 어떻게 이러한 상황을 맞이하게 되었으며, 앞으로 나아가야 할 방향은 어느 방향인지, 그리고 우리가 해야 할 일은 무엇인지 살펴보려 한다. 그러니 집중하시라.

THE PRICE OF TOMORROW

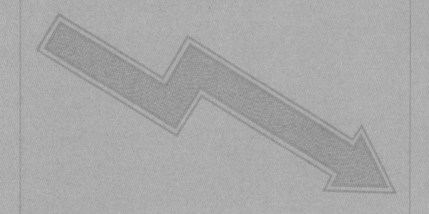

차례

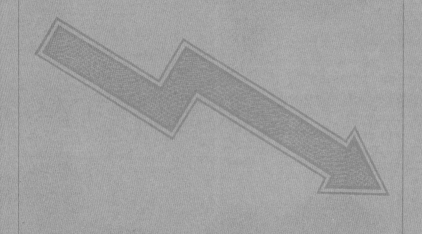

제 1 장

경제는 어떻게 작동하는가 I

화폐 발행

나는 최근에 창조적 파괴 연구소(Creative Destruction Lab)에서 일하는 친구 첸 퐁과 저녁 식사를 함께 했다. 창조적 파괴 연구소는 많은 기술 스타트업들에게 조언하고 투자와 자문을 제공한다. 첸은 캘거리 대학교 의학부 명예 교수이며 캘거리 사이언티픽(Calgary Scientific)의 공동 창업자이자 캐나다 훈장의 수훈자이기도 하다. 50여 개 기업을 상대로 투자와 자문을 제공하는 동시에 시간을 내어 여섯 곳의 자선 단체에서도 활동한다. 당연히 식사 자리는 사려 깊은 사색가와 함께 하는 즐거운 시간이었다. 식사 후 와인 몇 잔으로 목을 축이며 대화의 주제는 자연스럽게 갈수록 심해지는 부의 불평등으로 옮아갔다. 첸은 그의 처가 이야기를 내게 들려주었다.

때는 2008년 금융 위기가 발생한 직후였다. 첸은 그의 장인, 장모가 금융 위기 속에서도 걱정할 이유는 없다고 생각했다. 그들은 80대의 나이였고 경제적으로 안정된 생활을 하고 있었기 때문이다. 금융 위기가 그들의 생활방식을 바꿔놓지는 않았다. 하지만 각국의 정부에서 금융 위기에 어떻게 반응하는지 지켜보던 그들은 과거의 경험을 떠올렸다. 첸은 그들에게 그토록 걱정하는 이유를 물었다. 그들의 답변은 인상적이었다.

"이보게, 처음에는 화폐 전쟁으로 시작하지만, 그다음에는 무역 전쟁, 그리고 그다음에는 진짜 전쟁이 일어나지 않던가."

아마도 첸의 장인, 장모가 걱정한 것은 80년 전 극단주의와 정치 불안을 낳아 종국에는 세계대전으로까지 치닫게 된 시나리오가 반복되는 것이었다. 그 시나리오는 불평등을 심화시키고 인구 대부분이 희망을 상실하도록 만들었다. 새로이 권력을 잡은 정치인들은 그 상황을 발판 삼아 보호주의와 국가주의를 내세우며 양극화를 초래했다.

전문가들의 오판

우리는 2008년이 흔히 경험할 수 있는 평범한 경기 침체가 아니었음을 알고 있다. 또한, 대부분의 경제 기관들이 예측한 위기도 아니었다. 전문가들은 절벽 끝에서 벗어날 때까지 세계가 그들에게 익숙한 방식으로 돌아갈 것이라고 예상했다.

2005년 11월 15일

"안전성에 대해 말하자면, 파생상품은 대체로 그것을 이해하고 제대로 이용할 줄 아는 아주 수준 높은 금융 기관과 개인들 사이에서 거래됩니다. 연방준비제도 이사회는 그곳에서 규제하는 금융 기관들이 파생상품 포트폴리오를 잘 관리하며 지나친 리스크를 발생시키지 않는 시스템과 절차 아래 파생상품을 제대로 운용하고 있는지 감독할 책임이 있습니다." — 밴 버냉키(Ben Bernanke), 상원 인준 청문회

2005년 11월 15일

"지금까지 집값이 전국 단위로 하락한 적은 없었습니다. 그래서 제가 보기에는 집값 하락으로 아마 소비 지출이 안정되거나 다소 둔화할 가능성이 큽니다. 그래도 완전 고용을 크게 벗어나지는 않을 것으로 보입니다." — 밴 버냉키, CNBC와의 인터뷰

2007년 2월 14일

"부동산 거래의 약세와 부동산 가격의 더딘 상승이 경제의 다른 부문으로까지 광범위하게 영향을 끼치지는 않은 것으로 보고 있습니다." — 밴 버냉키, 의회 통화 정책 반기 보고서

2007년 5월 17일

"서브프라임 모기지(비우량 주택담보 대출) 시장이 나머지 경제 부문과 금융 시스템에 큰 영향을 미칠 것이라 예상하고 있지는 않습니다." — 밴 버냉키, 시카고에서의 연설

2007년 9월 4일

"그것은 연방준비제도 이사회의 책임이 아닙니다. 대출 기관들과 투자자들이 내린 금융 결정의 결과로부터 그들을 보호하려고 하는 것 또한 적절치 못합니다." — 밴 버냉키, CNBC와의 인터뷰

2008년 1월 10일

"연방준비제도 이사회에서는 현재 경기 침체를 예상하고 있지 않습니다." — 밴 버냉키, CNBC와의 인터뷰

2008년 7월 16일

"패니매(Fannie Mae, 연방저당권협회)와 프레디맥(Freddie Mac)은 자금이 충분한 상태이며 파산 위험이 없습니다." — 밴 버냉키, 의회 발언

2008년 9월 18일

"우리는 광범위한 시스템 붕괴의 위기에 놓여 있습니다. 그 위기를 막기 위해서는 조속한 조치가 필요합니다. 수천억 달러의 지원책에 대한 승인이 필요합니다."

— 행크 폴슨(Hank Paulson), 대통령 집무실에서

2008년 9월 18일

"우리가 현재 처해 있는 것과 같은 성격의 금융 붕괴 후에는 항상 심각한 장기 불황이 뒤따랐습니다. 이를 막지 못한다면 다음 세대의 경제학자들은 1930년대의 대공황에 관해 책을 쓰기보다는 지금 이

상황에 관해 책을 쓸 것입니다."

– 밴 버냉키, 대통령 집무실에서

2008년 10월 28일

"하향 곡선을 그리고 있는 경제 지표를 바라보고 있노라면 머리털이 쭈뼛할 정도로 긴장됩니다. 우리가 심각한 글로벌 경제 위기에 처해 있다는 사실이 점점 더 확실해지고 있습니다."

– 재닛 옐렌(Janet Yellen), 연방준비제도 이사회 녹취록

당시 상황을 정확하게 예측한 경제학자 중 한 사람은 뉴욕대학교 경제학 교수인 누리엘 루비니(Nouriel Roubini)였다. 리먼 브라더스의 파산과 구제 금융이 발생하기 2년 전인 2006년 루비니는 국제통화기금(IMF)의 경제학자들 앞에서 위기 상황이 몰려오고 있다고 발표했다.

앞으로 수개월 또는 수년 내로 미국은 사상 최대의 주택 붕괴와 오일 쇼크, 소비자 신뢰 급감, 급기야는 심각한 경제난을 경험하게 될 것이라고 그는 경고했다. 그리고 주택 소유주들의 주택담보 대출금 채무 불이행, 세계적으로 수조 달러에 달하는 주택저당증권 부도, 서서히 기능이 마비되는 글로벌 금융 시스템 등 암울한 일들이 연속적으로 발생할 것을 예측했다. 이러한 상황은 헤지 펀드와 투자 은행, 그리고 패니매(연방저당권협회)와 프레디맥과 같은 주요 금융 기관들을 무력화하거나 무너뜨릴 수 있다고 그는 덧붙였다.

참고로 루비니는 과거에 불황의 징후를 놓친 적이 있었다. 하지만

이번 건에 관해서는 그의 예측이 옳았다. 수년간 느슨해진 신용 관리에 금융 공학의 묘수가 가세하면서 미국에서는 주택 시장에 전례 없는 거품이 발생했다. 주택 시장의 거품이 꺼지기 시작하자 그 연장선에 있었던 부채 증가 추세 또한 제자리를 찾았다. 근본적으로 세계 경제는 연계되어 있어 세계 전체의 경제 시스템이 위태로워지고 있었다.

2008년 거품 경제를 초래한 직접적인 원인이 주택 시장은 아니었다. 주택 시장이 아니었더라도 당시 쉽게 구할 수 있었던 대출금이 다른 분야로 흘러 들어갔을 것이기 때문이다. 주택 위기의 중심에는 채무 불이행의 지속적인 증가가 있었고 이는 또 다음 위기의 주된 원인이 되기도 할 것이었다. 사람들이 정신을 차리고 부채는 결코 수익이될 수 없다는 사실을 깨달을 때 거품은 꺼진다. 그리고 그때부터 신용은 사라진다. 또한, 주가 급등을 불러온 주된 요인이 손쉬운 신용 거래였으므로 자산도 붕괴한다. 2000년대 초 기술주 거품이 발생했던것도 신용 거래 덕분이었다. 오늘날 그리스와 베네수엘라의 경제 위기 또한 같은 원인으로 발생한 것이다.

많은 사람이 지금의 시스템이 금융 위기 전보다 더 안전할 것이라믿는다. 2008년 금융 위기와 같은 붕괴에 대비한 금융 보호 장치가존재할 것으로 생각한다. 저소득층의 주택 융자와 그와 연계된 불량자산이 금융 위기의 원인이었다는 사실은 충분히 이해했다. 그렇다면 앞서 언급한 시기별 흐름을 다시 파악하고 금융 위기가 발생하기직전에 전문가들이 무슨 말을 했는지 살펴보자. 주택 시장 자체는 더안전해졌을지 몰라도 시스템은 그렇지 못하다.

전 세계적으로 신용 거래가 계속 증가하고 있는 가운데 다음 금융 위기가 어디서 터질지는 아무도 알 수 없는 상황이다. 사실 이제 위기의 초점은 통화 자체와 그것을 기반으로 건설된 전체 경제 시스템으로 이동하고 있다.

신용을 기반으로 한 금융 시스템은 나중에 돈을 벌기 위해 지금 돈을 제공해주는 방식일 뿐이다. 오늘 돈을 주고 나중에 더 많은 돈을 받기 위해 일시적으로 내 돈에 대한 효용성을 포기하는 것이다. 그리고 당신은 그 반대의 입장이다. 오늘 더 많은 돈의 혜택을 누리고 내일은 대출금과 이자를 갚아야 하므로 적은 돈으로 생활하게 된다. 이 시스템은 신뢰를 기반으로 작동한다. 당신이 갚겠다고 말한 돈을 갚을 것이라는 신뢰다. 상대가 가계가 되었든 기업, 또는 정부가 되었든 모두 마찬가지다. 개인이나 기업에게서 신뢰가 사라진다면 그들의 신용도는 떨어질 것이다. 그리고 경제 시스템에서 신뢰가 사라진다면 전체 시스템은 매우 빠른 속도로 무너질 것이다.

세계 경제의 수입과 지출

세계 경제는 신뢰와 상호연계성, 돈의 이동, 부채로 작동되는 하나의 커다란 경제 주체로 볼 수 있다. 따라서 어떤 단일 국가의 국내총생산(GDP)도 별개의 것으로 보아서는 안 된다. GDP는 다음의 네 가지 요소로 구성된다.

1. 소비자 지출 또는 개인 소비(C)

2. 투자(I)

3. 순 수출(X)

4. 정부 지출(G)

GDP(Y)의 구성 요소를 계산하는 수학적 공식은 다음과 같이 간단하다. $Y = C + I + X + G$. GDP는 이 네 가지 구성 요소의 상호작용으로 결정된다. 각 요소는 서로 상충 관계에 놓여 있어서 국가들은 기본적으로 다양한 전략에 의존한다. GDP를 보면 각 국가가 4요소의 투입을 어떻게 관리하는지 짐작할 수 있다. 또한, 부차적으로 정부가 경제와 일자리를 부양하기 위해 무엇에 더 가치를 두고 있는지도 알 수 있다. 저소득 국가는 순 수출에 의존하는 경우가 많은 반면 고소득 국가는 일반적으로 GDP 성장의 주된 동력으로 소비자 지출에 의존한다. 이 요소들은 서로 상충한다. 예를 들면, 고소득 국가에서는 소비자 지출이 자연스럽게 증가한다. 하지만 그들의 임금이 더 높기 때문에 그들이 해외에 수출하는 물품의 가격이 더 비싸져 순 수출에서 불리해진다.

이는 정치인들이 한쪽 편의 상황만을 이해한 채 무역 상대국들과 무역 수지 흑자나 적자에 대해 논하는 것이 완전히 말이 안 된다는 뜻이기도 하다. 수학적으로 따져보면, 세계 무역 수지는 0이 나오는 것이 맞다. 모든 구매자에게는 판매자가 필요하고 모든 판매자에게는 구매자가 필요하기 때문이다.

한 예로 미국과 중국의 무역 관계를 살펴보자. 중국은 미국과의 무역에서 흑자를 보고 있다. 즉, 미국이 중국에 수출하는 제품보다 중국이 미국에 수출하는 제품이 더 많다는 뜻이다. 트럼프를 포함해 다수의 미국인은 그 상황이 불공평하다고 주장한다.

두 국가 간의 무역 상황이 실제로 어떻게 흘러가는지 살펴보자. 미국의 GDP는 거의 70%가 소비자 지출로 이루어져 있다. 중국의 경우는 소비자 지출이 차지하는 비중이 GDP의 약 30%밖에 되지 않는다. 중국에서는 (세계 다른 국가들과 비교해 상대적으로) 저임금을 유지하고 생산 및 유통에 대해 세제 혜택을 제공하며, 세계 시장에서 수출 우위를 점할 수 있도록 생산 자동화 시설에 투자함으로써 생산 활동을 장려하고 있다. 반대로 소비자 지출이 경제의 70%를 차지하는 미국에서는 그 상태를 유지하기 위해 상대적으로 높은 임금, 저리 융자(늘어난 지출의 자금을 대기 위한 빚), 낮은 세금이 필요해진다. 2017년 11월 2일 미국에서 발효된 감세 조치는 다음과 같은 효과를 발생시켰다. 1) 소비자 지출 증가와 경제 성장, 다시 말해 '돈을 더 많이 줄 테니 당신은 그것을 소비해서 GDP와 고용 시장의 단기 성장을 도우라'는 뜻이다. 그 결과 2) 소비자들이 수입 제품을 더 많이 구매하게 되어 중국과의 무역에서 적자 폭이 증가했으며, 3) 2018년 미국 재정 적자 역시 8천억 달러로 증가했다. 10년이 넘는 기간 동안 이를 조사한 의회 예산국 (Congressional Budget Office)은 감세만으로는 2조2천8백억 달러의 국가 부채를 더할 뿐이라는 추정치를 내놓았다.

따라서 각 국가는 GDP 등식에서 그들이 유리해지는 쪽을 정부 차원에서 장려하는 정책을 유지하고 있다. 양국의 경제에서 해당 변수 중 어느 하나라도 너무 빠르게 변화한다면 그들 각 경제의 주요 부문이 붕괴하면서 혼란에 빠지게 된다.

우리 모두는 하나의 세계에서 살고 있으므로 이 균형 관계를 이해하고 정확한 정보를 기반으로 결정을 내리는 것이 중요하다. 각각의 관계 당사자는 상대방에게 영향을 미친다. 중국의 늘어나는 소비층은 세계 경제를 활성화하는 데 큰 도움을 줄 수 있겠지만 그렇게 되기 위해서는 중국 노동자들이 임금을 더 많이 받아야 할 것이다. 또한, 미국 노동자들이 중국에 물건을 팔기를 원한다면 그들이 임금을 덜 받아야 할 것이다. 생산자로서 중국의 역할에 불만을 가진 미국의 많은 노동자는 한 달에 1,400달러의 평균 임금에 9-9-6 근무제(오전 9시부터 밤 9시까지 주 6일 근무하는 것)를 받아들이려 하지 않을 것이다. 하지만 많은 중국 노동자들은 그렇게 일하고 있는 것이 현실이다.

이러한 균형 관계는 세계 여러 나라에서 찾아볼 수 있다. 유럽 연합이 유럽 단일 화폐를 도입했을 당시 유로는 그리스와 이탈리아, 스페인, 포르투갈 및 그 밖의 여러 나라의 구매력을 높여주었다. 그 국가들은 자국 화폐의 가치가 더 낮았기 때문이다. 이를테면 그리스 사람들은 세계 3위 수출국인 독일에서 더 많은 상품을 구매할 수 있었다. 독일 은행들은 그리스에 자금을 기꺼이 빌려주었다. 그렇게 해서 독일은 수출로, 그리스는 소비자 지출 상승으로 GDP가 빠르게 성장했다. 독일 은행들은 나중에 더 많은 돈을 돌려받게 될 것이라는 기대로 그리스에 독일 제품을 구매할 돈을 빌려주고 있었다. 그리스는 어떻게든 그 돈을 갚아야만 할 것이기 때문이다. 그리스가 그 돈을 상환할 수 없다는 사실이 알려지면 그리스는 위기에 처할 수밖에 없었다. 그리스가 대출금에 대해 나 몰라라 한다면 고통 받게 되는 것은 그리스뿐만이 아니었다. 대출금 보증을 선 독일 은행들이 그 부채를 탕감해야 할 것이고 그로 인해 독일 경제도 영향을 받게 될 것이었다.

이러한 상황은 중국과 미국 사이에서도 벌어지고 있지만, 우리가 짐작하는 바와는 조금 다르다. 중국은 무역의 결과로 미국 국채를 사들였다. 중국은 현재 1조 1천억 달러 이상의 미국 국채를 보유하고 있으며 세계에서 미국 재무부 장기 채권을 가장 많이 보유한 국가 중 하나다. 독일이 그리스에 돈을 빌려준 상황과 같이 이는 자동차 딜러가 종종 그러듯 판매자가 자금 조달을 해주는 밴더 파이낸싱으로 비춰질 수 있다. 내가 저렴한 자본을 제공할 테니 당신은 우리 제품을 구매하고 나는 장기적으로 더 많은 돈을 번다는 논리이다. 이러한 논리로 이자율을 낮게 유지함으로써 중국 수출품이 미국 시장을 확보해 소비자들이 더 많이 지출하도록 유도한다. 하지만 중국이 미국 국채 매입을 중단하게 되면 결국 자국의 경제도 큰 타격을 입게 된다. 미국의 이자율은 훨씬 더 인상될 것이고 소비자 지출을 둔화시켜 결국 중국 경제도 붕괴할 것이기 때문이다. 이것은 상호 맞물려 돌아가는 세계 경제의 피드백 루프(feedback loop)의 작용이다.

부채가 부추기는 소비를 중단하는 것은 핀으로 풍선을 찔러 터뜨리는 것과도 같다. 성장 신기루는 무너질 것이고 우리는 기술 디플레이션의 자연스러운 흐름이라 할 수 있는 지금까지의 상황을 갑자기 선명하게 볼 수 있게 될 것이기 때문이다.

경제와 고소득 일자리가 위기에 빠졌을 때 정치적으로 할 수 있는 가장 쉬운 일은 외부인들에게 책임을 돌리거나 단기적 혜택을 제공하기 위한 상황을 일부러 만들어내는 것이다. 그리고 문제의 본질은 회피한다. 이러한 방식은 기술 성장의 영향은 무시하고 세계적인 긴장 상황만을 부추기게 된다. 탄화수소가 재생 에너지로 대체되는 시기에 탄광업을 되살리려고 하는 것은 마차가 자동차로 대체되는 시기에 더 많은 대장장이를 육성하는 것과 마찬가지다. 그런 직업들이 사라지는 근본 원인이 '기술'이라는 사실은 따지지 않는다. 미래를 위해 반드시 해야 할 가장 중요한 일이나 직업에 초점을 맞추지도 않는다.

책임을 돌릴 대상을 외부에서 찾는 것은 수십 년 동안 이어져 온 정부 정책을 모르는 척하는 것이나 마찬가지다. 대다수 국가는 채무가 국가 경제보다 훨씬 더 빠른 속도로 증가하는 상황을 정책적으로 유도해왔다. 그들 국가는 부채 상환이 점점 경제 발전을 지연시켜서 종국에는 부채 상환이 불가능해지는 속수무책의 상황을 연출하고야 만다.

폰지 경제

영국의 금융업 규제를 담당하는 금융 감독청(Financial Services Authority)의 전 청장이었던 어데어 터너(Adair Turner)는 그의 저서 〈부채와 악 사이(Between Debt and the Devil)〉에서 기업과 개인의 무분별한 대출이 그들을 어떻게 파멸의 길로 이끄는지 보여준다. 그들은 더 많은 제품과 서비스를 생산해 융자금을 갚는 것이 아니라 이미 보유한 자산의 가격 인상에 의존해 융자금을 갚으려 한다. 결과적으로 자산 가격의 상승은 가속화되고 사람들은 더 많은 부채를 떠안게 된다. 다람쥐 쳇바퀴 돌듯 그들은 파산에 이를 때까지 그렇게 똑같은 과정을 반복한다.

부채가 국가 경제보다 빠른 속도로 증가할 때 어느 시점에서 그 부채 행진은 멈추는 것일까? 이때는 자산 가격의 상승으로 개인과 기업, 심지어 국가까지도 실제보다 더 부자가 된 듯한 착각에 빠지기 때문에 현실을 바라보기 어려운 경우가 많다. 2008년 금융 위기가 발생하기 바로 직전에 미국의 개인들은 주택 자산 가격 상승을 자동차나 보트 구매, 여행자금 마련을 위한 대출 용도로 사용했으므로 경제상황은 아주 좋아 보였다. 하지만 자산(이 경우에는 주택) 가치가 하락해도 여전히 부채는 상환해야 한다. 우리는 주식이나 주택과 같은 자산의 가치가 장기적으로 항상 상승할 것이라고 스스로를 기만한다. 지금까지 늘 그래왔기 때문이다. 우리는 지난 20년 동안 185조 달러의 새로운 자본이 투입되지 않았다면 과연 그 자산들의 가치가 상승했을지 자문해 보아야 한다. 자본 투입이 중단되면(결국, 그렇게 될 것이다) 모든 것은 아주 빠르게 바뀔 것이다.

경제 성장을 위해 끝없이 증가하는 대출 거래가 필요하다면 우리경제가 폰지 사기와 무엇이 다르단 말인가? 폰지 사기는 1920년대 미국에서 찰스 폰지가 벌인 피라미드식 금융 다단계 사기로, 먼저 투자한 사람들에게 나중에 투자한 사람들의 돈을 주기 때문에 수익에 대한 환상을 심어 준다. 그것이 사기라 할지라도 먼저 투자한 투자자들이 그들이 받은 수익이 얼마나 많은지 여기저기에서 소문을 내주기만 한다면 좋은 사업으로 비춰질 수밖에 없다. 투자자들에게 수익을 나누어 줄 자본이 점점 더 많이 필요하기 때문에 피라미드의 바닥에 있는 새로운 투자자들의 수가 초기 투자자들에게 수익을 줄 수 없을 만큼 줄어들어 전체 시스템을 붕괴시킬 때까지 사기 행각은 계속되는 것이다. 그렇다면 전체 시스템이 붕괴될 정도로 부채 증가가 둔화하는 시점은 언제란 말인가? 앞으로 언제까지 과거의 빚을 갚아야 할까?

이러한 시스템이 멈추지 않고 작동하게 하려고 전 세계의 통화 정책은 인플레이션 목표치를 설정한다. 부채의 관점에서 본다면 타당한 일이다. 인플레이션이 부채 상환을 더 쉽게 해주기 때문이다. 달러가 더 비쌀 때인 어제의 부채를 달러가 더 싼 내일의 돈으로 상환하기 때문이다. 1970년 미국에서는 시간당 3.25달러의 임금을 받는 사람이 오늘날 시간당 25달러의 임금을 받는 사람과 비슷한 수준의 구매력을 가지고 있었다. 1970년에 1.55달러였던 영화 관람료는 지금은 9달러가 넘는다. 1970년에 휘발유 4.5ℓ가 36센트였던 것에 반해 지금은 2.98달러다. 그 당시에 진 빚 325달러를 갚기 위해 100시간을 일해야 했다면 지금은 13시간만 일하면 된다. 이자를 포함한다 해도 훨씬 남는 장사다. 그럼에도 부채를 이용할 수 없어 자산에 돈을 넣어둔 이들에게는 자산의 가치가 상승한 경우 달러 가치가 예전만큼 오르지 않기 때문에 인플레이션이 곤혹스러운 것이다.

인플레이션이 시간이 지남에 따라 당신이 가지고 있는 통화의 가치를 떨어뜨리고 있으므로 다음의 질문을 던져볼 필요가 있다. 통화는 그 통화의 가치에 대한 신뢰를 기반으로 만들어진 것이 아니었던가? 그렇다면 정부는 인플레이션 목표치를 설정함으로써 그 신뢰를 약화시키는 목표치를 공언한 셈이 아닌가?

화폐의 가치 하락

우리는 이 상황에 어떻게 대처해야 할까? 2008년 금융 위기 당시를 돌아보면 어떤 일이 발생할 가능성이 있는지 짐작할 수 있을 것이다.

신용 거래와 더 많은 부채로 인해 조성된 상호연계된 시장에서 쉬운 선택이란 없다. 주택 가격이 붕괴하면 정부는 1) 은행들과 위험을 감수한 투자자들을 구제해 줄 수 있을 것이고 그 과정에서 도덕적 해이를 범할 수도 있을 것이다. 아니면 2) 금융 시스템에 대한 신뢰가 무너지고 시장 활동이 중단됨에 따라 세계적인 불황을 겪게 될 수도 있다. 이 두 가지 선택지 중 그들은 첫 번째 수단을 선택했다. 정부는 은행들과 위험을 감수한 투자자들을 구제해 주고 그.과정에서 도덕적 해이를 범했다.

세계의 정부와 중앙은행이 경제 시스템을 구제하기 위해 엄청난 지원을 하지 않았다면 그 피해 규모가 얼마나 크고 오래 갔을지 알 수 없다. 우리는 이제 편안히 앉아 그 당시를 관전하는 자세로 비평하지만, 그 당시 정책 담당자들은 실시간으로 일어나는 변화에 대해 대응 방안을 찾고 있었고 상호연계되어 있는 글로벌 시장의 정보들이 없었더라면 우리가 상상하는 것보다 훨씬 더 큰 피해를 당하고 경제 활동이 중단되었을는지도 모른다. 정책 담당자들은 그들이 내리는 모든 결정이 세대를 거쳐 면밀히 검토되고 검증될 것이라는 사실을 인식하고 있었다.

그럼에도 그들은 경제 혼란을 일으킨 장본인들에게 국민의 세금으로 손해가 없는 지원금을 안겨줌으로써 자본주의를 바꾸는 선택을 했다. 미국에서는 양적 완화를 시행하고 세계 여러 국가는 다른 금융 완화 정책을 시행함으로써 중앙은행과 정부는 어느 편이 승자고 어느 편이 패자인지를 결정했다. 그리고 전 세계적으로 불만의 씨앗을 퍼뜨리고 있는 것은 그 결정으로 발생한 2차, 3차 효과라고 볼 수 있다.

양적 완화는 중앙은행이 시장에 유동성을 공급하는 조치를 말한다. 유동성을 공급하기 위해서는 첫 번째, 새로운 달러가 필요하고, 두 번째, 그 돈이 시장에 공급되어야 한다. 많은 이들은 첫 번째 조건을 만들기 위해 '화폐 발행'을 언급한다. 비록 돈을 실제로 찍어내는 것이 아니라 중앙은행의 대차대조표 상에서 대변으로 기록되는 것일 뿐이라 할지라도 말이다. 예컨대, 미 연방준비제도 이사회의 대차대조표 규모는 2008년 9천억 달러를 약간 밑도는 수준이었으나 현재 약 4조 달러로 확대되었다.

두 번째 조건은 새로 발행된 돈을 시장에 공급하는 것으로, 이는 다양한 방식으로 실행할 수 있다. 이를테면 정부가 불량 자산이나 부실 자산을 매입하는 부실 자산 구제 프로그램(Troubled Asset Relief Program)과 같이 공공 부문이나 민간 부문에서 대규모 자산을 매입하는 것이다. 그렇게 함으로써 정부는 기업들의 부실 자산을 정리해주고 그들에게 새로운 자본을 공급한다.

시중에 새 돈을 공급하는 또 다른 방법은 직접적으로 시중 은행들에 돈을 빌려주는 것이다. 2008년 미국에서는 은행들에 무이자로 연방 정부의 자금을 대출받을 수 있는 권한을 부여했다. 그리고 은행들은 그 돈을 높은 이율로 고객들에게 다시 대출해 주고 차츰차츰 그들이 입은 피해를 복구할 수 있었다. 당시 모건 스탠리(Morgan Stanley)와 골드만 삭스(Goldman Sachs) 등의 일부 비은행권 금융 기관들은 자금 지원 혜택을 받을 수 있는 은행으로 인정받기 위해 사업 성격을 바꾸기도 했다. 이 기회가 없었더라면 많은 은행과 투자 은행은 헐값에 팔려 합병되거나 완전히 파산했을 것이다.

그럼에도 양적 완화는 그 근본 성격상 화폐의 가치 하락을 가져오기도 한다. 특별히 그것을 의도하지 않았더라도 말이다. 정부는 실제로 더 많은 자산을 가지고 있는 것이 아니다. 더 많은 통화량으로 자산을 나타내고 있는 것일 뿐이다. 다시 말해 화폐의 가치가 더 낮아지는 것을 의미한다. 이를테면 피자를 8조각으로 나누지 않고 12조각으로 나누거나, 재산을 9명의 상속인이 아니라 10명의 상속인이 나누어 가지는 것과 같은 개념이다. 1차 양적 완화 조치를 발표한 직후 미국 달러의 가치는 하락했고, 완화 조치가 두드러진 다른 통화들의 가치도 동반 하락해 미국 달러와 대등한 수준을 유지했다. 그 결과, 미국 달러나 현금 보유자들은 손해를 보게 되었다. 미국 달러로 임금을 받는 사람들의 임금 가치는 더 낮아졌다. 아마도 월급과 비교해 휘발유 가격이 오르고 난 뒤에야 그 사실을 눈치챘는지도 모른다. 미국 달러가 약세를 보이자 전 세계적으로 자산 가격이 그에 발맞춰 동반 상승했다.

휘발유 가격은 이를 단적으로 보여줄 수 있는 좋은 예이다. 휘발유는 공급이 제한된 자산이기 때문이다. 한 국가의 화폐 가치가 하락했을 때 그 국가가 휘발유를 수입해야 하는 경우, 같은 양의 휘발유를 사들이기 위해 더 많은 돈이 필요해진다. 세 번의 양적 완화 조치를 거치면서 미국은 1배럴에 30달러였던 기름값이 100달러를 넘어섰다. 공급이 제한적인 천연자원 부문에 강세를 보이는 국가들은 미국의 양적 완화 조치와 더불어 화폐 가치가 상승했다. 예를 들면, 나의 조국 캐나다 또한 천연자원이 풍부하다. 휘발유, 금, 목재 등의 원자재가 캐나다 경제를 이끄는 동력이다. 보통 미국 달러 대비 약 75센트에 거래되었던 캐나다 달러는 2008년 이후 미국 달러 대비 역사상 거의 최고 수준으로 가치가 상승했다. 천연자원 수출에 강세를 보이는 브라질, 러시아, 사우디아라비아 등의 타 국가들 또한 통화 가치가 상승했다. 그와 함께 해당 국가들의 인건비 또한 미국에 비해 상승했다.

화폐 가치와 인건비(노동자들이 받는 보수) 사이에는 밀접한 연관성이 있다. 화폐 가치를 떨어뜨리는 국가는 세계 다른 경쟁국들에 비해 인건비 또한 간접적으로 낮추고 있다. 이는 다른 나라에서 구매자들에게 상품을 더 싸게 팔 수 있게 되는 것이므로 단기적으로는 고용 시장의 성장에 다소 도움이 될 수 있다. 일례로, 태국 화폐인 바트의 가치가 미국 달러 대비 하락하고 태국 노동자들은 여전히 똑같은 금액의 보수를 받는다면, 태국에서 생산된 제품은 미국에서 더 싸게 팔릴 것이다. 더 많은 미국 고객이 태국의 제품을 사려고 할 것이므로 단기적으로 태국의 고용 시장에 도움이 될 것이다. 하지만 태국 노동자들이 그들에게 필요한 수입 제품을 구입할 때의 비용은 화폐 가치 하락에 정비례해서 상승하게 될 것이다.

여러 국가가 수출 시장을 활성화하기 위해 종종 화폐를 평가 절하

한다. 하지만 각자 자국의 이익과 일자리 창출을 도모하며 연계된 글로벌 세계에서 이는 잘 통하지 않는 방식이다. 저마다 충분하지 못한 일자리를 두고 경쟁해야 하는 여러 국가는 경제가 붕괴하는 것을 막기 위해 그들의 화폐를 평가 절하한다.

이와 같은 화폐 가치 바닥 치기 경쟁은 글로벌 자산의 가격 상승을 더욱 부추기는 데 일조할 뿐이다. 그리고 다른 나라에 비해 화폐 가치를 낮추려 하는 끊임없는 경쟁은 단기적 방편일 뿐이다. 왜냐하면, 일자리가 창출되고 인건비가 상승하는 것보다 자산의 가격이 훨씬 더 빠른 속도로 오를 것이기 때문이다. 경제학자 존 메이너드 케인스는 다음과 같이 썼다.

"레닌은 자본주의 체제를 파괴하는 가장 확실한 방법은 화폐 제도를 무너뜨리는 것이라고 역설한 것으로 전해진다. 지속적인 인플레이션을 통해 정부는 시민이 보유한 부의 상당 부분을 은밀히 아무도 모르게 몰수할 수 있다. 이런 방법으로 그들은 부를 그냥 몰수하는 정도가 아니라 자의적으로 몰수한다. 그 과정에서 많은 사람이 가난해지는 반면 어떤 사람들은 더 부자가 되기도 한다. 부의 자의적인 재분배는 안정성을 해칠 뿐만 아니라 기존의 부 분배의 공정성에 대한 신뢰 또한 공격한다. 자본주의가 과분한 정도로, 혹은 기대나 욕망 이상으로 우발적인 소득을 가져다주는 사람들은 부르주아의 증오 대상인 '부당 이득자'가 된다. 부르주아 계급은 프롤레타리아 못지않게 인플레이션 정책으로 가난해졌다. 인플레이션이 진행되고 통화의 실제 가치가 다달이 요동치게 되면 자본주의의 궁극적인 기반을 형성하고 있는 채무자와 채권자 사이의 영구적 관계는 완전히 무너져 거의 무의미해진다. 그에 따라 부의 형성 과정은 도박이나 복권 등의 방식으로 타락한다."

규칙의 변화

다른 국가들이 일자리를 지키기 위해 화폐 평가 절하를 단행할 수밖에 없는 상황에서 정부가 실질적으로 게임의 규칙을 바꿀 수 없거나 레버리지를 얻을 수 없을 때 그다음 수단으로 꺼낼 수 있는 카드는 (첸의 장인, 장모가 예측했었던 것처럼) 관세 부과와 무역 전쟁이다.

세계 여러 나라의 정치인들은 국경을 봉쇄하겠다는 공약으로 정권을 잡는 데 성공하고 있다. 도널드 트럼프가 그 대표적인 예로, 그는 보호주의적 미국 우선주의를 기반으로 당선되었다. 중국과의 무역에서 적자 상황에서 벗어나겠다고도 약속했지만 적자는 지속되어 사상 최고치에 달하고 있다. 그리고 그가 가장 즐겨 사용하는 무기는 관세다.

그렇다면 관세 부과는 효과가 있을까? 과거 미국에서는 관세 부과가 주된 무기로 활용된 적이 있었지만 그 결과는 좋지 못했다. 1930년대에 들어서면서 미국은 오늘날의 많은 국가와 비슷한 과잉생산 상황에 놓여 있었다. 전 세계적으로 신용 거래가 축소되면서 대공황이 발생했다. 국제 경쟁에서 농가의 일자리를 보호하기 위해 미국은 스무트 홀리 관세법(Smoot-Hawley Tariff Act)을 통과시켰고 이 안을 주도한 공화당 의원들의 이름을 따서 법안명이 붙여졌다. 이 법안은 일자리를 보호하기 위해 관세를 인상했으나 그 과정에서 다른 나라의 반응을 지나치게 과소평가했다. 그들은 어리석게도 수입으로부터 자신들의 경제를 보호하는 동시에 기존의 수출량을 유지할 수 있으리라 믿은 것이다. 그로 인해 미국 제품에 대해 보복 관세를 부과하는 캐나다 및 유럽과 무역 전쟁이 벌어졌고 대공황 기간은 더 연장됐다. 그 결과 관세법이 보호해야 할 농민들에게도 피해를 주었다는 평가를 받게 되었다.

우리는 오늘날 각 국가가 자신의 방식대로 보복하는 모습을 보면서 전 세계적으로 똑같은 일이 벌어지는 것을 목격하고 있다. 각각의 사람들이 연결된 것처럼 우리의 경제와 국가들도 상호 연계되어 있다. 어떤 국가도 혼자 잘 살 수는 없다.

다른 대안은 없는 것일까? 은행들이 파산하도록 중앙은행이 그대로 놔두는 세상을 한번 상상해 보자. 많은 이가 그것이 올바른 방향이라고 말하며 자본주의는 실제로 그러한 자정 작용을 요구하기도 한다. 2008년 말 구제 금융도 없고 양적 완화도 없었다고 가정해 보자. 그리 어려운 사고 실험은 아니다.

그렇게 되면 자산 가격은 붕괴할 것이고, 그 자산을 매입하기 위해 빌린 돈은 상환할 수 없게 된다. 대부분의 금융 시스템이 무너진다. 가장 건전한 대출들만이 상환 가능하다. 금융 시스템 붕괴가 불필요한 위험을 감수한 모든 이를 무너뜨리게 되면서 많은 사람이 파산에 이른다. 그들 중에는 당신과 나, 연금 수령자들, 그리고 안전하다는 말만 듣고 위험한 해외 투자를 감행한 사람들도 포함되어 있다. 그뿐만 아니라 더 많은 사람이 금융 시스템의 유동성 부족으로 인해 파산하게 된다. 즉 안전하다고 여겨졌던 일부 투자들 또한 실패한다. 이 결과는 너무 심각한 경기 침체를 불러와 대공황은 공원 산책 정도로 가볍게 느껴질 것이다. 하지만 그런 환경에서 하드 달러는 가치가 폭발할 것이고 예금과 현금을 보유한 이들은 아주 저평가된 자산과 가격이 저렴하게 책정된 거래를 선택해 부를 형성할 것이다.

당신의 삶이 얼마나 달라질지 상상해 보라. 부동산은 오늘날의 가치 근처에도 못 미칠 것이다. 주가는 사상 최저치에 가까울 것이다. 정치인들의 상황 또한 달라질 것이다. (사실 그들 중 일부는 더는 정치인이 아닐 것이다) 그들이 보유한 자산의 가격 폭락과 부채로 인해 그들 또한 파산했을 수도 있기 때문이다.

금융 완화와 인위적인 금리 조정은 후속 효과를 충분히 고려하지 않은 채 세계를 무대로 진행된 거대한 실험이었다. 부유한 사람들과 인위적인 부양책의 혜택을 받은 자산 보유자들에게는 이 실험이 성공적으로 진행된 것처럼 여겨졌을 것이다. 우리 스스로 솔직하게 말하자면 우리가 누리는 대부분의 부와 특권들은 우리의 재능이나 노력으로 얻은 것이 아니다. 세계 여러 나라의 정부들이 돈을 더 발행하기로 했기 때문에 얻게 된 것이다. 부동산과 주식을 포함한 우리의 자산은 통화량을 늘리지 않았더라면 불가능했을 가치 상승의 수혜를 입고 있는 것이다.

한편, 자산을 보유하지 못한 이들은 점점 빠른 속도로 움직이는 러닝머신 위에서 다른 이들을 못 따라가고 있는 것처럼 느껴질 것이다.

우리는 마치 모든 것이 거꾸로 돌아가는 비자로의 세상에 사는 것만 같다. 댄 피라로(Dan Piraro)가 그린 연재 만화 비자로(Bizarro)는 둥근이 지구상에서 일어나는 일이 아니라 흐트래(Htrae, Earth의 철자를 거꾸로 하면 Htrae가 된다)라는 정육면체 모양의 세상에서 일어나는 일을 그리고 있다. 1961년 4월의 한 비자로 컷에서는 어떤 영업사원이 '당신의 돈을 확실히 잃게 해주는' 비자로 채권을 열심히 판매하고 있는 모습이 그려져 있다. 그런 상황은 오늘날 그저 농담이 아니다. 세계 여러 나라의 은행들은 마이너스 금리를 제공한다. 차라리 침대 매트리스 밑에 돈을 보관하는 편이 은행에 넣어두는 것보다 돈의 가치가 더 높은 것이 현실이다.

따라서 시장이 어느 때보다도 많은 정부의 경기 부양책을 환영하며 주가와 주택 가격이 지속적으로 상승하는 상황이라면 우리 사회의 탈선 또한 받아들여야만 한다. 폴 볼커(Paul Volcker) 전 연방준비제도 이사회 의장은 2018년 이렇게 말한 바 있다. "문제는 우리가 금권 정치로 나아가고 있다는 것입니다. 우리 사회에는 엄청난 부자가 수없이 많으며 그들은 자신들이 똑똑하고 건설적이어서 부자가 된 것이라 믿고 있습니다."

나는 무엇이든 가능하며 노력과 재능은 반드시 보상받는다고 믿을 수 있는 세상에서 자랐다. 여전히 나는 그것을 믿고 있다. 위험을 감수하는 것이 보상을 받기도 하고 처벌을 받기도 하며, 자유 시장이 궁극적인 가치를 결정해주는 심판 역할을 하는 자본주의 또한 믿는다. 그래서 자본주의가 무너지는 모습을 바라보는 것이 내게는 큰 고통이다. 정부가 시장에 개입해 누가 승자이고 누가 패자인지를 결정하는 방식은 패거리 자본주의에 불과하다. 패거리 자본주의는 당신이 창출하는 가치와 당신이 부를 얻기 위해 감수하는 위험이 부를 만드는 것이 아니라 내부자들에게 보상하는 정치 시스템이 부를 만든다.

그리고 그 결정의 승자 편에는 소수의 사람이 있는 반면 패자 편에는 수많은 사람이 있다. 현금과 임금의 가치가 떨어지면서 식품, 주거, 가스, 의료 비용은 점차 오르고 있다. 패자 편에 서 있는 사람들이 아직 보유하지 못한 자산은 걷잡을 수 없이 가격이 치솟고 있다. 그들은 부당한 체제 속에서 쪼들리는 느낌을 받고 있다.

당신과 마찬가지로 그들은 이 교환 거래에서 얼마를 받았는지 모르고 있으며, 얼마를 빼앗겼는지도 모르고 있을 것이다. 하지만 뭔가가 맞지 않다는 사실만큼은 분명히 알고 있고, 이러한 상황에 신물이 나 있다.

제 2 장

경제는 어떻게 작동하는가 II

창조적 파괴

　우리가 오늘날 시도하는 해결책들이 안고 있는 가장 큰 문제점은 우리가 경제 성장을 추구하면서 의지해온 인플레이션 환경이 기술 발전으로 인해 무너지고 있다는 사실이다. 관세 부과와 통화 조작, 부채 확대로 이 문제를 해결할 수는 없다. 또한, 기술과 데이터가 모든 것의 기반을 이루는 디지털 시대로 접어들면서 단순히 거품만 빠진 것이 아니라 사람들은 점점 더 상호 연계성을 추구하게 되었다. 정보는 물리적 재화가 가지는 제약으로부터 자유롭다. 경계선을 넘나들며 끊임없이 이동할 수 있기 때문이다. 또한, 불필요한 시스템적 절차를 덜어 준다는 차원에서 훨씬 더 효율적이다. 하지만 그 불필요한 절차와 비효율 덕분에 우리가 일할 수 있는 일자리가 있었다.

　우리는 익히 다음의 이야기를 들어본 적이 있다. 기술과 혁신이 오로지 발전만을 추구하며 노동 시장의 양상을 바꾸어 놓긴 했지만, 전반적으로 노동 시장과 경제에 장기적으로 긍정적인 영향을 미쳤다는 것이다. 19세기에 들어서면서 기계가 과거에 인간이 담당했던 힘든 노동의 많은 부분을 대신하게 되었고 사회는 더 풍족해졌다. 기술 발전으로 인해 사라진 일자리보다 새로 생겨난 일자리가 더 많았으며, 인간 노동의 종말이 올 것이라 두려워했던 신기술 반대론자들의 생각은 틀렸음이 증명되었다. 아니면 그들의 생각이 너무 시기상조였는지도 모른다.

전 세계적으로 물가가 치솟고 고소득 직종이 위기에 몰리면서 긴장이 고조되고 있다. 2019년 퓨리서치센터(Pew Research Center)의 조사 결과는 이 같은 분위기를 반영하고 있다. 미국 성인 중 14%만이 2050년까지 평균적인 미국 직장인들의 고용 안정성이 더 나아질 것으로 생각한다고 답했다.

이와 같은 긴장과 두려움으로 인해 사람들은 점차 타인에 대한 공감 능력을 상실하고 외국인 노동자들에 대해서는 적대감을 품게 된다. 우리 사회는 집단적으로 가장 중요한 사실을 잊어버리고 있다. 더 많은 일자리 창출을 요구한 것은 바로 인플레이션을 일으킨 우리의 제도이며, 이 제도는 바뀌어야 한다는 사실이다.

옛것은 버리고 새것을 취하라

자본주의의 기본 축 중의 하나는 자유 시장 경제이다. 자유 시장 경제는 현대 경제 발전의 중심에 놓여 있으며 혁신적인 기업가들이 시장의 독점적 체제를 깨고 스스로 새로운 독점을 창조하는 과정을 끊임없이 보여준다. '창조적 파괴'라는 역설적인 용어는 오스트리아 계 미국인 경제학자인 조지프 슘페터(Joseph Schumpeter, 1883-1950)가 처음으로 사용한 표현이다. 슘페터의 관점에서 보면 기업가들의 혁신은 기성 기업들의 가치를 무너뜨리긴 했으나 경제 성장을 지속시킨 파괴적인 동력이었다. 더구나 기성 기업들의 무너진 가치는 과거의 기술 및 규제, 조직적, 경제적 인식 체계 속에서 기인한 일종의 독점 권력으로서 누렸던 가치였다.

신기술은 현재의 가치 기준을 바꾸어 놓는 경우가 많기 때문에 시장에서 우위를 점하기 위해 오랜 세월 운영 전략을 완성해온 기존 주자들은 그 가치 기준을 제대로 이해하지 못하는 경우도 있다. 기존 주자들이 가치 기준을 제대로 이해한다 해도 그들은 불리한 위치에 놓일 수밖에 없다. 신기술은 자주 사업 가치의 근본을 바꾸어 놓고, 그에 따른 시장 상황의 변화로 기존 주자들이 보유한 자산의 가치를 떨어뜨릴 수 있기 때문이다. 그들의 자산은 한때는 높은 가치를 인정받았지만 때로는 부채의 비율이 높아지기도 하면서 이른바 스스로를 옭아매는 올가미가 되고 마는 것이다.

〈이코노미스트(The Economist)〉의 전 편집자이자 〈롱테일 경제학(The Long Tails)〉의 저자인 크리스 앤더슨(Chris Anderson)은 앞으로 일어날 변화에 대해 그의 책에서 암시하고 있다. 그는 유통 비용이 하락하게 되면 자신들의 권력에 의존해 유통을 지배하던 세력들이 어떻게 힘을 잃게 되는지 설명한다. 예를 들면, 구글이 등장하기 전에는 정보를 유통하기 위해 대규모로 확장이 가능한 인프라가 필요하지 않았으며 유통을 지배하는 자가 권력을 거머쥐는 것이었다. 정보 유통이 물리적 기반 시설을 보유하고 있는 신문이나 TV 네트워크를 통해 이루어지든, 경쟁자들을 따돌릴 수 있을 만큼 많은 마케팅 비용을 들여서 이루어지든 유통을 지배하는 것은 다른 무엇보다 중요한 일이었고 많은 비용이 들었다. 반면 디지털 시대의 정보 유통은 그 규칙을 뒤바꿨다. 정보가 훨씬 더 멀리, 그리고 더 빨리 이동할 수 있게 됨에 따라 전통적인 유통 권력의 가치가 축소된 것이다.

비디오 대여 프랜차이즈 기업인 블록버스터(Blockbuster)는 최고 전성기에 84,000명에 이르는 직원들과 9,000개 이상의 매장을 보유하고 있었다. 블록버스터가 시장에서 우위를 점할 수 있었던 것은 고객 접근이 가장 쉬운 곳에 매장을 오픈한다는 물리적 유통 전략을 세운 덕분이었다. 그들은 자신들이 가진 규모의 힘을 이용해 더 많은 히트작을 보유했고 이를 기반으로 콘텐츠 제작사들과 협상했다. 그러나 블록버스터는 기술 발전의 속도를 제대로 감지하지 못했고 그 결과 정보 유통이 즉각적이고 무료로 이루어지는(또는 거의 무료에 가까운) 디지털 세상을 예측하는 데 실패하고 말았다. 소비자들이 문을 열고 걸어 들어와 2~3달러를 지불하고 비디오테이프나 DVD를 빌려가서는 깜빡하고 그것을 기한 내에 매장에 반납하지 못한 경우 연체료를 지불하던 시절은 이제 끝난 것이다.

지금은 기술 발전의 속도를 가늠하는 것이 쉬워 보이지만 블록버스터의 경영 간부들이 사업적 결정을 내릴 당시만 해도 다운로드 속도는 동영상 서비스가 불가능해 보일 정도로 느렸고 넷플릭스도

DVD를 직접 배달해 주는 서비스에 의존하고 있었다. 기술이 얼마나 빠른 속도로 변화하는지 제대로 파악할 수 없었던 그들에게는 현상 유지가 위험을 감수하지 않아도 되는 쉬운 선택이었을 것이다. 그들이 사태 파악을 할 수 있게 되었을 즈음에는 이미 때는 너무 늦어 있었다. 그들은 이길 수 없는 경기를 하고 있었다. 수년 동안 블록버스터가 경쟁 우위를 유지할 수 있게 해준 성공 요인이었던 9,000여 개의 매장과 그에 따른 관리 비용은 하루아침에 불리한 조건으로 전락해 버리고 말았다. 그들이 할 수 있는 가장 혁신적인 일이라고는 매장 한편에 사탕 판매 진열대를 만드는 것 정도였다. 잠깐 동안 오른 매출은 불가피한 결말에 이르는 시간을 조금 늦춰주었을 뿐이다. 매출은 단기적으로는 올랐지만, 이듬해 가파르게 꺾였다.

블록버스터의 경영진이 무능했던 탓일까? 천만의 말씀이다. 그들은 과거의 프레임 속에 갇혀 있었다. 그들이 앞으로의 변화를 제대로 예측하고 문제를 해결할 수 있었다 하더라도 기존의 사업 모델을 가지고 새로운 시장에서 이길 가능성은 없었다. 기존 사업을 고수하면서 새로운 사업으로 방향을 전환하려면 엄청난 비용이 들 것이기 때문이다. 결국, 넷플릭스는 새로운 기회를 창출해냈고 블록버스터는 몰락하고 말았다.

나는 양측의 입장이 어떠했을지 충분히 짐작이 간다. 나도 한동안 성공적이었던 비즈니스 모델을 기반으로 회사를 경영했지만, 미래의 변화에 대비하기 위해 변화가 불가피하다고 느꼈던 때가 있었기 때문이다.

빌드다이렉트 창업

나는 1999년 말에 건축 및 개조 작업에 투명성과 신뢰를 보장하겠다는 신념으로 빌드다이렉트를 공동 창업했다. 훌륭한 팀의 도움으로 우리는 운 좋게도 몹시 어려운 시기를 무사히 지나올 수 있었다. 소수 훌륭한 투자자의 믿음을 기반으로 받은 투자와 우리가 개인적으로 가지고 있었던 모든 자본이 투입되었다. 그 과정에서 나의 아내는 아직 네 살도 안 된 어린 세 명의 아이들이 있었음에도 우리 집을 팔고 그 돈을 모두 사업에 투자하는 데 동의해 주었다. 사업은 성공했고 전자상거래 기업으로서 매년 매출은 두 배씩 올랐다. 우리가 일부러 회사를 접기 전까지는 말이다.

우리는 성공의 희생양이었다. 고객들은 우리의 제품을 더 많이 구입하길 원했지만 재고가 없어 더 이상 주문을 받지 못하는 경우가 많았다. 수년 동안 이 문제를 해결하기 위해 노력했지만, 매출의 증가 속도를 따라잡을 수가 없었다. 그래서 2013년 말에 나는 이사회에 참석해 회사가 발전할 수 있는 유일한 길은 우리의 전체 사업 방식을 바꾸는 것이라고 말했다. 바뀌지 않는다면 그 자리에 정체해 무너질 것이었다. 바뀐다면 우리는 급격히 가치가 증가하는 무언가를 만들어낼 수 있을 것이었다.

우리가 생각해낸 아이디어는 신제품 출시, 어떤 제품이 가장 잘 팔릴지에 대한 예상 수치, 배송을 위한 물류 관리 네트워크 등 모든 플랫폼을 공개해서 공급업체들이 주문량을 파악하고 수요에 맞게 재빨리 재고를 채워 넣어 고객들이 원하는 제품을 구매할 수 있게 하자는 것이다. 한마디로 요약하자면 기존의 방식에서 탈피해 공급업체들에게 주도권을 주는 것이었다. 즉, 독점으로 가졌던 권한을 나누어 주겠다는 것인데, 그렇게 하면 결과적으로 고객들의 선택권은 더 넓어지고 그들은 더 편리해진다.

스타트업이 시장이 원하는 것이 무엇인지를 찾아 사업 방향을 선회하는 것은 사업을 성공으로 이끄는 열쇠이다. 하지만 시가 총액이 5억 달러에 이르고 빠르게 성장하고 있는 사업의 방향을 전환하는 것은 완전히 다른 문제이다. 이전의 사업을 성공으로 이끈 바로 그 요인이 새로운 사업으로의 전환을 더디게 만든다.

우리는 2016년 2월 홈 마켓플레이스(Home Marketplace)와 함께 플랫폼을 런칭했다. 그런데 출발은 훌륭했으나 이내 통제 불능의 국면을 맞이하고 말았다. 공급업체들은 새로운 플랫폼에 아주 만족스러워했고 우리가 생각했던 것보다 빨리 우리 사이트에 상품을 추가해주었다. 상품 수량, 혹은 재고 관리 단위는 6,000개에서 150,000개 이상으로 아주 빠르게 증가했다. 그러나 이 증가한 물량을 모두 처리하는 데 필요한 일부 기술은 당시 아직 개발 중이었다. 그 결과 고객들은 필요한 상품을 쉽게 찾을 수가 없었다. 한편 공급업체들은 많은 정보를 공유하게 되었지만 그 요구에 맞춰 그들의 공급량을 조절할 수 있는 도구도 아직 없었다. 우리는 우리가 구상하던 플랫폼을 구축하는 데 절반은 성공했지만, 그것을 완성하는 데에는 예상보다 훨씬 더 큰 비용이 들 것이었다. 무서운 사실은 그렇다고 다시 이전으로 되돌릴 수는 없다는 것이었다.

그 시절을 돌아보자니 일론 머스크(Elon Musk)의 유명한 말이 생각난다. "기업가로 산다는 것은 유리를 먹고 심연을 들여다보는 것과도 같다." 당시 그 과정에서 받았던 압박감은 정말 끔찍한 것이었다. 당신을 믿어주는 사람들을 잃게 되고 투자자들과 공급업자들, 팀의 구성원들은 그들의 강한 신념이 한계에 도달하는 것을 느끼게 된다. 내가 바위처럼 단단하다고 생각했던 관계들이 깨어지고 만다.

사람들이 회의을 느끼게 된 이유는 있었다. 한동안 계속 성장했던 매출이 제자리걸음을 하기 시작했고, 수년간 우리와 거래해온 공급업체들은 그들의 상품이 우리 사이트에서 새로운 상품들의 더미 아래 깔리는 모습을 목격했다. 그리고 고객들은 필요한 상품을 쉽게 찾을 수가 없었다. 모든 수치가 나쁜 결과를 경고할 때 거대한 비전에 대한 신념을 유지하기란 훨씬 더 어려운 법이다.

이 문제가 악화되자 나는 우리가 개발한 기술의 나머지 부분을 완성하기 위해 회사에 더 많은 부채를 끌어오겠다는 운명적인 결정을 내렸다. 자본 수혈을 받고 난 뒤 우리는 기술 완성에 매진했다. 그때까지 걸어온 길은 옳았다. 하지만 우리가 상상해온 가치를 제공하기 위해서는 그 일을 마무리해야만 했다.

공급업자들은 우리 뒤에서 힘을 실어주었다. 직원들은 업무에 매진하는 동시에 우리 팀을 하나로 결집시키고 아주 힘든 조건 속에서도 해결 방안을 모색하는 데 집중했다. 우리는 무슨 일이 있어도 이 일을 성사시키겠다고 결의를 다진 수많은 사람과 함께 하고 있었다. 그리고 그들 한 사람 한 사람이 모두 소중했다. 그들의 헌신과 열정을 보면서 나는 비로소 깨달았다. 결과와 상관없이 이 모든 과정이 의미가 있다는 것을.

그리고 기술이 요구 수준까지 끌어올려 지자 상황은 한꺼번에 호전되기 시작했다. 매출은 다시 상승하기 시작했고 이번에는 동일한 비용이 들어가지도 않았다. 나와 우리 팀원들은 모두 함께 아주 힘겨운 고개를 훌륭히 넘어가고 있었다. 우리는 해낸 것이다. 노력은 통했다. 수년의 노력 끝에 가장 쉽고 신뢰할 수 있는 주택 개조 솔루션을 만들겠다는 꿈의 실현은 우리 눈앞에 성큼 다가와 있었다.

하지만 안타깝게도 또 다른 어려움이 우리를 막아섰다. 전통적인 사업 모델을 벗어나 새로운 사업으로 선회하는 것은 시간이 걸리는 일이다. 그리고 우리가 앞으로 빠르게 전진하려고 할 때 오랜 기대의 무게가 우리의 발목을 잡는 것이 느껴졌다. 그에 더해 기술 개발을 위해 떠안은 빚과 협력업체들이 현실적 부담으로 다가왔다. 협력업체들이 이해하는 성장은 달랐다. 그들이 수익을 기대하는 속도는 달랐다. 그들이 감수하고자 하는 위험은 다른 것이었다. 결국, 나는 회사 역사상 대 전환기에 회사를 되살리기 위해 부채를 안고 가기로 결정했다. 당시에는 그것이 최후의 수단인 것처럼 느껴졌다. 하지만 그 결정으로 인해 빌드다이렉트를 이끌어 나가는 데 뜻밖의 난관에 봉착했다. 구체적으로 밝히자면 우리의 비전을 유지하고 18년이라는 긴 시간 동안 회사를 믿어 준 직원들과 투자자들, 협력업체들이 한 투자를 보호하는 데 어려움을 겪게 된 것이다.

그 여정은 상상했던 것보다 훨씬 더 흥미진진하면서도 두려운 경험이었다. 인생을 바꿔 놓는 경험이기도 했다. 나는 기술이 얼마나 빠른 속도로 세상을 바꾸고 있는지 내 두 눈으로 직접 목격했다. 나는 업계의 변화를 도왔고 그렇게 하는 과정에서 나 또한 변화했다. 그 모든 과정을 겪으며 나는 반복적으로, 그리고 끈덕지게 스스로에게 다음의 질문을 던질 수밖에 없었다. "내가 가장 가치를 두고 있는 것은 무엇인가? 어떻게 하면 회사를 믿어준 사람들에게 설사 큰 소득은 없더라도 승리를 보장해 줄 수 있을까? 그리고 모든 일이 수포로 돌아간다면 어떻게 해야 할까? 그냥 그렇게 견딜 수 있을까?"

마침내 나는 인생에서 내가 가장 가치를 두고 있는 것은 가족과 친구들, 성실성이며, 사업의 성패와는 크게 상관없이 무슨 일이 있어도 그것만큼은 잃고 싶지 않다는 사실을 깨달았다. 그렇게 정리하고 나니 회사를 경영하면서 부닥치는 모든 도전과 위험이 훨씬 더 감당할만해 졌다. 그 결론을 바탕으로 생각해보니 가장 위험한 일은 내가 누구인지를 망각하는 것이었다. 나 자신을 배신하는 것이야말로 진정한 실패의 길이었다. 그리고 그런 이유로 나는 떠나기로 했다. 빈손으로, 아니 모든 것을 얻어서.

당시에는 깨닫지 못했지만, 그것이 최고의 선물임을 알게 되었다.

기회의 창

창조적 파괴는 항상 일정한 속도로 발생하지 않는다. 시대의 흐름 속에서 어느 때가 되면 경영자들이 창조적 파괴를 일으킬 기회가 더 많아진다. 아이디어랩(Idealab)의 창립자이자 최고경영자인 빌 그로스(Bill Gross)는 성공적인 기업을 만드는 데 있어서 가장 간과하기 쉬운 측면이 운과 타이밍의 작용이라고 언급한 바 있다. 너무 시기상조여서 비용이나 대상 시장이 맞지 않는 경우, 혹은 너무 시기가 늦어 새로운 독점 제품이 이미 자리를 잡고 있는 경우 시장에 진입하는 것은 거의 불가능해진다.

아주 근소한 차이로 성패가 갈린 내 친구들의 이야기에서뿐만 아니라 나는 내 사업 경험에서도 운과 타이밍이 얼마나 중요한 역할을 했는지 확실히 알고 있다. 2015년 빌 그로스는 밴쿠버에서 (조회 수가 2백만 회를 넘어선) 아주 훌륭한 TED 강연을 했다. 그는 성공한 기업들과 실패한 기업들 사이의 차이에 관해 연구한 내용을 발표했다. 연구를 진행하면서 스타트업의 성공 확률을 결정짓는 데 타이밍이 다른 무엇보다도 중요하다는 사실을 발견하고는 빌 스스로도 놀랐다. 실제로 42%의 성공은 타이밍 덕분이었다. 성공을 결정짓는 가장 중요한 다섯 가지를 자세히 살펴보면, 팀워크/실행력이 32%, 아이디어가 28%, 비즈니스 모델이 24%, 자금 조달력이 14%로 나타났다.

창조적 파괴와 훌륭한 타이밍은 인위적인 통제가 가능하기도 하다. 지난 30년 동안 중국의 놀라운 부상이 그 좋은 예이다. 1978년부터 시작된 중국 정부의 정책 변화는 경제 체제를 완전히 재정립하기 위한 준비 작업이었다. 정책 변화와 함께 도시화의 속도 또한 바뀌었다. 노동자들이 농촌에서 고임금을 주는 도시로 이동했기 때문이다. 시장을 자본과 무역에 개방하는 과정에서 중국은 주요 수출국으로 확고히 자리매김하게 되었다. 또한, 기업가들은 이 변화를 통해 세계 시장을 주도하는 기업들을 탄생시키기도 했다. 그로 인해 국가는 물론이고 기업가들도 엄청난 부를 얻게 되었다. 그 대표적인 예로 나는 마윈(Jack Ma)이 떠오른다. 그는 전직 교사로, 시작은 미미했지만 세계 유명 기업 중 하나인 알리바바를 창립하기에 이른다. 만일 그가 2000년대 초반에 사업을 시작하지 않고 중국이 경제 봉쇄 정책을 유지했던 1970년대에 회사를 창립하려 했다고 상상해 보자. 우리 시대의 최대 기업을 건설하는 대신 마윈은 그의 기업가적 열정과 기술을 가지고도 그저 교사로 남게 되었을 가능성이 크다.

파괴의 기회는 기술 발전의 돌파구를 통해 열리기도 한다. 바로 산업 혁명이 그에 해당하는 시기였다. 그리고 우리는 오늘날 더 급진적인 시대를 살아가고 있다. 다시 말해서 시대를 잘 타서 적절한 시기에 태어나는 것이 성공 가능성을 높인다는 뜻이다. 그래서 기업가에게 인내가 그토록 중요한 작용을 하게 되는 것이다. 기회의 창이 조금밖에 열려 있지 않은 상태라면 성공적인 기업가들은 늦지 않게 일찍 시작했을 확률이 높으므로 시장이 도래할 때까지는 사업을 유지하는데 필요한 일들을 해야만 한다.

자동차 산업을 한번 보자. 헨리 포드(Henry Ford)는 자동차를 만드는 기술이 자동차를 대량 생산하기에는 너무 비쌌기 때문에 첫 사업에서는 실패했다. 그는 1899년에 디트로이트 자동차 회사(Detroit Automobile Company)를 설립했으나 자동차의 품질이 낮고 가격이 높아 1901년 문을 닫게 되었다. 하지만 그는 거기서 멈추지 않았고 빠르게 변화하는 기술 환경 덕분에 T형 자동차와 자동차 조립 라인이라는 돌파구를 찾을 수 있게 되었다. T형 자동차의 등장으로 저렴한 이동 수단의 대량 생산이 가능해졌다. 자동차 사업과 독점 권력을 거머쥔 포드는 포드 자동차를 혁신의 상징으로 만든 다른 독창적인 아이디어들도 생각해 낼 수 있었다. 그 중 하나가 노동 정책과 임금 인상에 관한 혁신이었고, 그 아이디어로 인해 이후 역동적인 중산층이 탄생하게 된다.

포드는 창조성과 인내력으로 성공했지만 시기를 잘 만난 것이기도 했다. 오늘날 세계 최대의 자동차 기업들을 한번 살펴보라. 대다수는 마차 산업이 무르익어 사그라질 시기에 작은 기회를 틈타 시작되었다. 미국에서는 포드(Ford)가 1903년 설립되었고, 제너럴 모터스(General Motors)가 1908년에 설립되었다. 독일에서는 1916년에 BMW가, 1926년에 다임러 벤츠(Daimler-Benz)가 설립되었다. 스웨덴에서는 1927년 볼보(Volvo)가, 일본에서는 1933년에 닛산(Nissan)이, 1937년에 도요타(Toyota)가, 1948년에 혼다(Honda)가 설립되었다. 설립된 수천 개의 자동차 회사 대부분은 합병되거나 문을 닫았다.

그리고 기회의 창은 닫혀 버렸다. 제너럴 모터스(GM)에서 근무하는 동안 최초의 고출력 자동차를 개발한 업계의 실력자인 존 드로리언(John DeLorean)과 같은 선지적인 경영자조차도 사업 시기를 제대로 잡지 못했다. 고속 승진으로 쉐보레의 최연소 총책임자였던 그였지만 자리에서 물러나 드로리언 자동차 회사(DeLorean Motor Company)를 창업해 GM의 독점 권력에 대항하려 했다가 참패하고 말았다.

100년 이상 성장해온 거대 자동차 기업 중 다수는 자가용 자동차와 전기 자동차를 둘러싼 기술 환경의 극심한 변화로 인해 앞으로는 매출이 하락할 것으로 전망된다.

변화의 시기를 예측하고 그것을 기회로 활용하는 것이 선지적 기업가가 가져야 할 가장 중요한 자질일 것이다. 그렇다면 승자가 계속 승자의 자리를 지키는 경우가 왜 그렇게 드문 것일까? 그들은 독점적 지위를 차지하고 번영할 능력을 분명히 갖추고 있다. 그들은 과거에 자신을 성공으로 이끌어 준 것에 갇혀 변화하는 환경에서 스스로의 발전을 가로막고 있는 것은 아닐까? 이 질문은 현재의 많은 기업에 중요한 질문이다. 믿을 수 없을 정도의 빠른 속도로 변화하는 환경속에서 과거의 성공을 미래의 성공을 향한 나침반으로 이용하며 경쟁하기가 어느 때보다 어려워질 것이기 때문이다.

우리 시대의 뛰어난 선지자 중 한 사람이며, 아마존의 창업자이자 CEO인 제프 베조스 조차도 갑작스러운 위기를 맞이해 수많은 비난을 받았던 때가 있었다는 사실을 사람들은 쉽게 잊어버린다. 그가 비난을 받았던 이유는 오늘날 그의 기업을 그토록 성공으로 이끌고 유명세를 누리게 한 바로 그 요인들 때문이었다. 2001년 아마존은 1999년 최고 정점을 찍었던 시장 가치의 약 94%를 잃었고 분석가들은 그를 질책하고 나섰으며, 아마존이 살아남지 못할 것이라는 예상을 내놓기도 했다. 리먼 브라더스의 분석가인 라비 수리아는 보고서에서 다음과 같은 날카로운 비판을 쏟아냈다.

"채권의 측면에서 봤을 때 아마존의 신용도는 아주 낮고 더욱 악화하는 상태다… 부실한 대차대조표와 허술한 유동 자산 관리, 엄청난 금액의 마이너스 운영 자금의 흐름을 보면 판매되는 제품 단위 당 현금 유입량이 매우 낮다는 것을 확실히 알 수 있다. 이러한 재무적 특성은 역사적으로 무수히 많은 소매업자를 어려움에 빠뜨린 바 있다. 아마존은 지난해 기본적으로 다양한 자금원을 통해 자금 지원을 받게 됨에 따라 부실한 현금 유동성에 더해 계속해서 쌓여가고 있는 부채도 문제이다. 1997년부터 지난 분기까지 아마존의 매출은 29억 달러였던 것에 비해 28억 달러의 자금 지원을 받았다. 1달러짜리 제품을 하나 판매할 때마다 0.95달러가 부채에 해당하는 엄청난 비율이다… 높은 부채 부담과 높은 이자 비용, 재고 누적, 사업 확장 비용의 상승과 같은 현재 상황을 고려했을 때 최선의 시나리오를 가정하더라도 현재 재정 상황으로는 아마존이 2001년 1분기까지 버틸 수 있을 것으로 예측된다… 아마존은 마술 모자에서 자금을 지원해 줄 토끼를 끄집어내지 않는 한, 앞으로 1년 내로 현금이 바닥날 것이다.”

지금 이 분석을 보면 완전히 터무니없는 내용으로 보인다. 이제 아마존의 영향력은 어마어마해졌다. 미국 전체 소매업 매출의 거의 8%를 차지하고 있으며, 인터넷 상거래 1달러당 45센트가 아마존의 매출에 해당한다. 월마트, 홈디포, 타겟, 이베이, 베스트바이, 코스트코 등 다른 모든 소매업체가 나머지 55센트를 두고 경쟁하고 있다. 아마존 사이트는 한 달 방문자가 2억 명에 달하며 연회비를 지불하고 특별 혜택을 받는 1억 명의 프라임 회원들이 존재한다. 제품과 서비스 판매 외에도 아마존은 그들이 개발한 기술을 최대한 활용해 다른 이들이 사업에 도움을 받기 위해 아마존의 기술에 접근하는 것을 허락하고 있다. 아마존 웹 서비스는 그 자체만으로도 800억 달러 규모의 사업이며 클라우드 컴퓨팅 시장의 32%를 차지하고 있다.

다소 역설적이게도 2008년 금융 위기를 예견하지 못하고 파산에 이른 것은 다름 아닌 리먼 브라더스였다.

베조스의 영리함과 추진력, 호기심에 더해 작은 행운과 타이밍이 없었더라면 모든 것이 달라졌을 것임은 자명하다. 당시의 상황이 완전히 반대 방향으로 흘러갔다면(그랬을 수도 있다) 베조스의 비전이나 아마존의 운영 관리가 어떻게 달라졌을지 잠시 상상해 보는 것은 흥미롭다.

창조적 파괴와 독점 권력의 패턴은 10년 전 세계 최고 기업들의 리스트를 현재의 것과 비교해 보면 확실히 드러난다. 10년 전에는 세계 최고의 기업 중 대다수가 1800년대 후반에 창업한 기업들이었다. 하지만 현재는 서비스 향상을 위해 네트워크 효과와 데이터 캡쳐를 활용하고 있는 기술 플랫폼 기업들이 세계 최고 기업 리스트에 대거 포진해 있다.

지금은 중대한 시기이다. 기술 이동으로 인해 정보 통합이 더 쉬워지고 아직 플랫폼이 존재하지 않는 산업 분야에 새로운 플랫폼을 구축하는 일이 더 쉬워짐에 따라 여전히 중요한 기회들이 산재해 있다. 하지만 거대 플랫폼 기업들은 매일 그들의 서비스를 사용하는 수억의 사용자들이 존재하며, 그들의 서비스 모델이 다른 이들이 제공하는 서비스와 달리 무엇이 특화되어 있는지, 그리고 그런 점에서 그들이 이미 독점적 권력을 누리고 있다는 사실 또한 인식하고 있다. 새로운 시장이자 변화가 빠른 환경임에도 불구하고 그들과 플랫폼 시장을 놓고 권력 다툼을 벌이기 위해서는 작은 행운과 타이밍 이상이 필요할 것이다. 특히 비기술 기업들의 경우에는 과거의 성공을 미래의 성공 지침으로 삼으려 한다면 더 큰 어려움이 따를 것이다.

이는 보기보다 큰 문제이다. 주요 플랫폼 기업들은 당신이 인지하고 있는 것보다 훨씬 더 광범위하게 전 산업을 통제하고 있다. 말하자면, 그들은 기술의 고속도로와 공유지를 모두 지배하고 있는 셈이며 다른 형태의 모든 기업에 대해 불균형적 권력을 누리고 있다. 그들은

2019년 세계 기업 순위 Vs. 2009년 세계 기업 순위							
2019				2009			
순위	기업	국가	미국 달러 (단위: 10억)	순위	기업	국가	미국 달러 (단위: 10억)
1	애플	미국	1,099	1	페트로차이나	중국	390
2	마이크로소프트	미국	1,056	2	엑손모빌	미국	345
3	알파벳(구글의 모회사)	미국	873	3	중국공상은행	중국	250
4	아마존	미국	872	4	차이나 모바일	중국	210
5	페이스북	미국	531	5	마이크로소프트	미국	205
6	버크셔해서웨이	미국	517	6	월마트	미국	198
7	알리바바	중국	442	7	중국건설은행	중국	195
8	JP모건체이스	미국	400	8	존슨앤존슨	미국	172
9	비자	미국	372	9	프록터앤갬블	미국	170
10	존슨앤존슨	미국	343	10	로얄더치쉘	영국& 네덜란드	169

인공지능을 만드는 데도 앞장서고 있어 지금까지 존재했던 어떤 기업들보다 강력하고 중요한 기업으로 부상할 가능성을 지니고 있다.

사기업이나 소수의 기업이 초지능을 개발한다면 그들의 가치는 점점 더 높아질 것이다. 이렇게 되면 기업들은 과거와 똑같은 방식으로 운영되기 어렵다. 한 기업이 인공지능을 지배하는 환경에서는 인공지능 자체가 권력을 그 기업에게 빠른 속도로 집중시키게 되지 않을까? 인공지능에 대한 접근 권한이 없는 기업이 초지능에 맞서 경쟁한다는 것이 상식적으로 말이 되는가? 만일 당신이 운과 타이밍이 다른 요소들보다 더 성공에 영향을 미친다고 조금이라도 확신한다면, 논리적인 결론은 지금이 가장 운이 좋은 기회일지도 모른다는 것이다. 이 기회가 지나가고 나면 행운은 사라질지도 모른다. 이 기회를 놓치면 우리의 경제 시스템 건설에도 아주 안 좋은 영향을 미치게 될 것이고, 기업 운영 방식의 개선을 위해 대대적인 구조 개편이 필요하게 될 것이다.

플랫폼 기업들의 부상

구글, 애플, 아마존, 알리바바, 텐센트와 같은 새로운 슈퍼 독점 기업들은 세계가 어느 방향으로 변화하는지에 대한 인식 속에서 탄생했다. 권력의 주체는 바뀌었고 이전의 독점 세력들은 기존의 시장에서는 경쟁이 힘들어졌다. 그뿐만 아니라 새로운 독점 기업들이 사용자들에게 가져다주는 엄청난 가치로 말미암아 그들의 플랫폼은 운영 과정에서 생겨나는 네트워크 효과와 데이터를 최대한 활용할 수 있게 설계되어 있다. 권력을 집중시키려는 이러한 독점 현상은 지속될 가능성이 높아 보인다.

강력한 네트워크 효과를 활용하는 것이 오늘날 모든 플랫폼 사업의 핵심이다. 실제로, 벤처 투자 기업인 NFX가 최근 3년 동안 진행한 연구 결과에 따르면, 지난 23년 동안 네트워크 효과가 기술 기업 가치의 70%를 차지한 것으로 나타났다. 네트워크 효과는 전통적으로 권력을 좌우했던 규모의 경제와는 큰 차이가 있다. 규모의 경제는 기업의 규모가 클수록 경쟁자를 위협할 수 있는 구매력과 레버리지를 더 많이 가질 수 있었다. 그에 반해 네트워크 효과는 사용자의 수가 증가할수록 제품이나 서비스의 가치가 각각의 사용자에게 더 많은 가치를 가져다줄 때 생겨난다. 전화 시스템이 그 좋은 예이다. 만약 내가 전화기를 가지고 있는 유일한 사람이라면 아무에게도 전화할 수 없으므로 그 서비스는 무용지물일 것이다. 사용자가 한 명 늘어날 때마다 서비스는 모든 사용자에게 더 가치가 높아진다. 그 결과 기하급수적 성장으로 이끌어주는 긍정적인 가치의 피드백 루프가 생성되는 것이다.

강력한 네트워크 효과를 최대한 활용하기 위한 플랫폼 설계는 독점적이고 승자독식적인 시장을 만들어낸다. 인터넷 자체가 가장 강력한 네트워크 효과를 가진 매체 중 하나이므로 결과적으로 인터넷을 기반으로 한 최고의 기업 대다수가 네트워크 효과를 가지게 된다. 인터넷이 독점 기업들의 권력을 재분배함에 따라 훌륭한 심판 역할을 할 것이라 기대했었지만 역설적이게도 네트워크 효과는 결국 몇개 기업에 훨씬 더 많은 권력을 집중시켜 주고 말았다.

네트워크 효과가 아니더라도 모든 소비자 플랫폼은 비슷한 방식으로 주도권을 획득한다. 대다수 사람은 플랫폼의 소비자들을 통해 주도권을 얻게 되는 것이라는 잘못된 믿음을 가지고 있다. 하지만 그것은 일부만 맞는 말일 뿐이며 플랫폼의 초점이 실제로 어디에 맞추어져 있는지에 따라 달라진다. 그들이 소비자들에게 제공하는 가치는 엄청나므로 소비자들을 점점 빠른 속도로 끌어들이지만, 그들이 보통 감추고 있는 비밀은 총 공급에 집중함으로써 소비자들에게 제공하는 가치를 창출한다는 것이다. 그들은 단지 일부가 아닌 모든 공급에 집중하는 것이다.

모든 공급을 한곳으로 끌어모아 그 공급이 더 많은 회원을 끌어오도록 경쟁하게 만드는 것이 플랫폼 기업들이 주도권을 잡는 방식이다. 공급의 형태는 여러 다양한 형태를 띨 수 있으나 그 패턴은 놀랍도록 한결같다. 이를테면, 페이스북에서는 개개인의 회원을 공급한다. 링크드인에서는 사업 주체를 공급한다. 아마존과 알리바바에서는 제품과 공급업체를 공급한다. 유튜브에서는 동영상을 공급한다. 에어비앤비에서는 주택 대여 서비스를 공급한다. 아이튠즈나 스포티파이에서는 노래와 음악가를 공급하고, 앱스토어에서는 어플리케이션을 공급한다. 이들 중 수많은 '공급자들'이 더 관심을 받기 위해 경쟁하지 않는 서비스가 하나라도 있는지 한번 상상해 보라. 플랫폼 소유주는 공급되는 자원을 소유하고 있지 않기 때문에 공급 자원을 한곳에 모으는 역할을 하며, 공급자는 그 자원 보유에 대한 부담을 지지 않고도 거의 무한정 공급을 확장할 수 있다. 구매자들은 공급의 방대함을 잘 인식하지 못한다. 공급 자원 목록에서 가장 상위 순위에 있는 결과물들만 보기 때문이다. 그리고 그 상위 순위의 결과물들은 소비자들이 자신들의 제품으로 교체하도록 만들기 위해 끊임없이 사용자들의 취향에 맞추고 있다. 아마존에서는 5억 개 이상의 제품이 고객의 선택을 받기 위해 경쟁하고 있다. 공급자들은 각자 높은 순위를 유지하기 위해 제품을 최대한 부각하는 작업을 진행하는 팀을 보유하고 있다. 구글에서는 이제 130조 개가 넘는 웹 페이지를 검색할 수 있다. 각각의 웹 페이지는 하나의 사이트에 소속되어 있고, 모든 상업용 사이트에는 검색 순위에서 상위 자리를 차지하기 위해 활동하는 팀이 막후에 존재한다.

플랫폼 사용자들에게 확실히 어필할 수 있는 중요한 혜택은 더 많은 선택지와 독창적인 콘텐츠 또는 제품이다. 그들은 다른 곳에는 굳이 갈 필요가 없다. 부차적인 효과는 더 중요하다. 공급자들이 사용자들의 관심을 끌기 위해 경쟁하도록 하는 것이 바로 그것이다. 경쟁은 소비자들이 더 나은 구매 경험을 할 수 있게 만들어 준다. 가장 인기 있는 제품이나 서비스가 자연스럽게 가장 높은 순위로 올라가기 때문이다. 경쟁은 머신 러닝에 활용 가능한 차별화된 방대한 데이터를 제공해 주기도 한다. 그 결과 머신 러닝은 방대한 공급 상품 중에서 각각의 고객에게 최상의 상품이나 서비스를 추천해 줌으로써 한 단계 발전된 구매 경험을 제공할 수 있게 해 준다.

구글이 옐로 페이지스(Yellow Pages)와 동일한 콘텐츠를 가지고 있다고 상상해 보라. 혹은 유튜브가 지역 케이블 방송국과 동일한 콘텐츠를 제공한다고 상상해 보라. 그렇다면 사용자들에게는 그 효용 가치가 떨어질 것이다. 그곳에 방문할 이유도 적어질 것이다. 유튜브는 그들이 보여주는 대부분의 방대한 콘텐츠를 직접 생산하지 않는다. 그들은 콘텐츠를 한곳에 수용할 수 있는 장소를 제공할 뿐이다. 따라서 동영상을 제작하는 데 들어가는 모든 비용은 콘텐츠 공급자가 부담해야 한다. 반면 콘텐츠의 양이 누적되면서 유튜브가 사용자들에게 제공하는 혜택은 증가한다. 최근 집계에 따르면 날마다 576,000시간 이상의 동영상이 생성된다. 그리고 한번 유튜브에 동영상을 올리면 (일부러 삭제하지 않는 한) 언제든 볼 수가 있다. 이는 사용자의 요구에 대해 거의 무한대의 공급을 맞출 수 있는 엄청난 기회이다.

에어비앤비가 여느 호텔들이 운영하는 방식과 동일하게 제한된 객실을 공급하는 방식으로 경쟁한다고 상상해 보라. 에어비앤비가 당신이 보통 선택하는 호텔과 경쟁하기 위해 뉴욕에 엄선된 10개의 객실을 보유하고 있다면 호텔이 매번 승리할 것이다. 하지만 에어비앤비가 그들의 플랫폼에서 훨씬 더 많은 공급 물량을 한곳에 모아 제공한다면 게임의 결과는 달라진다. 이들은 사용자들이 다른 서비스로 이동하지 못하도록 어떤 전환점에 도달할 때마다 독자적인 서비스 공급을 통해 그들에게 과거에 경험해본 적이 없는 어마어마한 가치를 제공한다. 이 경우 공급자들은 사용자들에게 더 어필할 수 있는 더 나은 사진이나 피드백 점수 등 다양한 방법을 동원해 그들의 상품목록을 돋보이게 만든다. 그리고 유튜브의 경우처럼 에어비앤비도 기술 이외의 다른 공급 비용이 발생하지 않을 뿐만 아니라 공급 경쟁을 통해 그들의 가치를 높이게 된다. 현재 에어비앤비에는 6백만 건 이상의 임대 공간이 등록되어 있다.

이러한 패턴으로 인해 플랫폼은 사용자들에게 놀라운 가치를 제공하며 항상 발전해 나가고 있다. 그러니 우리가 다른 곳으로 옮겨가지 못하는 것도 당연하다. 하지만 공급자 입장에서 생각해 보면 사용자들을 붙들어 매어 두는 일이 쉬운 것만은 아니다. 특히 플랫폼 사업에 늦게 진입한 공급자에게는 더 어려운 일이 될 수 있다.

플랫폼 사업에 발 빠르게 뛰어든 기업들은 공급 차원에서 훌륭한 결과를 가져올 수 있다. 부족하지만 내가 트위터에 올렸던 글이 그 좋은 예를 보여준다. 플랫폼 사업의 패턴(플랫폼 소유주들에게는 제품이나 콘텐

전통적 공급업체 vs. 기술 혁신업체

제품/서비스	전통 공급업체	기술 혁신업체	혁신업체의 공급량
음악	소니뮤직 BMG	아이튠즈	3천만 곡
도서 (전 분야로의 확장을 위한 거점 사업으로)	반즈앤노블 챕터스	아마존	재고 유지 최소단위 5억 권 이상 (패션&뷰티 분야 1억6천6백만 건)
숙박	포시즌즈 홀리데이인 힐튼	에어비앤비	6백만 건 이상
검색/미디어	워너미디어 옐로 페이지스 뉴스페이퍼즈	구글 유튜브	133조 건 이상

츠 공급자가 필요하며 일찍 참여할수록 좋다는 것)을 인식하게 된 후 나는 2008년 초 '왜 모든 CEO는 트위터를 해야 하는가'라는 제목의 게시글을 올리기로 했다. 말하자면 다른 CEO들을 위해 플랫폼을 검증해 준 공급자(한 사람의 CEO) 역할을 한 셈이다. 그리고 이틀 뒤 놀라운 일이 벌어졌다. 그 전에는 수개월 동안 한정된 수의 피드백만을 받았던 것에 반해 당시 나의 트위터 계정은 하루 만에 팔로워가 1,000명 이상 늘어나며 폭발할 지경에 이른 것이다. 도대체 무슨 일이 벌어진 건지 사태 파악을 하는 데에는 시간이 조금 필요했다. 그때 한 친구가 내게 그의 트위터 신규 가입 페이지의 스크린샷을 보내왔다. 거기에는 모든 신규 트위터 회원들이 팔로우해야 할 CEO 10인의 명단이 나와 있었다. 그런데 그중 내 이름도 나와 있는 것이 아닌가. 열 명 중 리처드 브랜슨과 빌 게이츠 사이에 어울리지 않게 끼어 있었다. 나의 팔로워 수가 늘어나자 팔로워 숫자 자체가 다른 이들에게 내가 팔로우할

가치가 있는 인물이라는 확신을 주게 된 것이었다. 그 게시글 하나와 그 뒤를 이은 트위터 측의 조처로 내 팔로워 숫자는 하룻밤 사이에 185,000명을 넘어섰다.

이 예는 플랫폼에서는 일찍 눈에 띄는 것이 정보 불모지까지 정보를 폭넓게 퍼뜨려 인상적인 결과를 불러올 수 있다는 것을 보여준다. 그러한 조기의 성공은 공급자에게 많은 가치가 더해지는 매우 실제적인 성공이다. 공급자가 게이머이든 인스타그램이나 트위터를 통한 유명인이든 에어비앤비 상품 목록이든 아니면 그냥 제품이든 새로운 스타가 탄생하는 것이다. 스타들은 이번에는 그들의 성공을 모방하고 싶어 하는 더 많은 공급자를 부추긴다. 공급자들 간의 경쟁으로 인해 플랫폼은 가격 결정에 있어 더 유리한 위치를 점하기 시작하고 공급자는 그에 발맞추기 위해 더욱 노력해야만 하는 상황에 놓이게 된다.

떠오르는 비유를 들자면, 플랫폼의 공급자들은 증기 롤러가 자신들을 향해 다가오는 상황에서 바닥에 떨어져 있는 수많은 100달러짜리 지폐를 줍고 있는 것과 비슷하다. 거의 모든 플랫폼에 동일한 패턴이 적용될 수 있겠으나 일단 구글을 예로 들자면, 구글과 전자상거래가 비교적 생소했던 시절에는 자연 검색이나 무료 검색에서 검색된다는 것은 거의 로또에 당첨되는 것과 마찬가지였다. 게다가 지금에 비하면 경쟁이 거의 없었기 때문에 검색 알고리즘에서 상위 자리를 따내는 것이 그다지 어려운 일도 아니었다. 일찍이 구글 플랫폼에 발을 들여놓은 나와 다른 많은 이에게는 그것이 마치 100달러짜리 지폐를 줍고 있는 것처럼 느껴졌다. 하지만 증기 롤러가 다가오는 것은 아무도 모르고 있었다.

'광고' 비용이 기본적으로 무료였기에 사업은 빠르게 성장했다. 우리가 구글에 공급하는 콘텐츠는 아주 인기가 많았다. 차츰 더 많은 기업이 구글을 통한 홍보 위력을 인식하게 되자 경쟁자들이 생기기 시작했다. 그들은 검색 결과에서 상위 자리를 따내기 위해 노력했고, 우리가 그들을 이기는 일은 점점 더 어려워졌다. (경쟁자가 늘어나자 소비자 경험도 더 좋아졌다!) 증기 롤러는 우리를 향해 점점 다가오고 우리도 이제 100달러가 아닌 20달러짜리 지폐를 주울 수 있는 곳으로 이동해야만 했다. 우리는 100달러짜리 지폐를 주웠을 때 어떠했는지 기억하고 있었고 그 시절로 돌아가고 싶었다. 그래서 더 좋은 콘텐츠를 만들어 경쟁하기 위해 팀을 확장했다. 구글에서 경쟁하는 데 들어가는 모든 비용은 우리의 부담이었다. 경쟁자들은 우리가 콘텐츠 공급을 원하는 기간에 계속해서 끼어들었고 경쟁에서 기선을 잡기 위해 들어가는 비용은 끊임없이 올라갔다. 그와 동시에 우리가 이길 가능성은 계속해서 낮아지고 있었다.

현재 검색에서 최상단 자리를 따내는 것이 얼마나 어려운 일인지 목재 바닥재에 대한 검색을 예로 살펴보겠다. 현재 '목재 바닥재'를 구글에서 검색하면 12억5천만 개의 검색 결과가 화면에 나온다. 수많은 팀과 비용이 동원되어 구글에서 제한하고 있는 최고의 자리, 즉 검색 결과의 첫 번째 페이지 최상단 자리를 놓고 싸우는 것이다. 구글은 우리에게 허울 좋은 거짓 선택권을 줄 뿐이다. 구글 사용자로서 당신은 검색 결과의 35,000번째 페이지까지 들어가 본 적이 있는가? 그것만 봐도 오류는 보인다. 충분히 오랜 시간 동안 찾아볼 수 있다면 우리가 원하는 모든 선택을 할 수 있겠지만, 이는 물리적으로도 불가능한 일이며, 누구도 그렇게까지 시간을 낭비하려 하지 않는다. 사실 우리는 구글이 검색 결과의 최상단에 올려놓는 정보를 신뢰하고 두 번째 페이지조차도 거의 보지 않는다.

그래서 우리 회사는 플랫폼에서의 경쟁을 위해 점점 더 많은 일을 하면서 점점 더 적은 이익을 얻는 쳇바퀴에서 벗어나지 못하면서도 우리의 주요 채널인 구글에 계속 의지할 수밖에 없었다. 그러던 중 모든 희망이 사라진 듯 했을 때 절호의 기회가 찾아왔다. 사용자가 한 번 클릭할 때마다 우리가 구글에 5센트씩 지급하는 것을 조건으로 우리를 모든 자연 검색 결과 보다 더 상단에 올려준다는 것이었다. 우리에게는 자연 검색에서 상위 자리를 차지하기 위해 일하고 있는 팀이 존재했지만, 그것은 중요하지 않았다. 그리고 그 자연 검색 목록은 유료 검색 결과에 밀려 이제 중요도가 떨어졌다. 일찍이 자연 검색이 생기기 전처럼 비용을 지불하고 상위 자리를 차지하는 것은 아주 효과가 좋았다. 하지만 이후 경쟁자들이 경쟁에 뛰어들자 이제는 그 패턴이 유료 검색 결과에서도 되풀이되었다. 5센트였던 비용은 5달러 이상으로 올랐다.

이런 과정을 거치며 나는 경쟁이 치열한 세계에서는 시장을 차지하기 위해 경제적 측면에서 합리적인 비용 이상을 지불하는 회사가 항상 존재한다는 사실 또한 깨달았다. 언젠가 막대한 비용과 수익 악화라는 증기 롤러가 당신을 덮칠지도 모른다. 이와 같은 역학으로 대부분 플랫폼이 독점 사업이 되는 것이다. 처음에는 그 기회를 흘려보내기에는 공급자로서 잠재적 이득이 너무 많아 보여 동참하게 되지만, 나중에는 모든 구매자가 이미 거기에 있기 때문에 동참하지 않을 수 없게 되는 것이다.

플랫폼의 네트워크 효과는 구매자의 관심을 끌기 위해 공급자가 지불해야 하는 '비용'은 계속해서 증가하지만, 그 과정에서 구매자에게는 더 낮은 가격이나 더 높은 가치가 돌아가는 세상을 만든다. 과거에는 독점적 행태가 가격 상승이나 시장 제한의 형태로 소비자들에게 부정적인 영향을 끼쳤기 때문에 종종 제재 대상이 되었다. 하지만 오늘날의 독점 행위는 다른 양상을 보이며 소비자들에게 예전과는 정반대의 영향을 미친다. 소비자들은 디플레이션 효과라고 볼 수 있는 더 나은 가격과 서비스의 혜택을 받게 된다. 따라서 독점적 행태를 중단시키기가 어려워진다. 여러 경험 끝에 깨달은 사실이지만, 우리 모두는 플랫폼을 운영하거나 플랫폼을 통해 차익 거래를 하는 것이라 볼 수 있다. 장기적으로 봤을 때 둘 중 어느 쪽에도 해당하지 않는 사람은 없다.

파괴 전야

슘페터가 사용한 '창조적 파괴'라는 용어가 자본주의에서 혁신적 태도를 권장하기 위해 널리 사용되고 있다는 점이 다소 역설적이다. 오히려 슘페터 자신은 혁신적 태도의 장기적 지속 가능성에 대해 비관적이었다. 그는 그와 같은 태도가 궁극적으로 자본주의의 제도적 체제를 약화시킬 것이라고 내다봤다. 그는 다음과 같이 말했다. "자본주의는 자본주의 이전의 사회 체제를 허물어뜨릴 때 발전을 방해했던 장벽만 부순 것이 아니라 붕괴를 막아준 지지대도 함께 부수었다. 자본주의로의 이행 과정에서 봉건 사회의 체제를 파괴한 것과 같은 방식으로 자본주의는 스스로의 체제도 약화시키고 있다.”

슘페터의 관점은 하이먼 민스키(Hyman Minsky)의 관점과 일치하지만, 일반적인 통념과는 조금 차이가 있다. 미국의 경제학자 민스키는 장기적인 경제적 안정이 부채의 증가로 말미암아 자연스럽게 불안정을 일으킨다는 이론을 제시했다. ‘민스키 모멘트(Minsky Moment)’는 부채가 키운 자산 버블이 붕괴되어 낮은 가격으로 내놓아도 자산 매각이 어려워지고 시장 붕괴가 잇따르는 시점을 일컫는다. 재미있는 사실은 그럼에도 민스키가 부채의 실질 가치 하락은 예측하지 못했다는 것이다. 1996년에 세상을 떠난 민스키는 민스키 모멘트 이론으로 전설적인 경제학자가 되었지만, 그의 가장 유명한 업적은 다른 데 있었다. 민스키는 자유시장 경제를 천명한 정부라 할지라도 시스템 붕괴에 직면했을 때는 언제든 최종 대출자가 되어 시장 구제에 나설 것이라는 사실을 알고 있었다. 사실상 그는 정부가 그렇게 나설 수밖에 없을 것으로 생각했다. 정부가 나서지 않으면 국민이 받는 단기적 고통이 너무 클 것이기 때문이다. 1986년에 출간된 〈불안정한 경제를 살리는 법(Stabilizing an Unstable Economy)〉에서 민스키는 이렇게 언급했다. “연방준비제도 이사회가 금융 수단을 보호하려고 나설 때마다 그것은 경제 활동 지원을 위한 금융 수단 사용을 정당화하는 것이라 볼 수 있다. 이는 연방준비제도 이사회가 초기 단계에서 금융 위기를 중단시키는 일뿐만 아니라 부채 확대가 되풀이되고 새로운 금융 수단의 등장이 가능해질 수 있는 환경을 조성해 주기도 한다는 뜻이다."

나는 이것이 바로 민스키와 슘페터의 이론이 일치하는 지점이라고 생각한다. 부채 자체가 자본주의를 약화시키는 것은 아니다. 자본주의의 제도적 체제를 불안정하게 만드는 경제 붕괴가 발생했을 때 손실을 사회화함으로써 경제를 안정시키려는 조치가 자본주의를 약화시킨다.

그에 따라 2008년 글로벌 금융 위기 당시의 부채가 줄어들기보다는 세계의 부채 부담이 50% 가까이 더 늘어났다. 현재 부채 규모는 세계 경제 규모보다 세 배 이상 크다. 경기 부양책이 시장에서 사라진다면 경제는 빠른 속도로 붕괴할 것이다. 민스키의 이론이 맞다면, 경제 위기 상황 속에서 정부가 또다시 상황을 직시하기보다는 수위 높은 완화 조치를 하려 할 것이고 국민은 그에 따른 혼란을 감내할 수밖에 없음을 예상할 수 있을 것이다.

나심 니콜라스 탈레브(Nassim Nicholas Taleb)는 그의 저서 〈안티프래질(Antifragile)〉에서 다음과 같이 날카롭게 지적한다. "작은 산불은 주기적으로 인화성 물질로 된 체계를 정화해 주어 그것이 누적되는 것을 방지해 준다. '안전을 위해' 체계적으로 산불이 발생하지 않도록 예방하는 것은 더 큰불을 초래할 수도 있다." 계속해서 부채를 키우고 문제를 회피하면서 정부와 중앙은행은 작은 불들, 이 경우에는 구조조정의 고통을 회피해왔다. 2008년 금융 위기, 그리고 세계 경제가 구조조정을 모면하도록 해 준 통화 완화 정책을 '작은 불'이라고 부르는 것은 대공황을 '경기 침체'라고 부르는 것과 마찬가지일지도 모르겠다. 그럼에도 문제는 그 다음에 다가올 화재가 어느 정도의 규모

일지는 아무도 예상할 수 없다는 것이다.

　오랫동안 번창해온 독점 기업들의 경우 임박한 변화를 알아채지 못했다는 이유로 아주 빨리 판세가 뒤집히기도 한다. 예상치 못한 일은 종종 아무런 경고 없이 어디에서든, 또 어느 순간에서든 갑자기 일어날 수도 있다. 하지만 하나의 사업 영역이나 경제의 일부에서 나타나는 독점이 아니라 상호 연계된 전체 경제 시스템이 독점이라면 어떻겠는가? 독점이 우리가 돈을 버는 방식이고 인플레이션 지향적인 편향이라면 어떻겠는가? 기술의 기하급수적 성장이라는 배경 속에서 GDP의 더딘 성장과 허상과도 같은 자산 인플레이션이 나란히 포개어져 있고, 그에 주체할 수 없이 불어나는 부채가 더해지면 국면 전환이 뚜렷이 보이기 시작할 것이다.

　우리는 세상을 바라보는 새로운 시각이 필요하다. 어쩌면 삶을 살아가는 완전히 새로운 방식이 필요한 건지도 모르겠다. 다음에 어떤 기술 변화가 일어나는지에 따라 게임의 규칙은 바뀐다. 그리고 그 게임 규칙은 아주 소수의 사람만이 이해할 것이다.

THE PRICE OF TOMORROW

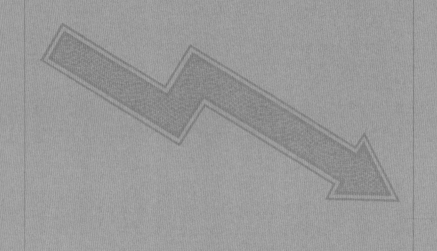

제 3 장

다른 방식으로 사고하기

우리는 이전 세대들이나 세계의 다른 지역들을 바라보면서 현재의 지식으로는 믿기 불가능한 사고의 예를 자주 목격한다. 역사는 사람들이 살아가는 방식을 지배하는 오래된 믿음들로 가득 채워져 있다. 그 믿음들은 그것이 다른 것으로 바뀌기 전까지는 우리 삶의 방식을 지배해왔다.

겨우 400년 전에 갈릴레오 갈릴레이는 지구가 우주의 중심이 아닐지도 모른다는 주장으로 교회의 분노를 샀다. 그의 말이 사실이라면 그 변화는 교회의 가르침과 그 권력을 떠받치고 있는 기둥 중 일부를 무너뜨리는 것이었다. 망원경이 없는 사람들에게는 받아들이기 힘든 사실이었을 것이다. 그들이 매일 접하는 현실의 실제 모습과도 맞지 않았다. 1450년에서 1750년 사이에는 마녀에 대한 대중의 과잉 반응이 온 사회를 휩쓸었고, 질병의 유행과 같은 일이 발생했을 때 실제 원인이 밝혀지지 않으면 마녀의 소행으로 돌려지기도 했다. 그 결과 수천 명의 사람이 죽임을 당했다.

물론 우리가 18세기나 19세기에 들어서서 갑자기 모두 계몽된 것은 아니었다. 미국 수정 헌법 제19조가 미국 여성들에게 동등한 투표권을 보장한 1920년 8월이 되어서야 구시대적 발상에서 깨어난 것이라 볼 수 있다. 거의 100년 가까이 수잔 B. 앤서니(Susan B. Anthony)와 엘리자베스 캐디 스탠튼(Elizabeth Cady Stanton)과 같은 여성 인권 운동가들은 여성들도 남성들과 똑같은 권리를 가져야 한다며 지칠 줄 모르게 주장해왔다. 앤서니는 1872년에 투표 참여를 강행해 체포되기도 했다. 지금 우리가 보기에는 여성이 투표에 참여하는 것이 당연해 보이지만 1911년 민주 코커스 의장이었던 상원 의원 J. B. 샌포드(J. B. Sanford)는 그 시대에 만연해 있었던 믿음을 담아 목소리를 높였다. "가정에는 어머니의 손길이 필요합니다. 여성들이 거리를 쏘다니며 아이들에게 소홀히 해서 좋을 건 없습니다. 여성은 여성일 뿐입니다. 누구도 성별을 벗어나서 살거나 자신의 영역을 바꿀 수는 없습니다. 자신의 운명에 만족하고 신께서 의도하신 중요한 임무를 잘 수행하도록 해야 합니다. 그리고 여성들은 더러운 정치판에 섞이는 것보다 행정 업무에서 훨씬 더 큰 성취를 이룰 수 있을 것입니다."

오늘날 우리는 이런 역사의 한 단면을 보며 대다수 사람(남성과 여성 모두)이 그에 대항해 투쟁한 것이 그리 멀지 않은 과거였다는 사실은 잊어버리고 우리 스스로 근대화되어 있다고 생각한다. 여전히 어딘가 다른 사회에서는 우리 조상들이 그랬던 것처럼 이러한 믿음을 거부하고 그에 대항해 싸우고 있다는 것은 믿기 어렵다. 하지만 우리는 인간이 항상 가지고 있었던 똑같은 두뇌로 사고하고 있으며, 여전히 오랜 믿음과 편견을 가지고 있다. 설사 모든 정황이 상대의 주장이 옳음을 뒷받침해준다 해도 기존의 믿음을 바꾸기란 쉽지 않다. 전체 대중은 그들 행동의 근거가 되는 이야기들을 만들어낸다. 그 이야기 중 많은 부분이 그들이 지어낸 허구이며 사실과는 별로 상관이 없다는 것은 깨닫지 못한 채 말이다.

우리가 가지고 있는 믿음 중 얼마나 많은 믿음이 사실과 배치되는 가? 우리가 하고 있는 현재의 행동 중 미래의 세대들에게 완전히 어리석어 보일 것 같은 믿음을 기반으로 하고 있는 행동들이 얼마나 많은가? 지구 중심적인 우주론과 마녀사냥, 불평등한 투표권이 오늘날 우리에게 비이성적으로 보이는 것처럼 현재의 경제 신조(성장은 항상 좋은 것이고, 성장하기 위해 규칙을 바꿔야 한다면 얼마든지 바꾸겠다는 신조)도 미래의 역사가들에게 그렇게 비치지 않을까?

허약한 기반 위에 건설하기

우리의 마음은 우리가 진실이라고 믿는 것과 일치하는 패턴을 수용하며, 우리에게 익숙하지 않은 패턴들은 무시한다. 우리는 우리 뇌의 제한된 에너지를 가장 중요한 일에 집중시키고 이미 알고 있는 것들에 의문을 제기하느라 소모되지 않게 하려고 간단한 프레임이나 사고 모델에 의존한다.

무의식적으로 하는 모든 일을 한번 생각해 보라. 아침에 일어나서 샤워하고, 양치하고 옷을 입고 아침 식사를 한 후, 출근한다. 이 모든 일을 하는 데에는 적극적인 사고가 필요하지 않다. 이번에는 이 모든 활동이 처음이어서 하나하나 배워야 한다고 상상해 보라. 모든 일을 의식적으로 생각하며 반복해서 해야 한다면 당신은 출근도 하기 전에 녹초가 되어버릴 것이다. 학습 능력과 배운 정보를 완전히 내 것으로 만들 수 있는 능력 덕분에 두뇌는 더 중요한 일들을 생각할 여유를 가지게 되는 것이다.

깊은 사고와 학습 또한 우리의 에너지 저장고에 많은 부담을 주므로 단순화와 학습 강화가 필요하다. 우리의 마음은 반복이나 감정을 통해 배우고 배운 것을 기억에 저장해서 이 정보에 의존한다. 그리고 그것에 대해 다시 의문을 품지 않는 경우가 많다. 우리는 그 에너지를 더 중요하게 여기는 다른 일들에 쏟는다. 튼튼한 기반 위에 구조물을 쌓아 올리는 것처럼 우리는 우리의 사고 모델을 새로운 정보를 추가하는 기반으로 삼는다. 우리는 우리의 시각과 일치하는 것들에 주목하고 일치하지 않는 것들은 무시한다. 그 기반 위에 편협한 지식을 쌓아 올리게 되면 기반 자체가 허약할 때도 그것을 인식하지 못 할 수도 있다.

따라서 우리는 아주 많은 정보를 걸러내면서 살아가고 있어 중요한 정보를 보지 못하는 경우도 많고 스스로 시각에 갇혀 우리에게 도움이 될지도 모르는 어떤 정보나 대안적 시각을 무시하기도 한다. 우리의 판단은 우리가 사실로 간주하는 것에 의해 결정되고, 새로운 정보가 등장해 우리가 믿는 것이 허위임이 드러나도 우리의 기존 시각은 더욱 강화된다. 우리는 또한 우리 삶을 좌우하는 더 큰 흐름을 보지 못하고 우리 눈앞에서 당장 더 타당한 것만을 보게 되기도 한다.

2008년 금융 위기 당시 최고 금융 전문가들조차 다가오는 큰 변화를 예측하지 못했다. 그들도 우리와 마찬가지로 편견을 가지고 이미 확립된 경로를 따라 사고하는 '인간'이기 때문이다. 어떤 사고의 패턴이 오랜 기간 지속할수록 전문가들은 초심자들이 쉽게 보는 것들을 보지 못한 채 기존의 패턴대로 설명하고 자신들의 시각을 강화하는 것에 더 편안함을 느끼게 된다. 어쨌든 오랜 기간 경제적 안정을 누리는 시기에는 대부분의 대안적 시각이 틀리고 그런 시각들을 무시한 전문가들이 맞는 경우가 자주 있다. 하지만 큰 변화가 일어나는 변혁기에는 초심자들의 생각이 더 적중률이 높을 수 있다. 초심자들은 전문가들처럼 정교하게 쌓아 올려진 강화된 지식 기반을 가지고 접근하기보다는 답을 찾겠다는 의지만으로 "왜?"라는 질문을 던진다. 그들은 이전의 진실을 굳이 옹호하려 하지 않는다. 이것이 바로 창조적 파괴를 이끌어내는 주요 동력 중 하나이다. 전문가들이 견지하는 입장은 창조적으로 파괴해야 할 중요한 요소 중 하나이다.

조지 이스트먼(George Eastman)은 1888년 '연필만큼 편리한 카메라를 만들겠다'는 신념으로 코닥 카메라를 개발해 냈다. 1907년 이 기업은 5,000명 이상의 직원을 둔 기업으로 성장했고, 100년이 넘는 기간 동안 사진 산업을 지배했다. 1976년 코닥은 미국 필름 시장의 90%, 카메라 시장의 85%를 차지하고 있었다. 최고 정점이었던 1996년 코닥은 160억 달러의 매출과 310억 달러 이상의 기업 가치를 자랑하며 세계 시장의 3분의 2 이상을 장악했다. 코닥의 몰락은 믿기 힘든 일이었다. 사실은 코닥의 직원이었던 스티브 사손(Steve Sasson)이 1975년에 최초로 디지털카메라를 개발했고 연이어 1989년에 DSLR 카메라도 최초로 개발했기 때문이다. 디지털카메라와 DSLR 카메라를 처음으로 개발한 당시 그는 디지털카메라가 사진 산업의 미래라는 사실을 미처 이해하지 못한 경영진을 설득하고 나섰다. 경영진은 '필름' 판매를 보호해야 한다는 그들의 프레임에 사로잡혀 있었다. 그 이유는 쉽게 이해할 수 있었다. 결국 130년 이상 누려온 영광을 뒤로 한 채 코닥은 2012년 파산을 선언했다.

시어스(Sears)는 사실상 1892년에 우편 주문 카탈로그 사업을 생각해냈다. 그전까지만 해도 소비자들이 대량 생산 제품에 접근하기가 쉽지 않았다. 상품 선택 범위를 넓히고 집까지 배송해 줌으로써 시어스는 빠른 성장을 이루었고 그들의 카탈로그는 하나의 상징이 되었다. 시어스는 1927년 실제 매장을 최초로 오픈했으며, 1990년대 초 월마트가 그들을 추월하기 전까지 미국 최대의 소매업체였다. 2018년 시어스는 결국 파산 신청을 했다. 그럼에도 불구하고 시어스의 원래 사업은 '더 나은 선택을 당신의 집까지 배달해 드립니다'라는 현재의 아마존과 동일한 방침을 기반으로 하고 있었다.

이런 일은 사업에서만 일어나는 것이 아니다. 우리 모두에게 일어나며 우리가 생각하는 것보다 훨씬 더 자주 일어난다. 자신이 인식하고 있는 현실에 사로잡혀 우리는 자주 잘못된 믿음을 고수한다. 얼마나 확신하든 자신의 시각이 항상 옳은 것은 아니다.

빠른 생각과 느린 생각

노벨경제학상을 수상한 경제학자이자 심리학자인 대니얼 카너먼 (Daniel Kahneman)은 우리가 오류적 사고와 추론을 하도록 만드는 인지적 편향(cognitive biases)에 집중했다. 내가 가장 좋아하는 책 중 하나인 〈생각에 관한 생각(Thinking, Fast and Slow)〉에서 카너먼은 우리가 사고할 때 사용하는 두 가지 시스템에 관해 설명한다. 시스템 1은 '빠른 생각'이다. 빠른 생각은 우리의 직관에 기반을 두고 있고 감정의 영향을 받는다. 시스템 2는 더 신중하게 숙고하는 '느린 생각'이다. 당연한 말이겠지만 시스템 2는 빠른 반응을 보이는 시스템 1처럼 실수를 저지르지 않는다.

시스템 1을 사용할 때는 우리가 믿고 있는 이야기에 재빨리 의존한다. 그 이야기에 오류가 존재하고 입증 가능한 증거가 뒷받침되지 않았더라도 상관없다. 우리에게는 스스로를 무의식적으로 속이는 인지적 편향이 있다. 심지어 인지적 편향에 대해 잘 이해하고 있는 사람들조차도 속을 수 있다. 카너먼은 다음과 같이 설명한다. "삶에서 어떤 결정을 내릴 때 우리는 보통 특정한 인상과 느낌에 이끌리게 되며 직관적 믿음과 선호를 믿는 것을 정당화한다. 하지만 항상 그런 것만은 아니다. 우리는 종종 틀렸을 때조차도 자신감을 보이며, 객관적인 입장의 관찰자는 우리 자신 보다 우리의 잘못을 더 잘 알아챈다."

우리의 일상 속에서 찾아볼 수 있는 몇 가지 예를 살펴보자. 우리는 닻 내림 효과(anchoring effect)와 매몰 비용 편향(sunk-cost bias)을 보이기 쉽다.

닻 내림 효과는 어떤 결정을 내릴 때 초기에 얻은 정보의 영향을 훨씬 더 많이 받는 것을 말한다. 연이어서 하는 모든 판단이 이 닻을 기준으로 결정되는 것이다. 만약 당신이 친구에게서 1,000달러를 빌려야 한다면 처음에는 5,000달러를 요구했다가 사실은 1,000달러가 필요하다고 말하는 것이 처음에 500달러를 요구했다가 1,000달러로 늘려서 요구하기보다 훨씬 더 쉽다. 최종적인 요구 금액이 같다고 해도 각각의 경우에 나중에 말한 금액이 처음에 말한 금액과 비교가 되는 것이다. 따라서 이 경우 큰 금액에서 적은 금액으로 가는 것이 상대방의 기분을 더 좋게 만들 수 있다. 이처럼 인지적 편향은 우리를 자주 바보로 만든다. 협상에서 누군가가 초기에 닻을 높게 설정해 놓는 경우나 마트에서 할인 가격으로 눈가림을 하는 경우, 그리고 심지어 인간관계에서도 우리는 인지적 편향에 빠지고 만다.

매몰 비용 편향은 당신이 지금까지 이미 쏟아부은 시간이나 감정 때문에 무엇인가에 시간이나 돈을 계속해서 투자하는 것을 말한다. 카너먼이 지적했듯이 잠재적 손실은 잠재적 소득보다 훨씬 더 강력한 동기 요인으로 작용한다. 누군가가 나쁜 관계나 투자, 직장을 유지하려고 할 때 그들은 종종 자신도 모르는 사이에 매몰 비용 편향의 희생자가 되어 있다. 스스로 현상 유지를 원치 않으면서도 변화가 두려워 현상을 유지하려 하는 것이다. 이 편향은 개인에게만 해당하는 것은 아니다. 시스템에서도 나타난다. 나는 개인적으로 우리가 매몰 비용 편향에 빠져 있어 현재 상황의 손실이 두려운 나머지 무너지고 있는 것이 확실한 경제 시스템에 매달리고 있다고 믿는다.

이는 지금까지 알려진 150여 개의 인지적 편향 중 두 가지 예에 불과하다. 이외에도 우리가 인식하고 있는 것을 확증해 주는 정보만을 찾으려 하는 확증 편향(confirmation bias), 타인의 판단에서는 편견을 발견하면서도 스스로의 편견은 보지 못하는 편향 사각지대(bias blind spot)와 같은 여러 편향은 우리가 생각만큼 현명하지 못할 때가 많다는 사실을 보여준다. 패턴은 스스로 강화되며 우리는 스스로를 틀 안에 가두고 있다는 사실을 깨닫지 못한다. 하지만 타인이 틀 안에 갇혀 있는 것은 쉽게 볼 수 있어, 이 부분이 창조적 파괴가 일어날 가능성의 여지를 보여준다.

이것이 아마존의 기업 가치가 한때 세계 최고의 가치를 자랑하는 기업이었던 월마트의 거의 세 배에 이르게 된 이유이다. 월마트는 소비자들을 위해 끊임없이 더 좋은 상품과 저렴한 가격을 제공함으로써 소매업체의 왕이 되었다. 월마트의 경영진은 업계에서 가장 똑똑한 사람들로 채워져 있었다. 그러나 그들 스스로 만들어놓은 틀 안에 갇혀 있었다는 것이 문제였다. 그 틀이 이제 스스로의 가치를 해치고 있음을 보지 못한 채 그것을 고수하려고만 하면서 말이다.

소매점은 규모가 크다고 해도 상품 진열대 공간의 제약을 받고 있다. 최대 규모의 소매점들조차도 130,000개까지 제품을 진열할 수 있는 상한선을 두고 있다. 매장 운영에 큰 비용이 들어가고 상품 진열대에는 공간상의 제약이 있다면 가장 잘 팔리는 상품들만을 골라서 취급해야 할 것이다. 그리고 가장 잘 나가는 상품을 고르기 위해 막대한 양의 공급 상품을 파악할 MD(머천다이저)를 채용해야 한다. 상품의 문지기이자 선택자인 MD는 매장에서 나타나는 수요의 자기 강화 메커니즘으로 인해 그들이 그 일에 아주 소질이 있다고 믿게 된다. 소비자들은 그들이 보지 못하는 상품은 선택할 수 없다. 하지만 월마트에서 선택받지 못한 모든 상품은 아직도 소비자들을 찾고 있다. 아마존은 제한 없는 진열 공간으로 이 요구를 효과적으로 충족시킨다. 그들은 130,000개의 상품이 아니라 5억 개의 상품을 취급하고 있다. 아마존은 공급자가 상품 홍보를 하고 고객이 선택하기에 MD와 같은 중간 선택자를 채용할 필요가 없다. 규모는 크더라도 공간상의 제약이 있는 매장이라는 틀에 갇혀 있던 월마트의 경영진은 월마트가 의지하고 있었던 바로 '그것'의 덫에 걸려 있다는 것을 미처 몰랐던 것이다. 월마트가 의지하고 있었던 '그것'은 '더 좋은 상품 선택'과 '저렴한 가격'이었다. 설사 월마트의 온라인 상품들을 전체 상품 수에 포함 하더라도 월마트의 상품 수는 여전히 아마존에 등록된 상품 수의 5%에도 못 미치는 수준이다.

제프 베조스는 2019년 이렇게 말했다. "저는 이런 질문을 아주 자주 받습니다. '앞으로 10년 동안 어떤 변화가 일어날까요?' 아주 재미있는 질문이죠. 아주 흔한 질문이기도 합니다. 그런데 이런 질문은 거의 받아본 적이 없습니다. '앞으로 10년 동안 무엇이 변하지 않을까요?' 저는 두 질문 중 사실상 두 번째 질문이 더 중요하다고 생각합니다. 왜냐하면, 시간이 변해도 변하지 않는 것들을 알 수 있다면 그것을 중심으로 사업 전략을 세울 수 있기 때문이죠… 소매업에서는 고객들이 저렴한 가격을 원한다는 사실은 분명하며 이는 10년이 흘러도 변함이 없을 것입니다. 그리고 고객들은 빠른 배송과 방대한 선택권도 원합니다."

아마존의 독주를 누군가가 멈출 수 있을까? 인공지능 개발을 위해 노력 중인 아마존이나 혹은 다른 기업들은 우리가 과소평가하고 있는 록인(고객이 타 기업의 다른 제품이나 서비스로 소비 전환을 하지 않고 기존의 제품이나 서비스에 계속 머무르게 하는 전략 - 역자 주) 효과를 얻게 될 공산이 크다. 그 결과 누군가 끼어드는 것이 거의 불가능한 플랫폼을 만들어 비대칭적 혜택을 누리게 될 것이다. 하지만 기술 발전은 속도를 늦추지 않고 있다. 인공지능 외에도 3D 프린팅과 같은 기술 파괴 경향은 또다시 우리가 가치를 창출하는 곳을 바꾸고 새로운 기업이 모든 것을 다시 새롭게 창조해 낼 가능성을 제공하게 될 것이다.

당신이었다면 월마트나 블록버스터, 코닥, 시어스가 대처했던 것보다 기술 파괴 경향을 더 잘 직시했을 것이라고 단순히 믿기 보다는 그들의 관점에서 한번 생각해 보라. 당신이 사장이고 대부분의 수익이 여전히 매장에서 나오고 있지만, 미래의 사활은 디지털에 달려 있다면 어떻게 할지 상상해 보라. 사실상 당신도 그들과 같은 상황에 놓여 있는 것이나 마찬가지다. 당신이 사업을 운영하지 않는다고 해도 그와 동일한 변혁의 바람은 당신 주변에서도 일어나고 있다. 이런 사례들을 듣고 같은 오류에 걸려들지 않겠다고 다짐하기는 쉽지만 실제 상황에서는 자신도 모르게 오류에 빠지는 경우가 많다. 우리는 모두 똑같은 인간이고 중요한 변화를 잘 알아보지 못하는 인지적 편향을 가지고 있다.

하지만 여기에는 더 깊은 의미가 숨어 있다. 우리가 편견과 굳어진 사고를 뛰어넘을 수만 있다면 다음에 무슨 일이 이어질지 예상할 수 있는 전체 그림을 보게 될 것이다.

우리가 따르는 신화

수년 전 나는 TV 시리즈 〈서바이버(Survivor)〉의 제작 책임자인 마크 버넷(Mark Burnett)의 인터뷰를 본 적이 있다. 인터뷰에서 그는 해당 프로그램이 성공할 수 있었던 것이 한 문학 교수 덕분이었다고 말했다. 그 교수는 1949년 출간된 〈천의 얼굴을 가진 영웅(The Hero with a Thousand Faces)〉의 저자 조지프 캠벨(Joseph Campbell)이었다. 버넷은 그 책과 캠벨의 철학이 〈서바이버〉뿐만 아니라 우리가 좋아하는 수많은 이야기에 미친 영향에 대해 언급했다. 그의 이야기는 매우 흥미로웠고 나는 캠벨 교수에 대해 더 알고 싶어졌다. 조지 루카스(George Lucas), 밥 딜런(Bob Dylan) 등 우리 시대의 수많은 이야기꾼도 캠벨의 저서에 저마다 영향을 받았음을 시인했다는 사실이 놀라웠다.

캠벨의 이론은 이야기의 출처를 막론하고 대부분의 스토리 구성 요소 뒤에 숨어 있는 공통적인 패턴을 관찰한 것을 기반으로 하고 있다. 그 공통적인 패턴은 모든 신화와 종교 속에서도 발견된다. 그는 그것을 '영웅의 여정(the Hero's Journey)' 또는 '단일 신화(monomyth)'라고 부른다. 우리는 그것을 어디서나 보고 있으며 어디서나 보기를 기대한다.

그 신화는 모험을 떠나는 영웅에 관한 이야기이다. 영웅은 극복하기 어려운 장애에 부딪히게 되고 그에 맞서 승리한 후 변화한 모습으로 고향으로 돌아온다. 이야기는 각각의 주제를 담고 있는 17막으로 구성되어 있지만, 일반적으로 다음의 세 단계를 따른다.

1. 출발 – 이야기 속의 영웅이 일반인의 세계에 살며 모험의 부름을 받는 단계이다. 영웅은 보통 처음에는 그 부름을 따르기를 주저하지만 스승의 도움을 받게 된다.

2. 입문 – 영웅이 역경과 고난을 겪고 결국 모험의 가장 중요한 관문이나 위기에 도달하게 되는 단계이다. 그것을 극복하는 과정에서 영웅은 뜻하지 않게 귀중한 깨달음을 얻게 된다.

3. 귀환 – 영웅이 일반인의 세계로 돌아와 그가 얻은 귀중한 깨달음을 이용해 세상을 이롭게 하는 단계이다. 영웅 자신은 모험의 전 과정을 통해 뜻밖의 선물과도 같은 새로운 지혜를 얻어 완전히 새로운 사람으로 변모한다.

인류의 많은 스토리는 일반적으로 영웅의 여정을 따르는 서사와 맞아떨어진다. 영웅이나 고난 없이는 스토리가 만들어질 수가 없다. 스토리는 우리 삶의 역경, 가르침, 성공, 실패와 연관 지을 수 있어 잘 구전된다. 우리는 우리 안에서 영웅을 보게 되고 그들을 응원한다. 그런 연계성으로 인해 우리가 쉽게 기억하고 전달하는 스토리가 되는 것이다. 이런 유형의 줄거리가 마음을 사로잡는 이유는 쉽게 이해할 수 있다. 지식을 대량으로 기록할 수 있게 되기 전에는 단순하고 설득력 있게 스토리를 구성하는 것이 지식을 다음 세대에 전달할 수 있는 유일한 방법이었다. 캠벨의 프레임은 어디서나 볼 수 있다. 1997년 애플의 성공적인 마케팅 캠페인이었던 '다르게 생각하라'에서도 영웅의 여정을 찬양하고 있다.

"미친 사람과 사회 부적응자, 반항아, 문제아, 이 사회에 맞지 않는 사람, 세상을 다르게 보는 이에게 경의를! 그들은 규칙을 좋아하지 않습니다. 그리고 현상 유지를 선호하지 않습니다. 당신은 그들의 말을 전달하거나 반대하거나 칭찬 혹은 비난할 수 있습니다. 당신이 할 수 없는 거의 유일한 일은 그들을 외면하는 것입니다. 왜냐하면, 그들이 세상을 바꾸기 때문입니다. 그들은 인류를 앞으로 나아가게 합니다. 어떤 이들은 그들이 미쳤다고 생각하겠지만 우리는 그들에게서 천재성을 발견합니다. 자신들이 세상을 바꿀 수 있다고 생각할 만큼 미쳐 있는 사람들은 정말 그렇게 하니까요."

우리가 만들어내는 스토리는 감정이 녹아 있는 서사가 담겨 있어 우리 주변의 세상을 이해하는 데 도움이 되므로 중요하다. 우리는 감정 덕분에 이야기를 쉽게 기억한다. 이야기 속에 감정이 많이 담겨 있을수록 더 기억에 오래 남는다. 우리는 끊임없이 스토리를 만들어내며 세상이 어떻게 움직이고, 또 어떻게 그 속에서 맞추면서 살아야 하는지 설명하기 위해 스토리를 활용한다. 우리가 선택하는 스토리는 종교에서부터 정치, 선과 악의 대결, 자본주의 대 사회주의에 이르기까지 우리가 그것들에 대해 가지고 있는 믿음을 강화해주는 경향이 있다. 이해하기 쉬운 스토리 전개는 복잡한 세상을 단순화해서 볼 수 있게 해준다. 이 단순한 서사는 우리가 세상을 바라보는 시각뿐만 아니라 우리 자신에 대한 인식까지도 강화해 준다.

문제는 그럼에도 불구하고 우리가 우리 자신의 스토리나 믿음에 대해서는 자주 문제를 제기하지 않은 결과 논리적으로 틀렸을 때조차 계속 그것을 믿게 된다는 것이다. 더 큰 문제는 스토리가 우리 마음속에서 너무 강력하게 작용한 나머지 그 단순한 서사에 대입해서 타인을 악당으로 규정해 버릴 수 있다는 것이다. 그것이 다른 종교가 되었든, 회사나 다른 조직이 되었든 상관없이 막무가내로 말이다. 이 문제에 관해서는 이 책의 후반부에서 더 자세히 다뤄보기로 한다.

　창조적 파괴를 보여주는 이야기 속에서 영웅은 기업가이다. 빌드다이렉트를 창업해서 운영한 나의 이야기와도 같은 기업가적 여정은 영웅의 서사와 꼭 맞아떨어진다. 기업가는 그들의 소명을 발견하지만, 그 과정에서 극복하기 어려운 역경을 마주하게 된다. 모험은 힘들며, 어렵게 얻게 된 교훈은 종종 기업가를 완전히 다른 인물로 변신시킨다. 이야기가 설득력을 지니려면 극복해야 할 장애가 있어야 한다. 장애가 악당이 되었든 다른 무언가가 되었든 극복하기 어려운 것일수록 사람들의 공감도는 높아진다.

　어떤 경우에는 도전에 직면했지만 진짜 문제를 해결하기를 원치 않아 가짜 악당을 만들어내어 그들과의 투쟁을 보여주기도 한다. 우리는 새로운 현실에 대처하는 데 필요한 삶의 변화를 받아들이려 하기보다는 이를테면 어떤 '타인들'의 집단이 잘못이 있다고 규정해 버리고 우리 자신을 그들과 맞서 싸우는 서사적 '영웅'으로 만들려고 한다. 우리는 과거에도 그렇게 했고, 앞으로 보게 될 것처럼 현재에도 그렇게 하고 있다.

어떻게 오류를 극복할 것인가?

우리의 심리 작동 시스템을 구성하고 있는 이 모든 서사와 편견에 오류가 있을 때 우리는 어떻게 그것을 판단할 수 있을까? 특히나 우리의 사고와 행동에 영향을 미치려는 의도로 관심을 끌기 위해 수많은 정보가 경쟁하는 이 시대에 말이다. 우리가 판단 오류를 범하기 쉽다는 사실을 인정한다 해도 더 숙고할 필요가 있는 경우를 어떻게 구분할 수 있을까? 우리의 관점이 확실한 기반 위에 세워지지 않았다는 것을 어떻게 알 수 있을까?

다행스럽게도 그것을 알아볼 수 있는 몇 가지 방법이 있다. 열성적으로 책을 읽고 공부하는 사람들, 특히 다양한 분야를 넘나들며 공부하는 사람들은 다양한 주제에 관한 책들을 읽어서 여러 학문 분야나 업계를 넘나들며 패턴을 연결시킬 수 있다고 말할 것이다. 이 연습을 통해 그들은 한 곳에서 성공적인 어떤 것을 보고 그것을 다른 곳에도 적용해 보면서 두뇌가 기회를 알아볼 수 있게 훈련한다. 그렇게 함으로써 그들은 자신을 가둘 수 있는 벽을 스스로 깨고 나와 모든 가능성에 문을 열어놓도록 만든다.

나의 친구 밥 서튼(Bob Sutton)에 따르면 이러한 자연스러운 편향과 영웅 서사를 극복하고 오류를 바로잡을 수 있는 또 다른 방법은 자신이 옳은 것처럼 주장하되 틀린 것처럼 경청하는 것이다. 밥은 스탠포드 대학교 교수이자 베스트셀러 〈또라이 제로 조직(The No Asshole Rule)〉의 저자로, 수십 년간 훌륭한 리더가 되는 방법을 연구했다. 훌륭한 리더는 끊임없이 배우고 자신이 실수한 곳이 어느 부분인지 알고 싶어 하며 틀렸을지도 모르는 부분을 적극적으로 찾는다. 자신이 옳은 것처럼 주장하고 틀린 것처럼 경청함으로써 더 나은 길을 제시해주는 새로운 정보가 나타났을 때는 궤도를 수정할 줄도 안다면 리더로서 방향성을 가지고 자신감 있게 일을 추진할 수 있을 것이다. 밥의 연구에 따르면 이러한 자세는 빠른 학습에만 도움이 되는 것이 아니라 비슷한 프레임을 활용해 리더가 팀에 자신감을 불어넣어 새로운 아이디어를 생각해내게 하고 현재 상황을 타개하도록 만드는 데에도 도움이 된다. 문제를 회피하는 리더가 되기보다는 최고의 아이디어를 낼 수 있도록 영감을 주는 리더가 되는 것이다.

이는 팔로알토 소재의 미래연구소(Institute for the Future) 소장 폴 사포(Paul Saffo)가 개발하고 가르친, 미래가 불투명한 세계에서 번영하기 위한 접근법을 그대로 반영하고 있다. 연구소는 '확실한 견해를 느슨하게 견지하기'를 가르친다. '확실한 견해'는 리더가 앞으로 빨리 나아가게 해주며, 이것은 정보와 선택의 과부하를 막아주기 때문에 중요하다. '느슨하게 견지하기'는 끊임없이 배우고 궤도를 수정할 준비가 되어 있는 겸손함을 갖추고 있어야 한다는 의미이다. 그렇게 함으로써 리더는 확증 편향에 빠지지 않을 수 있다.

끊임없는 자기반성으로 이어지는 이 대담한 행보의 조합은 배우고 피드백을 받는 선순환을 가능하게 해준다. 궁극적으로 리더와 그의 기업이 더 빠른 속도로 오류를 수정할 수 있게 해주는 것이다. 이러한 태도는 비즈니스 리더들뿐만 아니라 비즈니스 밖에서도 가장 현자로 인정받는 사람들 사이에 존재하는 공통점이라 볼 수 있다. 그들은 전념해서 빨리 배우는 것에서부터 어디에서나 혹은 누구에게서

나 받는 피드백에 이르기까지 이 모든 것들로부터 지혜를 얻는다.

이처럼 우리가 상상하는 것보다 빠른 속도로 기술이 변화하고 있는 세상에서 사회를 번영시키기 위해서는 모든 지혜를 갖추어야 할 것이다.

THE PRICE OF TOMORROW

제 4 장

기술 호환

　열두 살 소년 시절 나는 아주 큰 부자가 되고 싶었다. 나는 종종 부모님을 내 미래 저택에 머무르게 할지 아니면 출입을 제한할지를 놓고 농담을 하곤 했다. (아무것도 모르던 철부지 시절이었다). 하루는 부모님이 저녁 식사 자리에서 내게 다음과 같은 질문을 던졌다. '그 자리에서 당장 받을 수 있는 100만 달러와 매일 31일 동안 두 배로 불어나는 1페니가 있을 때(물론 어디까지나 가정이다) 어느 쪽을 선택하겠는가?' 나는 거의 모든 사람이 저지르는 실수를 똑같이 저지르고 말았다. 1페니처럼 적은 금액이 시간이 지나면서 그렇게 어마어마한 금액으로 불어나리라고는 상상도 하지 못한 것이다. 실제로 31일이 지나면 두 배씩 불어난 1페니는 10,737,418.24달러가 된다. 자신이 모든 것을 안다고 생각하는 열두 살 소년에게 그 금액의 액수보다 더 충격적이었던 것은 내가 얼마나 잘못 생각하고 있었는가였다. 나는 다시는 이런 실수를 반복하지 않으리라 다짐했다.

몇 년이 지난 후 선생님이 우리에게 체스가 인도에서 발명된 경위에 관한 이야기를 들려주셨다. 인도의 왕은 체스 게임이 아주 마음에 들어 체스를 발명한 이에게 상을 내리고자 무엇을 원하는지 물었다. 체스 발명자는 체스판의 첫 번째 칸에 쌀 한 톨, 그리고 두 번째 칸에 쌀 두 톨, 세 번째 칸에 쌀 네 톨, 이런 식으로 체스판의 모든 칸마다 쌀알의 양을 배로 늘려서 쌀을 받기를 원한다고 답했다. 왕은 너무도 보잘것없는 보상을 원하는 것에 놀라며 흔쾌히 수락했다. 2주 후, 왕은 발명자가 원하는 쌀의 양이 그 나라에 있는 쌀보다 더 많아진다는 사실을 알게 되었고, 자신이 속았다는 생각에 체스 발명자를 처형할 것을 명령했다.

부모님이 내게 어떤 선택을 할지 물으셨을 때 기하급수적으로 금액이 불어나는 패턴을 미처 보지 못했던 나는, 다음에 그와 비슷한 상황에 마주쳤을 때 직관적으로 그 패턴을 알아볼 수 있을 것이라 자신했다. 하지만 나는 페니 때처럼 한 번 더 속아 넘어가고 말았다. 선생님이 쌀알의 총합계로 18,446,744,073,709,551,615라는 어마어마한 숫자를 보여줬을 때 나는 또 한 방 먹은 느낌이었다. 쌀 한 톨이 0.029g이라고 치면 그 양은 5000억 톤에 맞먹는 양이다. 오늘날 전 세계 쌀 총생산량은 약 5억 톤이다. 따라서 체스 발명자가 말한 양은 현재 시세로 계산해도 수천 년 분의 쌀 생산량에 해당하는 양이다.

이제 이 패턴을 이해했는가? 내가 종이 한 장을 50번 접는다고 생각해 보라. (사실 7번만 접어도 더는 잘 안 접히지만, 그냥 지금은 50번까지 접을 수 있다고 가정해 보자). 종이 한 장을 50번 접으면 어느 정도의 두께가 될지 짐작할 수 있겠는가? 나는 이 질문을 지금까지 수만 명의 사람에게 던져봤다. 가장 자주 들은 답변이 5㎝이고, 누군가 이전에 답을 들은 적이 있는 사람이 아니고서는 천장보다 높다고 답한 사람은 거의 없었다. 나 혼자만 기하급수적 성장을 직관적으로 이해하지 못한 것은 아니었던 것 같다. 더 크게 생각해 보라고 방금 언질을 주긴 했지만, 정답을 듣기 전에 한 번 추측해 보시라.

정답은 종이 한 장을 50번 접으면 1억4천9백만 킬로미터로, 지구에서 태양까지 닿을 정도의 두께가 나온다.

2배 증가의 법칙

많은 사람이 '무어의 법칙'을 알고 있을 것이다. 인텔의 공동 창업 자인 고든 무어(Gordon Moore)는 1965년 〈일렉트로닉스(Electronics)〉지의 한 기사에서 우리가 오늘날 무어의 법칙이라고 부르는 이 법칙에 관해 기술했다. 그는 인쇄회로기판의 트랜지스터 수가 매년 2배로 증가할 것이며 적어도 향후 10년 동안은 그럴 것이라고 예측했다. 그는 후에 2년마다 2배씩 증가할 것이라고 기간을 정정했다. 무어의 법칙은 지난 50년간 개선되었고 실제로 트랜지스터의 수가 2배 증가하는 데 걸린 기간은 약 18개월인 것으로 나타났다. 컴퓨터 연산 능력의 2배 향상뿐만 아니라 성능 대비 가격도 해마다 21%씩 하락했다. 성능 향상과 가격 하락의 조합은 아주 놀라운 소득을 만들어 낸다. 예를 들어 〈컴퓨터월드(Computerworld)〉지에 따르면 하드 드라이브 메모리 1MB의 가격은 1967년 약 백만 달러에서 오늘날 2센트로 하락했다.

무어의 법칙에 앞서 언급한 종이접기의 예와 비교해 보자면, 인쇄 회로기판의 트랜지스터는 약 33번 2배로 증가해왔다. 종이를 33번 접으면 두께가 약 1,136㎞가 되고, 그것은 대략 보스턴에서 디트로이트까지의 거리이다. 먼 거리이긴 하지만 태양까지의 거리에 비하면 아무것도 아니다. 종이접기에서 이를테면 7번 접었을 때는 여전히 2.5㎝보다 얇은 상태이므로 얇은 종이 한 장을 50번 접는다고 해서 태양까지 닿을 수 있는 두께가 나오는 것이 가능해 보이지는 않는다.

이는 기술 발전에서도 마찬가지다. 기술이 초기의 2배를 넘어서서 발전하면 그 이후로는 2배씩 발전할 때마다 또 무엇이 가능해질지 가늠하기 어렵다. 하지만 그것이 중요한 이유는 바로 여기에 있다. 우리가 오늘날 주변에서 보는 모든 발전은 과거의 것이 2배씩 계속 증가한 결과이다. 그리고 18개월 뒤 컴퓨터의 연산 능력이 다시 2배 향상될 것이고 그렇게 되면 우리가 지난 50년 동안 이뤄온 모든 기술이 2배 성장하는 것이다. 그 뒤 18개월에서 2년이 지나면 모든 기술은 또 2배 성장한다. 태양에 이르기 위해 작은 걸음을 디디고 있는 것이 아니라 우리는 이제 아주 커다란 도약을 하고 있는 것이다. 기술의 속도만 빨라지는 것이 아니다. 정보의 속도만 빨라지는 것이 아니다. 어디까지 성장할 수 있는지, 그리고 다음에는 어떤 일이 벌어질지 누구도 상상하기 어려울 정도다.

무어의 법칙이 미래에도 무한히 연속적으로 이어질 것이라고 주장하기는 어렵다. 영원히 배로 증가하는 것은 불가능하다. 그러나 기

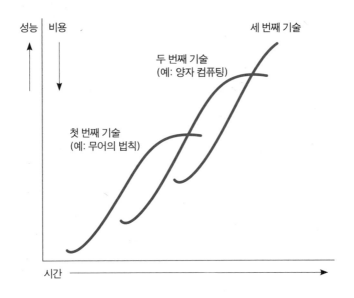

존의 실리콘 기술에 관한 연구와 로드맵을 살펴보면 기술이 적어도 앞으로 몇 번 두 배로 향상되는 동안에는 그 증가 속도가 유지될 것이라는 전망이다. 이론적으로 실리콘 칩에 들어가는 트랜지스터의 수에는 제한이 있기 때문에 신기술이 등장해 다시 가속을 내게 되지 않는 한 무어의 법칙도 시간이 흐름에 따라 점차 속도가 느려지리라는 예상은 잘못된 추정이 아니다. 생물체는 긴 시간에 걸쳐 성장할 때 시그모이드 곡선(sigmoid function curve)의 형태를 나타내기 마련이다. S자형 곡선은 성장이 처음으로 느려지는 시점에 S자 형태와 비슷해지고 그 뒤에 급격히 증가한 후 다음 단계에 도달하기 전에 속도가 느려진다. 그 결과 다시 속도가 느려지기 전에 기하급수적인 속도 증가를 나타내는 새로운 S자 곡선이 형성되는 것이다. S자 위에 S자가 하나씩 포개어지는 모양과 비슷하다. 무어의 법칙이 예외 없이 속도가 느려진다고 해도 양자 컴퓨팅과 같은 신기술이나 실리콘 대체 물질, 혹은 현재 연구가 진행 중인 다른 여러 기술은 컴퓨터 연산 능력의 속도를 또다시 급속도로 증가시킬 것이다. 다음 순환 주기로 넘어가기 전의 느린 성장도 덩달아 속도가 증가할 것이다. 설사 그것이 엄밀히 따졌을 때 완벽히 무어의 법칙대로는 아니더라도 비슷한 방식으로 작동할 것으로 예상된다.

무어의 법칙에 의한 지속적인 기하급수적 성장이 아니더라도 우리는 이미 이전의 혁신 경향 위에 또 다른 것이 건설되는 학습과 발전의 가속 순환 주기 안에 들어가 있는 셈이다. 오늘날의 컴퓨터 작업은 이미 세계의 많은 부분을 연결시켰고 그 결과 의사소통이 원활해졌다. 또한, 우리가 구축하고 있는 데이터와 지식의 많은 부분이 디지털로 전환되고 있다. 빠르고 지속적인 의사소통 덕분에 디지털로 전환된 데이터는 적은 비용이나 무료로 접근이 가능해졌다. 또 아날로그식 정보와는 달리 디지털화된 데이터는 전통적인 구전 방식이 아니라 복제를 통해 재생산되거나 이동하므로 신의를 잃게 될 염려가 없다. 한번 디지털로 전환되어 저장되고 클라우드에 백업되어 나중에 데이터 센터에 백업되면 정보는 영원히 그곳에 존재하는 것이다.

그런 모든 디지털화 작업은 우리가 알고 있는 것보다 훨씬 더 많은 부분에서 일부 데이터 수집 문제를 발생시키기도 한다. 연결된 컴퓨터와 사람들, 카메라, 센서를 통한 데이터 수집은 이제 겨우 시작 단계에 있다. 논란의 여지가 있긴 하지만 그 기기들을 연결해 데이터에서 정보를 얻는 일은 원시 네트워크를 구축하는 것보다 훨씬 더 쉬운 일이다. 오늘날 인공지능에서 딥 러닝의 성장 속도는 데이터 수집과 거대 데이터 집합체의 영향을 크게 받는다. 사실상 오늘날의 모든 플랫폼 기업들은 실제로는 그 핵심에 인공지능 기술을 보유하고 있는 데이터 기업이라 할 수 있다. 다른 데이터 역시 이전의 저장고를 빠져나와 다른 데이터 집합체와 결합해 인간보다 훨씬 더 빠른 속도로 학습하는 인공지능을 탄생시키고 있다.

오늘날 존재하는 대부분의 기술은 20년 전까지만 해도 공상 과학에 불과했다. 나는 생애 처음으로 장만한 컴퓨터와 전화 접속 모뎀으로 연결되었던 인터넷을 기억하고 있다. 연결될 때 전화와 모뎀이 내던 삐삐거리는 소리와 인터넷 화면 한 페이지 한 페이지가 로딩되기까지 고통스럽게 기다려야만 했던 것이 생각난다. 오늘날의 4세대 무선 통신은 평균적으로 전화 접속 모뎀의 100배 속도이다. 하지만 그 속도 또한 머지않아 나의 옛날 모뎀처럼 느리게 느껴지게 될 것이다. 2019년 출시되는 5세대 네트워크는 현재 속도보다 20배 더 빨라질 전망이다.

오늘날 사용이 간편한 휴대전화와 다양한 인터페이스를 통해 많은 사람이 손가락 놀림 하나로 30년 전 한 나라의 지도자보다도 더 많은 권력을 누리고 있다. 기술은 우리의 삶을 너무나 많이 변화시켰고 우리는 그것을 당연시하고 있다. 젊은 시절 동남아와 인도 여행을 하던 중 한 번은 몇 주 동안 부모님과 전화 통화를 할 수 없었던 것이 아직도 기억난다. 현재 내가 인도에서 공동 창업한 기술 개발 기업은 세계 각지의 다른 팀들과 함께 매일 줌(Zoom) 화상 회의를 하고 있다.

1990년대라면 정보를 찾기 위해 능숙한 검색 전문가가 몇 시간, 며칠, 혹은 몇 주 동안 접속해서 정보를 찾아야 했을 테지만 지금은 구글에서 몇 초 만에 찾을 수 있다. 새로운 도시를 방문했을 때는 주유소로 가서 지도를 사고 그 지도에서 올바른 경로를 찾기보다는 길을 가르쳐 주는 웨이즈(Waze)나 그와 비슷한 다른 앱을 이용해 쉽게 길을 찾을 수 있다. 그들은 음성 서비스뿐만 아니라 시각적으로도 길을 알려주며 차량 정체 구간, 교통 감시 카메라의 위치 등 중요한 부가 정보도 제공한다. 휴대폰을 개통만 하면 이 모든 것을 무료로 누릴 수 있는 것이다.

기술 혁명은 계속해서 두 배 더 빠른 속도로 진행되고 있다는 사실을 명심하라. 현재 우리가 누리고 있는 기술들을 퇴물로 만들 기술 발전은 곧 본격화될 것이다. 그리고 많은 기술은 따로 떨어져 존재하지 않는다. 기술들은 서로 피드백을 주고받으며 발전을 더 가속화한다. 예를 들면, 자율주행차와 드론, 로봇의 시각화 시스템을 통해 수집된 동일한 데이터는 그 네트워크가 더 빨리 학습할 수 있도록 더 많은 데이터를 제공한다. 현재의 발전 속도에 발맞추기가 벅차다면 그냥 다음에 오는 기술을 기다리면 된다.

기술의 진보는 우리에게 삶의 질을 높여주는 엄청난 혜택을 선사했다. 그럼에도 우리가 목격하고 있듯이 오늘날 대부분 일자리는 비효율과 낭비로 유지되고 있으며 장기적으로는 기술이 그 자리를 차지하게 될 것이다. 게다가 모든 기술은 우리 경제의 기반을 이루고 있는 '성장과 인플레이션' 기조를 약화하고 있다.

이제 머지않은 미래에 주류로 떠오르게 될 세 가지 기술에 대해 자세히 살펴보려고 한다. 아마 당신도 이 기술들에 대해 잘 알고 있을 것이다. 그러나 상용화는 아직 시기상조며 과장된 기대감과는 달리 지금까지 그 기술들이 발휘한 사회적 영향력은 그다지 크지 못했다.

자율주행차

완전 자율주행차 발전을 촉진하기 위해 2004년 처음으로 막을 올린 DARPA(방위고등연구계획국) 그랜드 챌린지가 개최된 이후 많은 진전이 있었다. 첫 대회 때는 결승선까지 완주한 참가팀이 한 팀도 없을 정도였지만, 그로부터 15년이 흐른 지금은 완전 자율주행차가 업계에서 행군을 시작할 준비를 하고 있다. 자동차기술협회(Society of Automobile Engineers)에서는 자율주행에 관한 여섯 가지 단계의 기준을 내놓았다.

0단계 - 사람 운전자가 제동과 가·감속, 조향 등 모든 것을 통제한다.
1단계 - 대부분 시스템을 여전히 운전자가 조종해야 하지만 조향이나 가·감속 같은 특정한 기능을 자동으로 수행할 수 있다.
2단계 - 운전자가 조향과 가·감속 모두 동시에 손을 뗄 수 있다. 시스템은 주변 환경에 관한 정보를 이용한다. 운전자는 항상 차량을 통제할 준비를 하고 있어야 한다.
3단계 - 운전자는 여전히 긴급 상황 발생 시 차량을 통제해야 한다. 하지만 3단계부터는 일부 교통 및 환경 조건에서 필수 안전 기능들을 자동차에 맡길 수 있다. 이전 단계에서 운전자의 주의가 요구되었던 것에 반해 이제는 그렇지 않다.

4단계 - 완전한 자율주행이 시작되는 첫 단계로, 운전자가 전혀 필요 없는 단계이다. 그러나 모든 운전 환경에서 완벽하게 대응할 수는 없다는 점에 유의해야 한다.

5단계 - 극단적인 상황을 포함해 모든 운전 환경에서 완전한 자율주행이 가능하다. 핸들이 필요 없다.

2019년 초를 기준으로 (테슬라와 같이) 2단계에 도달한 몇몇 자동차를 제외한 대부분의 도로 주행 차들은 아직 1단계에 머물러 있는 상태다. 테슬라와 아우디는(A8 모델로) 곧 운전자가 도로를 주시하지 않아도 되는 3단계 자율주행이 가능한 자동차를 일반 시장에 내놓는 최초의 기업이 될 것으로 보인다. 알파벳과 GM이 모기업인 웨이모는 4단계에 도전하는 선두 주자로, 캘리포니아와 애리조나에서 수백만 마일의 주행 테스트를 거쳤다. 그들은 일반 시장에서 첫 승부를 보기보다는 택시 차량에 관심을 집중했다. 차량 첫 출시는 천천히 하겠지만 테스트를 통한 피드백이 쌓이면서 빠르게 발전할 것으로 예상된다. 이 분야에 관한 글로벌 연구 개발 예산이 급속도로 증가하면서 4단계 자율 주행차는 2025년까지 상용화가 가능할 것으로 보인다.

현재의 자동차 이용률은 5%로 추정된다. 즉, 소유 차량의 95%가 주차장이나 진입로에 가만히 세워져 있는 것이다. 전체 자동차 산업은 현재 5%의 이용률을 보이는 개인 소비자를 수용하기 위해 자동차를 생산하고 판매한다. 자동차에 대한 접근성이 달라지면 자동차 소유에 대한 필요성도 달라진다. 자율주행은 자동차 이용률을 크게 높일 가능성이 크다. 그 이유는 이러하다. 운전자 없이도 내가 차가 필요할 때마다 차를 이용할 수 있다면 1) 나는 필요할 때면 다른 차라도 이용할 수 있기 때문에 자동차를 구입하지 않을 수 있다. 혹은 2) 자동차를 산다면 다른 이들이 이용하도록 해 자동차 비용을 지불하는 데 도움을 받을 것이다. 어느 쪽을 선택하건 자동차 이용률은 크게 높아질 것이다. 이는 자동차 수요가 지속적으로 증가할 것이라는 현재의 예측이 아주 잘못된 것임을 의미한다. 자율주행차가 주류로 편입됨에 따라 오히려 자동차 생산과 그와 관련된 일자리는 50% 이상 줄어들 것으로 보인다. 자동차 기업들은 자동차 판매와 서비스를 통해 돈을 버는 대신 독자 생존이 가능하도록 사업 모델을 수정해야 할 것이다. 가장 가능성이 높은 사업 모델은 오늘날 기술 기업들이 서비스형 소프트웨어를 제공하는 것과 비슷하게 서비스 옵션으로 자동차를 판매하는 것이다.

이것은 단순히 자율주행차에게만 적용되는 부차적인 효과가 아니다. 운전자들이 받게 되는 새로운 서비스의 혜택이 많아질수록 우버(Uber)와 리프트(Lyft) 등 승차 공유 기업들이 미래에 높은 수익을 기대하기는 어려워 보인다. 그들은 운전자를 없앰(자동화)으로써 비용을 줄이고 수익을 늘리는 방법을 연구할 것이고 그렇게 되면 수익 유지를 위해 사업 모델을 재구축하고 있는 자동차 제조업체들과의 경쟁이 불가피해질 전망이다. 자동차 이용률 증가는 자동차 수요 하락을 뜻한다. 자동차 제조업체들이 1) 월 이용료를 받고 필요할 때 자동차를 탈 수 있는 서비스를 제공하거나 2) 자동차를 구입한 고객이 자동차를 사용하지 않을 때 네트워크에 다시 등록해 자동차를 대여함으로써 추가 수입을 올릴 수 있게 해주는 방법이 있다면 과연 우버와 리프트가 제공할 수 있는 이점은 무엇이겠는가?

이런 흐름 속에서 자동차 제조업체들이 플랫폼 기업으로 거듭나는 것이다. 새로운 사업 모델이 네트워크 효과를 누리게 되면 다른 기술 플랫폼 기업들과 아주 비슷한 궤적을 따르게 된다. 네트워크의 집약도(물량과 자동차 종류의 선택 폭)가 빠른 채택을 결정하는 가장 중요한 고려 사항일 것이기 때문에 경쟁이 중요해진다. 네트워크 효과를 낳는 대부분의 기술 플랫폼과 마찬가지로 (각 지역의) 플랫폼에 더 많은 수의 차량이 등록되어 있을수록 소비자들에게는 더 가치가 높아질 것이다. 그 결과 소비자들의 수요가 하나의 가장 큰 플랫폼 승자에게 집중될 가능성이 커진다.

이러한 변화와 함께 우리 도시의 풍경도 바뀔 것이다. 도시의 주차 공간은 5%의 이용 차량을 위해 만들어져 있다. 즉 도시에 설계된 주차 공간의 수는 엄청나다. 2015년 보고서에 따르면 로스앤젤레스 카운티의 14% 토지가 주차 공간으로 쓰이고 있다. 등교, 출근, 쇼핑 등을 위해 차가 이동하는 각각의 공간뿐만 아니라 차가 집에 가만히 있는 동안에도 주차 공간은 필요할 수밖에 없다. 모든 주차 공간은 비어 있을 때가 많지만 사람이 몰리는 가장 바쁜 시간대를 대비해 여전히 필요하다. 자동차 이용률이 5%보다 높아지면 차를 사용하지 않는 동안 차를 주차하는 데 필요한 공간의 면적은 현저히 줄어든다. 그렇게 되면 가치 있는 토지를 주차 이외의 다른 용도로 사용할 수 있게 되고, 그것이 용지 이용 및 가격에 영향을 미치게 되고, 또 그것이 지역

밀도에 영향을 미치고, 그 결과가 자동차 이용에 대한 영향으로 되돌아오고… 그런 식으로 순환되는 것이다.

자동차에서 사람 운전자를 배제할 때는 사람이 저지르는 실수도 함께 배제해야 한다. 약 94%의 자동차 사고는 사람의 실수로 인해 발생한다. 미국 국립안전위원회에 따르면 2017년 자동차 사고로 인한 사망, 부상, 재산 피해 관련 비용은 4,138억 달러로 추정된다. 이 비용에는 임금 및 생산성 손실, 의료비, 행정비, 고용 간접비, 재산 피해가 포함된다. 자율주행이 본격화되면 그 비용이 눈에 띄게 줄어들 것이다. 웨이모와 테슬라 등의 자동차 회사들은 이미 고객들에게 보험 제공을 약속하기도 했다. 이는 자신들의 기술력이 사람 운전자보다 우월하다는 확고한 자신감을 드러내고 있는 부분이다. 그에 따라 어느새 저마다 다른 위험 요인을 가지고 있는 차량의 등장으로 말미암아 보험 회사들이 희생양이 될 소지가 있다.

자동차 분야를 주요 예시로 살펴보았지만, 자율주행 자동차에 사용되는 시각화, 길 안내, 장애물 인식 등의 기술은 운반 및 배송 서비스와 같은 분야에서도 활용을 모색하기 위해 시장에 본격적으로 진입하고 있다. 비용을 대폭 줄이고 더 훌륭한 결과물을 생산해내는 기술은 또다시 본질적으로 디플레이션을 야기하고, 그것이 시장 유인으로 작용해 디플레이션 추세는 중단할 수 없어진다. 현재 우리는 운전자들(미국 근로자의 3% 이상이 자가 운전자이다)이 5%의 차량을 이용하는 데 필요한 제품 생산 능력과 보험, 사고 처리 등 기존의 시스템을 유지하기 위한 간접비만 투입되고 있는 것이 아니다. 그에 더해 자율주행차량에 대한 신규 투자 비용도 함께 발생하는 상황이다. 이는 바꿔 말해 기존의 시스템이 새로운 시스템으로 이행하게 되었을 때 미래의 일자리 수와 경제 성장률이 현재보다 훨씬 더 낮아진다는 것을 의미한다.

그렇지만 이러한 과도기적 디플레이션 상황은 아직 피부에 와 닿지 않는 수준이다. 예를 들면 현재의 자율주행차는 설사 운전자가 필요 없다 하더라도 누군가가 운전석에 앉아 있어야 한다는 규정 때문에 아직 사람 조종자의 감독을 필요로 한다. 자동차가 사람보다 운전을 더 잘한다고 해도 막판 주도권 다툼은 불가피하다. 두 가지 시스템 모두에 비용을 들일 수는 없기 때문이다. 자율주행 기술이 주류로 편입되면서 시스템 전환이 일어날 것이고 그 결과 많은 비용과 낭비가 줄어들 것이다. 이는 인류에게 아주 좋은 일이 될 수 있다. 단, 문제는 그 모든 비용과 낭비가 현재 우리의 일자리라는 사실이다.

가상현실과 증강현실

오늘날 우리는 기술 세계와의 접속 도구로 휴대폰을 절대로 손에서 내려놓지 않는다. 딜로이트의 보고서에 따르면, 2018년 휴대폰 사용자들은 하루에 평균 52번 스마트폰을 확인하는 것으로 나타났다. 하지만 우리는 앞으로 더 휴대폰에 빠져들게 될 것이다. 가상현실과 증강현실(혼합현실)은 현재의 기술에 한층 강화된 색다른 몰입형 접속을 제공할 것이고 그로 인해 삶의 많은 부분이 달라질 것이다.

일례로, 밴쿠버 소재의 라마주(LlamaZOO)라는 스타트업의 경우를 살펴보자. 그들은 소위 공간 데이터라고 하는 새로운 자료수집 분야를 개척했으며, 이 분야는 디지털 트윈(현실 세계의 것을 가상 세계에 동일하게 구현한 것)과 혼합현실, 비즈니스 인텔리전스의 교차점에 놓여 있다고 볼 수 있다. 이 기업은 인공위성 사진과 드론, 라이더(레이저 레이더)를 통해 현실 세계를 가상 세계에서 동일하게 구현하고 여기에 GPS 기술과 매핑, 그 밖의 데이터 스트림을 추가함으로써 현실 세계에서의 사업 기획 및 업무 비용을 줄이는 데 혼합현실을 활용한다. 이렇게 해서 멀리 떨어져 있는 장소를 직접 방문하지 않고도 엄청난 양의 데이터를 원거리에서 분석할 수 있게 된다. 라마주는 이미 텍 리소스(Teck Resources), 골드코프(Goldcorp), 셰브론(Chevron) 등의 유명 기업들을 고객으로 두고 있다. 한 사례 연구에서는 라마주가 벌목 시 개별 수목의 높이에 대해 지역 간 상호 측량을 진행하고 벌목으로 인한 영향을 최소화할 수 있는 최적의 도로 설계를 분석하여 대규모 산림 기업에 연간 5,500만 달러 이상의 비용을 절감해 준 일도 있었다. 비효율적인 이동과 측량, 통합 정보를 살피지 않아 빚어지는 실수를 방지함으로써 비용 절감의 효과를 누릴 수 있는 것이다. 하지만 그 절감된 모든 비용 또한 오늘날 일자리의 수라고 볼 수 있다.

최첨단 기술을 경험해본 사람들에게는 그것이 '잊을 수 없는' 경험으로 기억된다. 헤드셋을 끼고 있다는 사실은 어느새 잊어버린 채 기술의 힘으로 완전히 다른 세상을 아주 생생하게 경험하게 되는 상황은 말로 설명하기 힘들다. 한동안 레드먼드 소재의 마이크로소프트 홀로렌즈(Microsoft HoloLens) 연구소에 있으면서 올해의 나사 소프트웨어 상을 받은 가상 화성 탐사를 경험해 본 나로서는 가상현실을 통한 화성 탐험이 말로 표현할 수 없을 만큼 경이로운 경험이라는 사실을 잘 알고 있다. 그 소프트웨어는 가상 아바타를 통해 협력과 상호작용이 가능하다.

2016년 코드 컨퍼런스(Code Conference)에서 일론 머스크가 한 발언은 이미 잘 알려져 있다. 그는 우리 모두가 어쩌면 지금 가상의 공간에서 살고 있는 것인지도 모른다는 가능성을 제기했는데, 당시 나는 그에게서 3m 정도 떨어진 거리에 앉아 있었다. 그의 논지는 철학자이자 〈슈퍼인텔리전스(Superintelligence)〉의 저자인 닉 보스트롬(Nick Bostrom)이 가장 먼저 언급한 것으로, 머스크는 가상현실과 증강현실을 예로 들어 설명했다. 그는 가상현실을 믿는 충직함이 이미 현실에 대한 충직함에 가까우며(실제처럼 느껴진다) 놀라운 속도로 계속 현실과 가까워지고 있다고 주장했다. 만약 가상현실이 오늘날 실제(혹은 거의 실제)로 느껴지고 빠르게 진보하고 있다면, 기술이 발전하고 우리가 그 기술을 더 많이 사용할수록 현실과 가상현실 사이의 경계선은 모호해지고 우리가 진짜 살고 있는 현실이 어느 쪽인지 혼란스러워지게 될 가능성이 상당히 크다. 머스크는 이어서 우리가 이 기술을 개발한 것이 최초일 가능성이 얼마나 되는지 의문을 제기했고, 이것이 처음이 아니라면 우리도 시뮬레이션의 일부일 것이므로 우리는 그 답을 알 수 없을 것이라고 주장하기도 했다. 그리고 "우리가 가장 1차적인 현실 세계에서 살고 있을 가능성은 10억분의 1"이라고 생각한다는 말로 발언을 마무리했다.

어느 쪽 현실에서 살고 있든 우리는 가상현실의 아주 현실적인 다음 단계를 개발하고 있다. 그렇다면 어느 단계에 도달해야 가상현실이나 혼합현실이 아주 훌륭해져서 우리가 살아가는 방식을 극적으로 변화시키게 될까? 예를 들면 사람들이 직접 여행하는 것보다 혼합현실의 세계에서 더 많은 시간을 보내는 세상이 온다면 어떨까? 상상하기 어려운가? 디지털 경험과 그것이 가져다주는 편의성이 아날로그 버전의 그것을 능가하게 되면서 많은 산업이 그들에게 자리를 빼앗겼다. 우리가 현재의 기술은 대수롭지 않게 여기면서 미래의 현실이 어떻게 될지 예측하는 데에만 골몰해 있기 때문에 그런 일이 발생하는 것은 아니다. 하지만 정말 그곳에 있는 것 같은 상호작용과 함께 아침에는 알프스에서 스키를 타는 기쁨을 맛보고 오후에는 피지 해변의 카바나에서 고요한 시간을 즐길 수 있다면 우리는 굳이 그것을 실제로 경험하기 위해 공항에서 줄을 서서 기다리고 여행하고 수하물을 잃어버리는 번거로움을 견디려고 할까? 그리고 디지털 세상으로의 이행기에 다른 산업들보다 여행 산업이 민감하게 반응할 것이라 예상하는 이유는 무엇일까?

왜 그것이 중요할까? 세계 여행관광위원회의 2018년 보고 자료에 따르면 여행이 세계 경제에 8조8천억 달러의 이익을 안겨주고 3억1천9백만 개의 일자리 창출에 기여한 것으로 나타났다. 전체 지역 경제는 관광 수입에 크게 의존하고 있다. 여행 산업이 둔화된다면 그들은 어떻게 해야 할까?

적층 가공 (3D 프린팅)

원하는 것이면 무엇이든 우리 눈앞에서 찍어낼 수 있다는 대중의 기대감은 자질구레한 물건들만 거칠게 찍어낼 수 있을 뿐이었던 3D 프린터의 첫 등장과 함께 사라졌다. 현실은 우리의 기대와는 아주 거리가 멀었기 때문에 제품의 기본 틀을 플라스틱으로 층층이 느릿하게 채워나가는 프린터의 이미지만 마음속에 각인되어 있다. 나를 포함해 많은 이들은 거실에서 무엇이든 찍어낼 수 있는 세상을 머나먼 꿈으로만 여기고 더 이상 기대하지 않았고, 3D 프린팅에 대한 과대광고도 슬그머니 자취를 감추었다.

하지만 그것은 시작일 뿐이었다. 기술 혁신의 지칠 줄 모르는 행군은 계속되었고 오늘날 3D 프린팅의 상황은 놀라우리만치 달라져 있다. 이제는 다양한 분야에서 상업적 적용이 폭넓게 가능해졌고 3D 프린팅 업계는 빠른 속도로 성장해 3D 프린터 시장 조사 전문 기관인 월러스 협회(Wohlers Associates)에 따르면 2017년 73억 달러 이상의 수익을 기록했다. 아직은 대중적이라고 보기 어렵지만 이제 급격한 변화의 시점에 도달하고 있는 것처럼 보인다. 나는 최근에 캘리포니아에 있는 카본 사의 적층 가공 시설을 방문해보고는 깜짝 놀라지 않을 수 없었다. 아디다스 신상 운동화인 이지(Yeezy)가 용액이 없이 찍혀 나오고 있는 모습이 비현실적으로 느껴졌다. 전 세계 수백 곳의 생산 시설을 방문했지만 이런 광경은 처음이었다.

게다가 급속히 빨라지는 프린팅 속도에 더해 적층 가공에 쓰일 수 있는 재료의 종류가 해마다 엄청난 발전을 거듭하고 있다. 금속에서

부터 유리, 음식, 세포, 신 나노소재에 이르기까지 이미 생산될 수 있는 것들은 우리의 상상을 넘어서고 있다. 디자인을 이른 시간 내에 시제품화하는 것에서 시작한 적층 가공은 이미 고가의 소량 생산 부문에서 전통적인 생산 방식을 대체해 나가고 있다. 이를 통해 비용은 줄이면서 디자인 품질은 향상시킬 수 있다. 항공우주, 자동차, 의료 산업은 자체적인 요구에 따라 3D 프린팅 기술을 가장 빨리 도입한 분야들이다. 적층 가공은 이제 더 가볍고 효율이 높은 엔진과 터빈, 그밖의 부품들을 생산하는 데 활용되고 있다.

계속해서 기술이 급속도로 발전하면서 우리는 현재 가능한 것보다 더 발전된 수준의 기술에 더해 가격의 대폭 하락도 기대할 수 있으며, 이는 산업 전반으로의 도입도 가능해지고 있다. 이렇게 3D 프린팅이 확산하면 언젠가는 대부분의 제조업이 (전부는 아닐지라도) 무너지게 될지도 모른다. 3D 프린팅의 비용 하락으로 당신이 선호하는 제품들의 디지털 파일만 있다면 미래에는 물건을 프린트하는 것이 오늘날 문서를 프린트하는 것만큼이나 쉽고 비용이 적게 드는 일이 될 것이다. 구매자들에게 주어지는 비용 절감과 품질 향상, 편리함이라는 확실한 이점과 네트워크 효과를 감안하면 3D 프린팅이 산업 전반에 늦게 도입되더라도 빠른 속도로 확산하리라는 것을 짐작할 수 있다. 구글에서 모든 정보를 무료로 얻을 수 있는 것처럼 원하는 거의 모든 것을 실시간으로 찍어낼 수 있는 날이 오게 되는 것이다.

우리가 오늘날 구매하는 제품은 대량 생산되어 전 세계로 운송되기 때문에 제품의 비용에는 생산, 재무, 보관, 운송비가 포함되어 있다. 개인적으로 찍어내는 것이 훨씬 더 경제적인 세상에서는 운송과 보관을 지원하기 위해 존재하는 기반 시설들이 더는 필요하지 않게 된다. 그 기반 시설들은 붕괴될 것이다. 그와 함께 그것을 담당하던 모든 일자리도 붕괴될 것이다.

그렇다면 무역 전쟁과 관세와 관련해서 정부는 어디에서든 업로드와 완벽한 프린트가 가능한 디지털 이미지에 대해 어떻게 세금을 징수하게 될 것인가?

이 문제들은 더 이상 별개의 붕괴 현상들이 아니다. 하나의 업종이나 시장이 아니라 그 모든 것이 함께 동시에 영향을 받게 된다. 왜냐하면, 우리의 미래를 이끄는 중추가 바로 기술이기 때문이다. 그리고 그게 다가 아니다. 지금까지 우리는 기술을 협소한 시각으로만 바라봤다. 다음에 이어질 장에서는 우리의 삶을 완전히 뒤바꿀 두 기술, 즉 태양열 발전과 인공지능에 대해 자세히 살펴볼 예정이다. 그 기술의 도입은 배로 빠른 기술 발전을 가져다주며 어떤 식으로든 거의 모든 부문에 영향을 미칠 것이다. 그리고 그 파생 효과로 가격 하락의 속도도 배로 빨라질 것이고 일자리도 사라지게 될 것이다.

이 놀라운 기술들이 많은 것을 더 쉽고 싸게 만들어 준다. 그들은 효율을 높이고 비용을 줄여준다. 이것이 곧 디플레이션이다. 기술은 사람들이 많은 일을 할 필요가 없게 해주기도 한다. 즉 일자리가 없어진다는 뜻이다. 세계적으로 순 고용이 창출되지 않으면(사라지는 일자리보다 생겨나는 일자리가 더 많아지지 않으면) 우리가 오랜 세월 상업 활동을 위해 의존해온 인플레이션 시스템은 유지될 수 없다.

다가오는 소닉 붐

아무리 부인한다 해도 경제 성장을 부추기는 유일한 수단은 신용 거래를 쉽게 하고 부채를 키우는 것이다. 성장을 지속하는 유일한 방법이 상환이 불가능한 부채를 더 많이 늘리는 것이라면 우리는 가슴에 손을 얹고 여전히 우리의 경제 시스템이 잘 작동하고 있다고 말할 수 있을까? 알고 보면 기술만 기하급수적으로 성장하고 있는 것이 아니다. 지금의 경제 시스템에서 우리 경제의 성장을 지속시키고 기하급수적으로 성장하는 기술의 영향력에 맞서 싸울 수 있는 유일한 방법은 부채 또한 기하급수적으로 늘리는 것이다.

기술 발전으로 야기되는 디플레이션 효과는 경제 성장을 유지하고 더 많은 일자리를 만들기 위해 절망적인 노력 속에서 어느 때보다 더 많은 부채를 쌓는다고 해서 막을 수 있는 것이 아니다. 역설적이게도 이런 현실로 인해 우리 사회는 가격 상승의 쳇바퀴 속에서 살아남기 위해 얼마 되지 않는 일부 고소득 일자리를 두고 서로 경쟁을 벌이게 된다. 그와 동시에 기술 기업들은 일자리를 빠르게 줄여나갈 수 있는 기술을 적용하기 위해 발 빠르게 움직인다. 그렇게 하지 않으면 플랫폼 기업들과의 경쟁에서 살아남을 수 없기 때문이다. 전 세계 일자리 확대와 우리의 경제 성장이 부채 성장 속도(부채 성장 속도가 줄어드는 것은 불가능해 보인다)보다 빨라지지 않는 한 인플레이션 시대는 이미 끝난 것이라 볼 수 있다. 우리가 그 사실을 아직 깨닫지 못하는 것일 뿐이다.

지난 20년간 약 46조 달러의 GDP 성장을 이룩하기 위해 185조 달러의 부채가 투입됐다. 그러한 자구책이 없었다면 GDP 성장률은 형편없었을 것이다. 어느 정도 떨어졌을지 가늠하기 힘들 정도다. 자산 가격 또한 훨씬 떨어졌을 것이다. (케인즈 이론을 추종하는 독자들이 이 책을 읽고 있다면 아직 섣부른 결론은 내리지 말아 주시길 바란다). 그렇다면 다음에는 무엇이 오겠는가?

기술의 급격한 성장으로 인해 발생한 디플레이션은 아직 시작 단계이다. 기술 발전 속도가 약 18개월마다 2배씩 빨라지고 그 기술이 디플레이션을 야기한다고 가정해보자. 그렇다면 지난 20년간 디플레이션에 맞서 성장을 이끌어내기 위해 '단지' 185조 달러의 부채가 투입되었다면 이번에는 36개월 동안 그만큼의 부채가 또 필요하게 될 것이라 예상할 수 있다. 그리고 18개월이 흐르면 또 370조 달러가 더 필요하게 될 것이다.

2018년 세계는 규모 80조의 세계 경제를 경영하기 위해 약 250조 달러의 부채가 있었다는 사실을 기억하기 바란다. 그 부채는 이자 지급 부담으로 인해 미래 성장에 큰 걸림돌로 작용한다. 여기에 555조 달러의 부채가 더해진다면 어떻겠는가? 오늘날 놀라운 액수의 부채와 더불어 성장 둔화나 자산 가치 하락이 일어나면 매우 빠르게 시장이 긴축되는 아주 부정적인 피드백 순환을 낳을 수 있다. 꽤 그럴싸하게 들리겠지만, 급속도로 심화하는 기술 디플레이션에 맞서 성장을 계속 유지하기 위해서는 세계 부채 규모가 아주 커질 수 있다. 이 경우 유일한 출구는 초기화 버튼을 누르는 것이다. 어쩌면 우리는 초기화가 필요한 시점을 이미 지나쳐버렸는지도 모른다. 기술 호황은 일종의 소닉 붐을 유발하게 될 것이다.

비행기의 속도는 시속 약 1,239㎞로 음속을 능가한다. 그래서 음파가 비행기를 따라잡지 못하므로 비행기가 초음속을 돌파할 때 큰 폭발음이 발생하는 것이다. 그와 함께 모든 규칙은 바뀐다. 그때부터 비행기는 소리를 앞질러 가는 것처럼 보인다. 소닉 붐의 은유는 부채가 형성되는 과정에서 어느 순간 순식간에 규칙이 바뀌는 상황과 유사하다. 그러나 현재로서는 자산 축소와 부정적인 피드백 순환의 진통에도 불구하고 정부는 무슨 수를 써서라도 부채가 기술 성장을 앞지르는 소닉 붐을 중단시킬 것이다. 현재 많은 국가가 여전히 마이너스 이율을 보여 은행에 돈을 맡기면 돈을 잃는 것이 확실한 상황이며, 정부들은 또 다른 위기가 목전에 닥치고 있음을 느끼고 있어 어느 때보다 더 창조적인 해결책을 찾느라 분주하다.

2018년 8월 국제통화기금에서 작성한 '마이너스 금리 시대의 통화 정책'이라는 제목의 조사 보고서에서는 금리가 현재보다 훨씬 더 낮아질 수 있는 상황에서 중앙은행이 어떻게 통화 정책을 수립하고 시스템을 운영할지에 대해 논하고 있다. 금리가 제로금리 이하로 크게 떨어지면 예금자들은 당연히 은행에 넣어둔 돈을 현금화하려고 할 것이고, 이로 인해 개인과 기업이 현금을 쌓아두게 되면서 중앙은행이 더 이상 금리를 내릴 수 없게 된다. 보고서에서 제시하는 해결책에서는 마이너스 금리가 현금에도 적용되고(따라서 현금에 마이너스 금리가 적용되어 세금이 부과되는 것이다) 전자 화폐 예비금에도 적용되는 메커니즘을 설명하고 있다. 통화 정책 방향에 대해 진지한 논의가 이루어진다면 어떤 결론이 나올지 다음과 같이 추론해 볼 수 있겠다. 1) 제로금리 이하로 훨씬 떨어진 마이너스 금리는 필요하다. 2) 우리는 전혀 해결의 실마리를 찾지 못하고 있다!

따라서 정부가 또 한 번 문제의 핵심을 회피하려고 함에 따라 우리는 더 많은 완화 정책과 그것에서 빚어지는 혼란을 예상할 수밖에 없다. 다시 한번 말하지만 나심 니콜라스 탈레브가 그의 책 〈안티프래질〉에서 지적했듯이 "'안전을 지키기 위해' 조직적으로 산불을 방지하려고 애를 쓰다 보면 감당할 수 없는 큰 산불이 날 수 있다." 고조되는 민족주의와 정치적 불안의 형태로 나타나는 2차 효과 또한 훨씬 더 심각해질 수 있다.

그 모든 부채가 우리 경제와 일자리, 삶에 아주 긍정적인 효과를 가져다주었다는 사실을 이해하는 것은 중요하다. 경제가 어떻게 작동하는지에 관해 이야기한 1장에서 언급한 것처럼, 자산 가격이 오르면 사람들은 스스로 더 부자가 되었다고 느끼고 더 많은 소비를 하게 된다. 그 결과 그 지출이 경제를 잘 돌아가게 만들어 일자리도 더 많이 생기게 되는 것이다. 부채가 없었다면 이와 같은 성장은 상상할 수 없었을 것이다. 따라서 이 사회가 누리고 있는 많은 혜택을 빠른 시간 내에 축적하지도 못했을 것이다. 세계적으로 극빈 상태로 살아가는(하루 수입이 1.90달러 이하인) 사람들의 수는 50년 전에는 세계 인구의 50% 이상이었던 것에 비해 지금은 세계 인구의 10% 이하로 눈에 띄게 줄었다. 기대 수명의 증가 추세와 유아 사망률, 그 밖의 다른 여러 척도 또한 긍정적이다.

손쉬운 신용 거래는 이를테면 집값, 유가, 주가 등 여러 자산의 가격을 크게 상승시켰다. 자산 보유자들의 실질적인 부를 형성해주고 성장을 촉진해주었으며, 손쉬운 신용 거래와 낮은 대출 이자의 지원

덕분에 성장한 경제 부문들에서 수많은 일자리가 생겨났다. 벤처 투자 기업들과 기술 기업들은 이 저렴한 자금 출처의 도움으로 거대 벤처 기업들을 성장시키는 데 많은 혜택을 입었다. 다시 말해 기술 발전과 발전의 선순환은 그러한 지원이 없었다면 그렇게 빠른 속도로 이루어지지 못했을 것이다. 하지만 그러한 호황은 이제 또 다른 형태의 호황으로 이어지고 있다. 모든 규칙이 달라지는 새로운 국면을 맞이한 것이다.

기술의 힘은 일자리 수나 수입 수준이 동일하게 유지되지 않더라도 풍요로움을 누릴 수 있게 해준다는 데 있다. 우리가 기술이 그렇게 하도록 허락한다면 말이다. 이는 우리가 풍요로운 삶을 원한다면 받아들여야 하는 사실이다.

제 5 장

에너지의 미래

　당신은 집에서 무한대로 전기를 공급받을 수 있는 공급원을 2백
만 달러에 살 수 있다면 사겠는가? 그럼 가격이 2백만 달러에서 100
달러 이하로 떨어졌다면 어떻게 하겠는가? 거기다 한 번만 비용을 내
면 당신이 마시는 공기처럼 평생 전기를 자유롭게 사용할 수 있다면?

　가격 대비 가치 곡선의 어느 지점에서 당신의 에너지 소비 형태가
바뀔 것 같은가? 그 선택에 따라 에너지의 미래는 바뀔 것이고, 그것
은 우리 삶을 아주 긍정적인 방향으로 변화시킬 가능성이 크다. 하지
만 그 변화 또한 디플레이션 현상을 초래할 것이며 우리 경제를 극적
으로 변화시킬 것이다.

　에너지가 없다면 이 지구상에도 생명체가 살 수 없다. 살아있는 모
든 식물과 지구상의 생명체들은 생존을 위해 에너지를 소모한다. 우

리는 제품 생산, 교통수단 이용, 냉난방, 전기 사용, 그리고 먹거리를 키우고 가공, 저장하는 데 에너지를 사용한다. 에너지는 일반적으로 생산과 유통에서 가장 중요한 투입 비용이며, 따라서 에너지 사용은 경쟁력 향상과 우리 경제의 성장에 어마어마한 영향력을 미친다. 에너지 비용은 경제적 자생력을 결정짓는다. 그 결과, 에너지는 자연스럽게 우리 경제에서 아주 큰 비중을 차지하는데, 전 세계 GDP의 약 9%를 차지하고 있다.

GDP의 9%라면 세계적으로도 많은 일자리가 이에 해당한다. 미국만해도 생산, 송전, 저장을 포함해 전통적인 에너지 산업과 직접 관련된 일자리가 360만 개다. 또한, 에너지 효율과 관련된 200만여 개의 일자리도 있다. 하지만 우리 경제에서 에너지의 역할은 그보다 훨씬 더 크다. 우리는 전 세계적으로 많은 군 기지가 합리적인 비용으로 에너지에 지속적으로 접근할 수 있는 장소에 건설된다는 사실을 생각할 필요가 있다. 저가의 풍부한 에너지는 모든 산업 분야에서 사용되므로 어느 국가에나 경쟁력 제고를 위해 중요한 요소이다. 그 외에도 기후 변화로 인한 기상 이변과 홍수 피해 비용도 따져봐야 한다. 기후 변화는 근본적으로 우리가 오늘날 에너지를 추출하고 이용하는 방식으로 인해 발생한 것이다. 따라서 보험금 인상이나 피해 복구비 등 그와 관련된 비용들 또한 우리 경제에 일조하고 있다.

많은 연구 결과들이 에너지 소비와 경제 성장의 직접적인 연관성을 주장해온 것은 새삼스러운 일이 아니다. 더 발전된 사회일수록 1인당 더 많은 에너지를 사용한다는 것이다. 이는 직관적으로 이해 가능한 사실이다. 에너지가 경제 활동의 중심에 놓여 있다면 우리는 경제 활동에 정비례해서 에너지 사용이 증가할 것을 예상할 수 있기 때문이다. 그리고 실제로도 그러했다. 1900년 이후로 에너지 사용은 폭증했다. 전 세계 에너지 사용량은 1900년에 연간 12,100테라와트시에서 2017년 153,596테라와트시로 거의 13배 증가했다. 가장 큰 요인은 석탄, 원유, 천연가스 등 값싸고 풍부한 에너지원들이었다. 1900년에서 2017년 사이에 주 에너지원으로서 석탄 사용량은 5,728에서 43,397테라와트시로 증가했고, 원유 사용량은 181에서 53,752페타와트시로(페타와트시는 1,000테라와트시이다), 천연가스 사용량은 64에서 36,704테라와트시로 증가했다.

에너지의 법칙들

에너지 부문에서 앞으로 어떤 변화가 일어날지에 대해 논하기에 앞서 우리가 현재 상황에 도달하게 된 경위부터 살펴보자. 그러기 위해서는 기본적으로 두 가지 법칙, 즉 열역학 제1법칙과 제2법칙을 알아야 한다.

열역학 제1법칙은 우주에 존재하는 모든 에너지의 합은 항상 일정하며 에너지는 새로 생성되거나 사라지지 않는다는 것이다. 상태가 변하거나 저장되거나 이동할 수는 있어도 새로 생겨나거나 없어질 수는 없다. 제임스 프레스콧 줄(James Prescott Joule, 1818-1899)은 물리적 일(에너지)이 열로 전환될 때 일정한 비율로 발생한다는 사실을 발견했다. 유명한 실험에서 그는 물통 안에 잠긴 물갈퀴 바퀴에다 약

400킬로그램짜리 무게의 물체를 도르래에 매달아 30㎝ 아래로 떨어뜨리면 바퀴가 회전하면서 물통 안에서 열이 발생해 수온을 1도 높인다는 사실을 알아냈다. 이것이 최초로 열을 물리적으로 측정한 것이었고, 그 열이 바로 새롭게 생성되거나 사라지지 않고 전환된 에너지임을 증명한 것이었다.

열역학 제2법칙은 열이 항상 온도가 높은 곳에서 낮은 곳으로 이동하듯이 에너지에는 방향성이 존재한다는 것이다. 즉, 열은 흩어진다. 태양 에너지는 우주로 흩어진다. 끓는 주전자의 에너지는 수증기로 전환되었다가 그 다음에는 차가운 공기로 전환된다. 더욱이 외부와 물질은 교환하지 않고, 에너지만을 교환하는 폐쇄계 속에서의 모든 에너지 이동은 더욱 무질서한 상태, 즉 엔트로피를 만들어낸다. 왜냐하면, 에너지는 에너지량이 많은 곳에서 적은 곳으로 퍼져나가는 성질로 말미암아 에너지가 전환될 때마다 일부 또는 모든 에너지가 소모되기 때문이다.

오늘날 지구상에서는 이 법칙의 영향을 쉽게 발견할 수 있다. 우리가 사용하는 대부분의 에너지원은 화석 연료이다. 화석 연료는 폐쇄계(지구상)에서 얻어지며, 우리가 그것들을 사용할수록 열역학 제2법칙에 따라 더 많은 엔트로피, 즉 무질서가 생겨난다. 일반적인 자동차를 예로 들어보자. 이동할 때 연료가 필요하므로 자동차에 휘발유를 채워야 한다고 가정해 보자. 그 일을 하기 위해서는 가장 먼저 원유 탐사 기업이 에너지를 사용해 땅을 파고 원유를 찾아야 한다. '에너지원'으로서의 원유는 저장된 것일 뿐이라는 사실을 기억하라. 원유 안에 존재하는 에너지는 기본적으로 광합성을 통해 태양으로부터 에너지를 흡수한 식물들과, 식물을 먹고 에너지를 흡수한 동물들에게서 나온다. 모든 에너지는 원천적으로 태양으로부터 나온다. 원유는 땅에서 길어올려야 하고(에너지 필요), 원유를 정제해 휘발유로 전환(에너지 필요)하는 정유 공장으로 운반해야 한다(에너지 필요). 그 휘발유는 차에 휘발유를 넣을 수 있도록 다시 지역 주유소로 운송해야 한다(에너지 필요). 가장 효율적인 내연기관도 자동차를 움직이는 데 휘발유 에너지의 25%에서 50%만을 사용하며, 최대 75%의 에너지가 열과 이산화탄소로 방출되어 대기로 배출된다.

위에서 살펴본 예를 통해 자동차를 움직이는 데 들어가는 모든 에너지 비용을 알 수 있다. 엄청나게 비효율적인 비용들이 포함되며 수많은 직업이 관여되어 있다. 열역학 제2법칙에서 언급했듯이 에너지가 전환될 때마다 그보다 더 많은 에너지가 소모된다. (사라지는 것이 아니라) 흩어진다. 그리고 우리가 원유를 얻는 과정의 경우, 에너지는 보통은 전환된다. 그리고 이동한다. 우리 경제의 많은 부분은 그 탐사와 추출과 정제, 운반 작업에 의해 직접 혹은 간접적으로 작동한다.

우리가 현재 처해 있는 상황은 전적으로 이해할만하다. 인류 역사를 통틀어 식물과 동물에 저장된 에너지를 추출하고 그 에너지를 사용하기 위해 전환하는 과정은 환경에 피해를 끼쳐왔다. 하지만 인구 규모와 잇따른 에너지 사용으로 인해 우리가 환경에 준 피해는 오늘날 확인할 수 있는 것만큼 쉽게 눈에 띄지는 않았다. 부분적인 이유로는 환경에 미친 피해가 크게 보이지 않았기 때문에 화석 연료 사용이 경제적으로 타당해 보인 것이다. 에너지를 많이 생산하는 것이 비효율적이고 소모적이라 할지라도 목재, 석탄, 원유, 천연가스와 같은 에너지원들은 풍부하고 가격이 저렴했다.

그러나 오늘날 우리의 에너지 필요량은 과거보다 훨씬 더 많아졌다. 그리고 효율이 낮은 에너지 사용으로 인해 빚어진 누적 피해 또한 훨씬 크다. 우리는 에너지 개발을 통해 창출해낸 일자리와 수익에 중독된 경제 속에서 비효율의 쳇바퀴에 갇혀 있다. 화석 연료 사용의 부작용인 지구 온난화를 감안했을 때 치러야 하는 비싼 대가는 무시한 채 말이다. 게다가 우리는 시장 가격으로 인해 기존의 에너지 기반 시설이 불필요하게 여겨질 정도까지 에너지 비용이 낮아진다면 상황이 달라질 것임을 예측하지 못했다. 우리는 부채의 소용돌이와 다를 것 없는 피드백 루프 안에 갇혀 있는 것이다. 즉, 우리는 파티가 계속되기를 원하기 때문에 우리 사회에 어떤 손실이 따르는지 보지 못하고 있으며, 우리가 경제를 건설한 방식을 대체할 만한 대안을 생각해내지 못하고 있다.

무한한 태양의 혜택

원천적으로 태양에서 에너지를 받은 것들을 채굴해 그것을 전환하고 재전환해서 사용하는 우회적인 방식 대신 태양으로부터 직접 에너지를 얻는 방식을 채택함으로써 비효율적이고 비용이 많이 드는 전체 에너지 공급망을 완전히 바꿀 수 있다. 태양 에너지를 직접 변환함으로써 우리는 생태계에 아무런 피해를 주지 않고도 거의 공짜로 점심을 먹을 수 있는 것이다. 불과 2시간이면 전 세계 에너지의 1년 소비량보다 더 많은 양의 태양 에너지가 지구에 와 닿을 수 있다. 태양 에너지를 실제로 사용할지 말지 결정만 하면 되는 문제인 것이다.

광기전 효과(물질에 의해 흡수된 빛 에너지가 전류를 생성하는 것)는 1839년에 프랑스의 과학자 에드몽 베크렐(Edmond Becquerel, 1820~1891)이 처음으로 발견했다. 미국의 발명가인 찰스 프리츠(Charles Fritts, 1850~1903)가 세계 최초의 옥상 태양열 전지판을 발명하기까지 40년이 넘는 시간이 걸렸다. 1954년에 벨 연구소에서 현대적인 태양 전지를 발명하기까지 또 60년이 더 걸렸다. 실리콘으로 만들어진 이 획기적인 태양 전지는 태양열을 에너지로 변환하는 데 6%의 효율성을 보였다. 이는 이전의 기술들에 비하면 엄청난 발전이었다. 이 태양 전지를 통해 태양 에너지를 이용하려면 와트당 약 256달러의 비용이 든다. 그렇게 큰 발전을 달성했음에도 불구하고 와트당 256달러는 당시 다른 에너지원들과 비교했을 때 훨씬 더 비싼 수준이었다. 따라서 더 저렴한 에너지원들을 두고 태양열 에너지로 전환하지 않는 것은 너무도 당연한 일이었다.

하지만 기술 발전과 함께 태양 에너지의 가격은 가파르게 하락했다. 1954년에 와트당 256달러였던 것이 지금은 와트당 82센트이다. (1954년 달러 가치를 오늘날 달러 가치로 환산해서 현재 인플레이션 상황을 감안해 계산해보면, 하락한 가격은 와트당 2,108달러에서 0.82달러로 떨어진 것에 해당한다). 많은 이들은 태양 에너지의 발전을 보며 무어의 법칙을 떠올린다. 생산 규모와 관련이 있다는 점에서 무어의 법칙과는 다르지만, 스완슨의 법칙(태양광 전지 제조업체인 썬파워의 창립자인 리처드 스완슨의 이름을 딴 법칙이다)에서는 태양 전지의 운송 물량이 배로 증가할 때마다 가격은 20%

씩 하락한다고 설명하고 있다. 따라서 현재의 운송 물량 추세로 봤을 때 10년마다 75%씩 하락할 것이라는 전망이 나온다.

그에 더해 태양열 전지판의 와트당 비용은 전지판이 고장 나지 않는 한 에너지 생산을 무한대로 가능하게 해준다. 다른 많은 에너지원이 운영 및 관리에 비용이 많이 드는 것과는 달리 태양열 에너지는 관리 비용이 낮다. 일반적으로 석탄 화력발전소는 자본이 많이 들고 유지 기간은 40년 정도 된다. 그에 비해 태양 전지 설비의 유지 기간은 40년을 훌쩍 넘어선다. 게다가 운영비는 훨씬 더 싸다. 한 가지 확실한 이유는 태양 에너지는 채굴해서 운송할 필요가 없기 때문이다. 2018년 11월 금융 싱크탱크인 카본 트랙커(Carbon Tracker)의 연구 보고서에 따르면 세계 석탄 화력발전소의 42%가 이미 손해를 감수하고 있으며, 기존의 석탄 화력발전소를 유지하는 것이 신재생 에너지 발전기를 건설하는 것보다 비용이 35% 더 들어간다. 이 수치가 사실이라면 경제적 현실과 경쟁 상황을 감안했을 때 에너지원으로서 석탄의 수명은 이제 거의 다 되었다고 볼 수 있을 것이다.

에너지원 간의 에너지 비용을 비교할 때 가장 흔히 사용되는 방법이 에너지 균등화 발전 비용(LCOE)이다. 이를 통해 기업들은 에너지 설비 건설 및 관리 비용을 생산량으로 나눈 값을 포함해 에너지 개발 유지에 들어가는 총비용을 알 수 있다. 매년 에너지 부문에 관한 연구 조사를 진행하는 월스트리트의 투자 은행 라자드(Lazard)에 따르면, 상용 가능 등급의 태양 에너지 균등화 발전 비용은 지난 10년 동안 88% 하락한 것으로 나타났다. 작년 한 해 동안만 가격은 또 13% 더 하락해 태양 에너지가 균등화 발전 비용이 가장 낮은 에너지원 중 하나가 되었다. 태양 에너지의 비용이 계속 이 속도로 하락할까? 단언할 수는 없지만 나는 스완슨의 법칙이 계속 효과를 발휘하게 될 것이라 확신한다. 다시 말해서 지난 40년간 우리가 보아온 발전 속도를 유지할 것으로 보인다. 그 이유는 무엇일까? 바로 경제 때문이다. 에너지는 거의 대부분이 투입 비용이다. 더 저렴한 에너지는 기업과 경제 양측 모두에게 커다란 이득을 안겨준다. 태양 에너지의 경제적 이득이 높아지자 산업 전반이 새로운 전략 시장을 공략하기 위해 나서면서 혁신을 추구하고 능력을 배양하려는 골드러시의 방향도 바뀌고 있다. 또한, 겉으로 보기엔 전혀 변화가 없는 것처럼 보이는 시장은 매우 빨리 변화하게 될 것이다. BNP 파리바 자산운용의 마크 루이스(Mark Lewis)는 다음과 같이 썼다. "휘발유와 디젤 차량에 쓰이는 원유 대비 풍력 및 태양열 전기 자동차의 가격은 정부 당국자들과 주요 정유기업들에게 지대한 영향을 미치며 이제 멈추지 않고 돌이킬 수 없는 수준으로 하락하고 있다."

물론 매우 깨끗한 다른 에너지원들도 존재한다. 하지만 태양 에너지는 세계 에너지 필요량을 (큰 차이로) 넘어설 잠재력을 가지고 있는 에너지원이다. 미국 에너지부의 제프 차오(Jeff Tsao)와 그의 동료 네이트 루이스와 조지 크랩트리는 이렇게 설명했다. "비록 풍력은 얻을 수 있는 에너지양은 많지만, 지리적으로 접근이 쉽지 않은 깊은 바닷속에서 얻게 되는 경우가 많다는 이유에서 태양 에너지보다 훨씬 기술 개발 잠재력이 적다. 태양 에너지도 에너지 추출이 힘들기는 마찬가지이지만 얻어낼 수 있는 에너지양이 엄청나며, 지상에서의 기술 개발 잠재력이 크다."

우리에게 필요한 모든 에너지를 생산하기 위해 태양광 발전소를 건설하는 데에는 얼마나 많은 공간이 필요할까? 재생 에너지 압력 단체인 랜드 아트 제너레이터(Land Art Generator)의 조사에 따르면 기술 발전을 고려하지 않는다면 496,805㎢의 표면적이 필요하다고 한다. 꽤 넓은 면적으로 들리긴 하겠지만 미국에서만 정유 및 가스 회사에 임대한 대지는 104,177㎢에 달한다. 그 대지를 태양광 에너지를 위해 사용한다면 전 세계 에너지 필요량의 5분의 1 이상을 제공할 수 있게 된다.

거의 무료로 풍부한 태양광 에너지를 사용할 수 있는 시대가 오고 있다. 태양 에너지의 가격은 이미 다른 거의 모든 에너지 가격보다 낮다. 그리고 가격은 기술 향상과 대중적인 활용으로 훨씬 더 떨어질 전망이다. 태양 에너지의 비중이 작아 아직 다른 에너지원들이 필요한 상황이긴 하지만 판도가 뒤바뀌는 것은 시간문제일 뿐이다. 2000년에 태양 에너지는 1.15테라와트시를 차지할 뿐이었다. 그리고 2017년까지 443테라와트시로 증가했다. 태양 에너지는 오늘날 필요한 153,596테라와트시 모두를 100% 생산하려면 아직 갈 길이 멀다. 하지만 다른 에너지들보다 더 낮은 가격으로, 그리고 앞으로는 지금보다 더 낮은 가격으로 경쟁한다면 그 격차는 금방 좁혀질 것이다.

태양 에너지를 비롯해 많은 재생 에너지가 가장 큰 약점 중 하나로 지속적인 공급이 가능하지 않다는 점이 거론된다. 태양은 밤에는 빛을 발하지 않으며 구름이 끼는 날도 있어 어떤 때는 에너지 생산량이 매우 많고 어떤 때는 생산량이 충분치 못하다. 전체 인구의 최대 수요 전력을 고려해 보면(하루 중 특정 시간대에 에너지 수요가 더 많다) 생산

한 에너지를 저장해 두는 일이 중요한 사안이 된다. 하지만 현재 진행 중인 배터리 기술의 혁신이 이 부담을 덜어주고 있어 시장에 진입할 수 있는 다른 해결책들이 생겨나고 있다. 그 중 하나의 해결책인 플라이휠은 전기를 운동 에너지로 변환해 저장하고 필요할 때 운동 에너지를 다시 전기로 변환해 준다. 그에 따라 업계에서는 풍부한 재생 에너지 전환을 가능하게 해주는 주요 기술을 확보하기 위한 새로운 경쟁이 벌어지고 있다. 예를 들면, 이 분야의 혁신 기업인 캐나다 온타리오의 미시소가 소재의 템포럴 파워(Temporal Power)는 최근 중국 플라이휠 기술 기업인 BC 뉴에너지에 매각되었다.

태양 에너지의 미래 시장 잠재력은 엄청나다. 투자가 몰리면서 혁신 효율성을 높이고 가격 및 저장 비용을 인하함으로써 창조적 파괴의 선순환이 일어나 투자가들이 석탄, 원유, 천연가스 투자에서 손을 떼게 할 것이다. 단기적으로 경제는 기존의 다른 에너지원들과 태양열 에너지 기반 시설 구축 양쪽 모두에서 혜택을 얻게 될 것이다. 그러나 시장 원리에 의해 훨씬 더 비용이 저렴한 에너지가 승자의 자리에 앉게 될 것이다. 그리고 그와 함께 기존의 비효율적인 기반 시설과 일자리들은 사라질 것이다.

일부 개발도상국들은 새로운 에너지 도입과 관련해 사실상 우위에 놓여 있는 것인지도 모른다. 개발도상국들의 경우에는 에너지 도입을 위해 전체 기반 시설을 새로이 구축하지 않아도 되기 때문이다. 이를테면 아프리카와 아시아에서는 휴대폰 기술 덕분에 수백만 킬로미터에 달하는 전신주를 세우지 않아도 되었던 것이나, 전자상거래 도입에 장애가 될 만한 기존의 소매점 기반 시설이 없었기 때문에 중국이 미국보다 전자상거래 도입에 훨씬 더 발 빨랐던 것이 그와 비슷한 예라 할 수 있다.

하지만 에너지가 거의 모든 분야에서 주요 투입 비용이라면 더 저렴한 에너지가 본질적으로 디플레이션을 발생시킬 수밖에 없지 않을까? 분명히 그럴 것이다. 무어의 법칙대로 빠른 속도로 발전하고 있는 수많은 기술의 영향이 느껴지기 시작할 때 정부와 중앙은행이 오늘의 인플레이션을 통제하려 한다고 가정해 보자. 이때 풍부한 태양에너지가 가져다줄 디플레이션 효과가 그 기술들에 더해진다면 무슨일이 벌어지겠는가? 오늘의 디플레이션을 막을 방법이 시장에 돈을 더 푸는 것밖에 없다고 한다면 내일의 모습은 어떻게 될까?

내일의 가치

지속적인 에너지 가격 하락으로 인해 그 밖에 또 무엇이 변화할까? 완전히 달라질 것으로 예상되는 몇 가지 예들을 한번 살펴보자. 에너지 가격이 경제의 자립성을 결정짓는 경우가 많다는 점을 기억해야 한다. 그 결과 에너지 가격이 하락하게 되면 활용 가능한 다른 후보 자원들은 외면하게 될 가능성이 크다.

선진국에서 난민 문제와 이민자 압박에 내재한 원인은 식량이나 물과 같은 기초 자원의 부족이다. 저비용 에너지 또는 무료 에너지를 사용한다면 깨끗한 물이 풍부하지 않을 이유가 있을까? 담수화 기술이 부족해서 그런 것이 아니다. 담수화 기술은 수십 년 전에 개발되었지만 결국은 비용이 문제였다. 개발도상국의 연안에 있는 지역사회들은 바다로 둘러싸여 있음에도 불구하고 염도가 높아 바닷물을 식수나 관개용으로 사용할 수 없는 역설적인 상황에 처해 있다. 바닷물에서 염분을 제거하는 담수화는 역삼투법(투수성이 있는 멤브레인을 통해 해수가 여과되는 과정)을 대규모로 이용해 오늘날 훨씬 더 효율적으로 이루어지고 있다. 하지만 손쉽게 처리 가능하다 하더라도 많은 에너지가 투입되는 일이므로 상업적으로 널리 활용되지 못하고 있다. 그에 필요한 동작 압력은 800에서 1000psi(압력의 단위, 1평방 인치 당의 파운드(중량) - 역자 주) 사이이다. 더 저렴한 에너지는 그와 같은 역학을 완전히 뒤바꿔놓는다. 전쟁과 난민 문제를 초래할 수 있는 환경 조건을 미연에 방지하는 것은 물론 깨끗한 물과 그에 따른 모든 혜택을 사회에 가져다준다.

물론 깨끗한 에너지는 대기에서 이산화탄소 농도가 높아지는 것을 막아준다. 화석 연료 연소로 인해 발생한 이산화탄소는 우리 대기의 온실가스 수치를 인류 역사상 경험한 적이 없는 수치인 415ppm까지 끌어올렸다. 빙하 코어(수십만 년 동안 눈이 쌓여 생성된 거대한 빙하에 관을 박아 채취한 긴 원통형의 얼음 덩어리이다. 빙하 코어에는 공기를 비롯하여 당시 동식물의 흔적, 화산재, 먼지 등이 포함되어 있기 때문에, 이를 분석하면 눈이 쌓일 당시의 지구 환경과 대기 구성 성분비 등을 추측할 수 있다. - 역자 주) 분석에 따르면 이산화탄소 농도가 80만 년 만에 최대 수치인 것으로 나타났다. 이산화탄소는 지구의 온도를 유지하는 방법 중 하나로, 더운 여름날 벽돌이 열을 품고 있다가 천천히 그 열을 발산하는 것처럼 이산화탄소도 그와 비슷한 역할을 한다. 이산화탄소 농도가 빠르게 계속해서 올라 최대 농도에 도달했을 때 아주 따뜻해진다. 하지만 깨끗한 에너지가 풍부해 이산화탄소 농도 상승을 막아줄 뿐만 아니라 농도를 오히려 낮춰준다면 어떻겠는가? 놀랍도록 저렴한 대체 에너지의 혜택이 우리 환경에서 이산화탄소를 효과적으로 제거해 줄 수 있을까?

대기 중에서는 불가능하지만, 담수화 과정처럼 탄소 포집도 이미 가능하다. 일부 대규모 화력발전소는 이산화탄소 배출량에 대해 이미 엄격한 규제를 받고 있다. 그러나 이산화탄소를 제거하는 과정에는 아주 많은 에너지가 필요해 이산화탄소가 가장 많이 집중되는 공장 굴뚝 상층부에서는 사용 에너지양을 40%까지 증가시킨다. 하지만 재생 에너지 비용이 충분히 하락하게 되면 더 이상 굴뚝도 필요 없게 될 것이며 그렇게 되면 이산화탄소 농도가 낮은 일상 환경으로까지 탄소 포집을 확대할 필요가 있을까?

지금까지 생각해낸 해결책으로는 미래에 전력을 중앙집권적으로 관리하는 방안이다. 즉, 방대한 양의 태양 에너지를 생산하는 발전 설비를 갖추고 오늘날 운영되는 것처럼 전력 회사에서 전력을 분배하는 것이다. 하지만 우리가 다른 분야의 기술 발전에서 이미 배웠듯이 기술 발전은 가치가 창출되는 곳을 바꾸기도 한다. 그렇게 되면 기존의 독점 기업은 경쟁력을 잃게 된다. 이를테면 소매점들은 인터넷 쇼핑이 오프라인 상점들보다 소비자들에게 훨씬 더 많은 선택권을 주기 전까지는 독점적 권력을 가지고 있었다. 또한, 권력을 쥐게 되면 파괴를 일으킬 수 있다. 그리고 그 파괴는 어디서든 일어날 수 있다.

중앙 시설이나 전력 회사들은 기본적으로 유통 기업들이다. 공급과 수요에 관한 일을 담당하며 일정한 가격으로 에너지 공급분을 사들여서 그것을 판매하고 유통하면서 비용과 수익을 감안해 가격을 인상하기도 한다. 태양 에너지가 발전하면서 가격은 더 내려가고 더 많은 소비자가 이전의 독점 케이블 방송의 코드를 끊었던 것과 같은 방식으로 기존의 틀에서 벗어나려고 할 것이다. 사람들은 자신의 태양 에너지 생산 설비와 저장 시설에 의지할 수 있다. 만약 전기 자동차를 소유하고 있다면 그 배터리는 자동차가 가장 붐비는 시간대에 가정 살림에 보탬을 줄 수 있을 것이다. 그리고 낮 동안 태양이 나와 있고 자동차는 사용하지 않고 있다면 옥상 태양 에너지 발전기를 이용해 그 배터리를 재충전하면 될 것이다.

방대한 양의 중앙 에너지 계획은 에너지를 지역별로 생성하되 광범위하게 상호 연계시키는 방식을 채택할 가능성이 크다. 인터넷이 연결 노드를 가진 분산형 기술인 것과 마찬가지다. 이와 같은 상호연계성으로 인해 인터넷은 더욱 신뢰도가 높고 안전한 것이 되었다. 이경우, 한 지역에 있는 우리 집과 다른 집들은 다른 이들이나 타 지역에서 에너지를 사용하고 있는 경우를 대비해 서로에게 예비 지원책이 되어줄 수도 있다.

언제가 될지 여전히 장담할 수는 없지만 재생 에너지를 풍부하게 사용하게 될 날은 분명히 올 것이다. 그 추세는 기존의 에너지 기반 시설에 확실한 파괴를 가져올 것이며, 비효율성과 함께 존재했던 모든 직업에도 변화가 찾아올 것이다. 우리가 디플레이션을 자연스러운 과정으로 받아들이고 디플레이션이 일어나도록 놔둔다면 그것이 인류에게 바람직한 일이 될 수 있다. 에너지에 더 높은 비용을 지불하면서 이제는 불필요해진 일자리들을 유지하기 위해 비효율적인 시스템에 매달리는 대신 디플레이션 발생을 있는 그대로 받아들인다면 필요한 에너지는 거의 무료로 얻을 수 있기 때문에 그 일자리들은 필요하지 않게 될 것이다. 우리가 필요로 하는 모든 것들을 싸게 살 수 있다면 적게 버는 수입에도 적응할 수 있을 것이다.

그것이 바로 중요한 전제 조건이다.

THE PRICE OF TOMORROW

제 6 장

미래의 지능

"우리는 3년에서 8년 내로 평균적인 인간의 지능을 가진 로봇을 보게 될 것이다." 마빈 민스키(Marvin Minsky, 1970)

기술에 관한 대부분의 예측처럼 민스키의 예측도 시기상조였다. 4장에서 언급한 2배 성장의 예시에서 그 이유를 밝혔었다. 후반기의 기하급수적 성장을 과소평가하기 쉬운 것처럼 초기의 2배 성장도 그 영향력을 과대평가하기 쉬운 법이기 때문이다. 비교적 최근까지 인공지능은 항상 예상을 훨씬 앞질렀다. 민스키가 말한 시점은 틀렸지만, 그의 생각은 맞았다. 현재 인공지능은 이미 우리의 미래에 지대한 영향을 미치고 있으며 훨씬 더 많은 분야로의 진출을 목전에 두고 있다. 그러나 일부 선구자적인 최고 전문가들의 예상과는 차이가 있을 수도 있다.

인공지능의 영향력

2018년 후반에 나는 창조적 파괴 연구소와 토론토 대학교의 로트만 경영 대학원이 함께 주최하는 머신 러닝과 인공지능 시장에 대한 콘퍼런스에 초대받았다. 이 자리는 기계지능과 인공지능의 발전 현황에 관해 논하는 세계에서 가장 권위 있는 콘퍼런스 중 하나이며 가장 선구적인 전문가들이 참석한다. 실제로 인공지능 분야에서 수많은 획기적 전환점을 캐나다의 연구자들이 만들어냈다. 그들은 인공지능의 암흑기였던 1980년대와 1990년대를 지나오며 연구를 지속해온 연구자들이다.

콘퍼런스의 연사 중에는 마크 카니(Mark Carney) 잉글랜드 은행 총재도 있었다. 카니는 인공지능이 범용 기술의 한 예라고 설명했다. 그가 말하는 범용 기술이란 전체 경제에 영향을 미치고 사회를 크게 바꿀 수 있는 기술을 의미한다. 그는 20세기 초에 세계가 처음으로 전기를 사용했던 것에 그것을 비유했다. 전기 사용으로 많은 일자리가 사라지자 노동자들은 이전에는 존재하지 않았던 새로운 직업에 맞게 재훈련을 받아야 했기 때문에 경제가 극단적인 변화를 겪어야 했던 상황을 설명했다. 그는 전기 사용이 가속화되었던 당시 경제가 처음에 얼마나 고통을 받았고 많은 일자리가 사라졌는지 언급하면서 당시 신기술이 새로운 업종들을 만들어내고 업종을 바꾼 노동자들을 위한 셀 수 없이 많은 새로운 일자리를 창출하게 되자 점차 경제가 번영하기 시작한 과정을 보여주었다.

청중석에 앉아 있던 나에게는 카니가 전기를 범용 기술이라고 한 것은 맞는 말이지만, 인공지능을 전기에 비유한 낙관적인 견해는 실제로 실현될 가능성이 큰 것이라기보다는 그가 그렇게 되기를 바라는 것처럼 들렸다. 인공지능을 전기와 동급으로 언급하는 것은 여러 가지 이유로 좋은 비유였다고 말할 수 없다.

첫째, 전기는 기하급수적으로 발전한 기술이 아니었다. 인류에게는 중요한 획기적인 사건이었지만 이를테면 18개월마다 그 효과가 배로 불어나지는 않았다. 더 중요한 것은 아무도 전기가 똑똑해질 것이라 생각한 적이 없었다. 전기는 다른 많은 것의 발전을 도와준 놀라운 발명품이었지만 인간보다 더 똑똑한 존재가 되려고 한 적은 없었다. 인공지능은 전기와는 완전히 다르다. 전기가 성냥이었다면 인공지능은 태양인 것이다.

그 차이로 인해 우리의 미래 계획에 중요한 위험 요인이 생겨난다. 미래에 인공지능이 현재 사라지고 있는 직업들보다 훨씬 더 많은 직업을 만들어낼 것이라면 새로운 일자리에서 일하게 될 인력들의 대대적인 재훈련이 필요하게 될 것이다. 또한, 전기가 경제를 변화시키면서 일어났던 일과 비슷한 사회 대변동을 예상할 수 있다. 힘들겠지만 그 시기가 지나면 일자리는 다시 생겨날 것이고 경제도 다시 살아날 것이다. 과거에 작동했던 정책적 수단은 지금도 다시 작동할 가능성이 크다. 하지만 인공지능이 미래에 더 많은 일자리를 창출해내지 못한다면 어떻게 되겠는가? 가까운 미래에는 아니더라도 앞으로 점점 더 많은 직업이 사라지게 된다면 어떻겠는가? 앞으로 다가올 일자리 호황을 기대하며 준비 중인 해결책으로는 더 위험한 세상을 만들게 될 뿐이다. 일자리 호황은 소닉붐과 비슷할 수 있다. 비행기의 속도를 따라가지 못하는 음파처럼 일자리도 발전 속도를 따라가지 못할 수 있다.

사건 발생의 시간 순서는 중요하다. 아마도 (기계가 모든 일에서 우리보다 똑똑해지는) 범용 인공지능(AGI)은 아직 수십 년은 더 기다려야 가능할지도 모른다. 하지만 그런 시대가 도래하는 것은 가정이 아니라 언제 올 것인가의 문제이다. 인공지능은 기술 확산으로 성장세가 배로 불어나면서 지식 정보 분야의 장기적인 성장 과정에서 자연스러운 다음 단계일 뿐이다. 그것은 우리가 지금껏 경험해 본 적 없는 엄청난 영향력을 가지게 될 것이다.

인공지능은 초지능과 같은 것으로 오인되는 경우가 많다. 하지만 오늘날 AI에서 이룬 대부분의 성공은 범용 AI가 아닌 머신 러닝, 또는 '협의의' 인공지능에서 이룬 성과이다. 체스에서 인간을 이긴 그 AI가 TV 퀴즈쇼에 나가서도 대결할 수 있다고 일반화할 수는 없다. 하지만 협의의 인공지능을 무시하고 인간의 우월성을 믿는 것은 쉬운 일인데 반해 다른 여러 영역에서 인간을 이길 수 있는 범용 인공지능은 엄청난 파급력을 지닌다. 우리는 그것의 결과를 이제 보기 시작했을 뿐이고 그 결과는 점점 더 빠르게 향상되면서 다양한 업계에서 가속화할 전망이다. 그리고 인간이 인공지능을 훈련시키는 정도가 아니라 인간이 필요 없어지는 정도까지 발전은 계속될 것이다.

그럼에도 연구자들과 업계에서는 인공지능을 뛰어넘어 범용 인공지능 개발을 계속하고 있다. 범용 인공지능은 여러 영역을 넘나들며 정보를 취득하고 일반화할 수 있는 인공지능을 말한다. AI가 모든 면에서 인간을 능가할 수 있는 범용 인공지능은 얼마나 발전되어 있는 상황일까? 나는 범용 인공지능 분야의 저명한 연구자인 벤 괴르첼(Ben Goertzel)에게 물어보았다. 벤은 오랜 세월 동안 범용 인공지능에 대해 연구해왔고 그것을 개발하기 위해 노력 중이다. 그리고 그의 예상으로는 노력 여하에 따라 5년에서 30년 사이에 범용 인공지능이 등장할 것으로 보고 있다.

머지않아 우리가 오랫동안 지켜온 지성의 최고 권좌를 기계에게 물려주게 된다는 것이 이해하기 힘든 사실이긴 하다. 최근까지 그런 말은 공상 과학처럼 들렸으니 말이다. 하지만 지식의 폭발과 학습에서의 긍정적 피드백 루프는 우리가 그 변화에 발맞추기 어려울 정도로 가속화되고 있다.

컴퓨터가 어떻게 종국에는 인간보다 더 똑똑해질 수 있는지 이해하기 위해서는 인간의 '지능'에 대해 조금 더 깊이 연구해볼 필요가 있다.

지능의 역사

우리의 지능(우리 주변의 세계에 대해 완전히 이해하는 능력)은 사실 다른 사람들, 즉 다른 이들의 생각과 발명, 과학에서 나온 것이다. 우리는 그 위에 차례로 우리의 것을 계속 쌓아 올리는 것이다. 그 정보와 지식이 없었다면 우리는 유한한 시간 대부분을 인간의 기본적 욕구를 충족시키는 데 쏟았을 것이다. 유사 이래 지금까지 우리가 '지능'이라고 여기는 것의 진정한 동인은 우리의 집단적 지식의 성장이었다.

3장에서 살펴본 것처럼 우리의 두뇌는 불완전한 저장 장치이다. 어떤 일이 일어나면 그것을 정확히 기억해내지 못한다. 우리는 사실만을 기억하기보다는 우리가 가지고 있는 선입견과 여과 장치, 감정을 통해 사건을 기억한다. 우리의 지성은 단지 배울 수 있는 것들을 기억할 수 있을 뿐이다. 그것을 넘어서는 부분에 대해서는 외부의 도움이 필요하다.

당신과 한 무리의 그룹이 세상과 동떨어진 외딴 섬에 고립되어 있고, 그곳에서는 말을 통해서만 지식을 전달할 수 있다고 상상해 보라. 책을 보거나 글을 쓸 수는 없다. 사람들은 현재의 모든 지식은 가지고 있지만, 현대인의 삶의 도구는 없다. 전화, 전기, 배관 시설 등 당연하게 여겼던 모든 편의 시설은 사라졌다. 당신이 아는 지식과 몇 가지 필수품만을 가지고 당신은 몇 세대를 거쳐 시간이 지남에 따라 문명을 형성해야 한다는 압박감을 느낀다. 책이나 컴퓨터 등이 없는 상태로 상상의 섬에 살면서 당신의 후손들이 오늘날 세상을 살아가는 데 당연히 필요하다고 여기는 방대한 양의 정보를 잃어버리고 오늘날의 기준에서 '지적이지 못하다'라고 여겨지는 상태에 이를 때까지 과연 몇 세대의 시간이 흘러야 할까? 말로 전달되는 지식은 시간이 지나면서 정확도를 잃게 될 것이고 기억은 흐려지고 한 번도 언급된 적이 없는 것들은 영원히 잊혀질 것이다. 당신의 아이들은 당신보다 아는 것이 적을 것이고 그들의 아이들은 당신의 아이들보다 아는 것이 적을 것이고 점점 그렇게 될 것이다. 단 몇 세대만 거쳐도 주민들은 기본적인 생존 욕구를 충족시키고 가장 중요한 이야기를 다음 세대에 전달해 주는 의식 절차에 집중하는 방향으로 삶은 아주 크게 달라질 것이다. 그에 해당하는 실제 사례가 있다. 인도양에 있는 북 센티넬섬의 원주민들은 세계에서 가장 고립된 부족 중 하나이다. 그들은 최근 섬에 들어온 선교사 존 앨런 차우(John Allen Chau)를 살해해 원치 않는 관심을 받기도 했다. 그들은 어쩌다 한 번씩 외부인들과 접촉한 적은 있었으나 1956년 인도 정부는 그들 삶의 방식을 보호하기 위해 북 센티넬섬을 부족 보호구역으로 선정했다. 외부 세계와의 접촉은 금지되어 있다. 외부 세계와 단절되어 고립된 소집단 문화로서 그들은 복잡한 지식을 축적할 수 있는 수단이 별로 없었으므로, 그 결과 그들이 살아가는 방식은 수 대에 걸쳐 항상 비슷한 방식을 유지해왔다.

오늘날 센티넬 원주민들과 같이 고립된 삶을 사는 부족은 전 세계적으로 100개 이상에 달하며, 대부분 남미와 인도네시아의 숲이 울창한 삼림 지역에서 살고 있다. 그 부족들과 그들의 삶의 방식을 약간의 정보를 통해 비추어봤을 때 그들의 삶의 방식은 수십만 년 전 선사 시대 인류의 삶의 방식과 아주 흡사해 보인다. 사실상 약 30만 년 동안 우리의 두뇌는 대체로 변하지 않은 채 그대로 유지되어왔다. 이 고립된 원시적인 사람들도 결국 우리와 비슷한 사람들인 것이다.

그렇다면 어떤 변화가 이런 인간의 '지능'에 엄청난 발전을 가져다준 것일까? 우리는 천 년 동안 글을 써왔다. 글을 쓸 줄 알게 된 사람들은 글을 통해 이해의 폭을 넓힐 수 있었다. 그러나 진정한 변화는 1439년 요하네스 구텐베르크(Johannes Gutenberg)가 이동 가능한 활자와 활판 인쇄술을 발명했을 때 시작되었다. 구텐베르크의 인쇄술은 인류 역사상 가장 중요한 발명 중 하나로 평가받을 수 있다. 과거 수백 년 동안 다양한 형태의 인쇄 기술이 존재했지만, 그것들은 속도가 느리고 비쌌으므로 아주 소수의 사람만이 사용할 수 있었다. 인쇄 기술은 정보의 대량 저장을 가능하게 했고 인간의 두뇌가 정보를 원할 때마다 출력할 수 있는 책으로 확장될 수 있도록 했다.

1500년 무렵에는 이미 2천만 권의 책이 인쇄되었고 그 후 100년 동안 1억5천만 권에서 2억 권의 책이 유통된 것으로 추산된다. 새로운 생각의 확장과 식자율의 증가는 생각 및 지식 혁명의 시작이었다. 인쇄 기술은 생각과 지식의 폭넓은 유통을 가능하게 했을 뿐만 아니라 비판과 토론을 부추기기도 했다. 세계의 종교들은 그들의 신앙을 전파하기 위해 인쇄 기술을 활용했다. 하지만 그와 동시에 인쇄 기술은 과학을 기반으로 한 추론을 가능하게 만들기도 했다. 책의 저자들은 새로운 생각을 대중과 공유하고 대중은 그것을 확인하고 반박할 수 있게 되었다. 생각이나 의견을 주고받는 것이 가능해지자 시간이 흐르면서 이것은 과학적인 방법으로 발전했다. 아리스토텔레스(Aristotle, 기원전 384~322)와 이븐 알하이삼(Ibn al-Haytham, 서기 965~1040)과 같은 철학자들이 그와 비슷한 과학적 논리로 세상을 설명했음에도 불구하고 그런 방식은 19세기 후반까지 그렇게 일반적으로 받아들여지지 않았다.

과학적 방법은 어느 한 명의 발명가에 의해 확립되는 것이 아니다. 과학이 그런 것처럼 과학적 방법도 갈릴레오(Galileo), 베이컨(Bacon), 데카르트(Descartes), 뉴턴(Newton)과 같은 인물들의 노력으로 끊임없이 개선되었다. 그들은 1) (우리의 인지적 편향에 반론을 제기하며) 냉정하게 의심하는 자세로 관찰하기. 2) 가설 수립하기. 3) 사실이나 거짓이라고 판별 가능한 사안 예상하기. 4) 가설의 타당성을 판별하기 위한 실험과 테스트 진행 등의 과정을 시행한다. 이 과정을 반복적으로 시행하면서 점점 이전 것보다 더 나은 가설들을 시험하고 확증한다. 아마도 과학 및 과학적 방법과 관련해 가장 흥미로운 사실은 그것이 '충분히 훌륭했던' 적이 없었다는 점일 것이다. 과학적 방법은 기존의 이해가 틀렸다는 것을 증명할 근거를 끊임없이 찾아내고 기존의 것을 개선하도록 설계되어 있다.

오류 수정은 모든 지성의 기반을 이루고 있다. 20세기의 위대한 과학철학자 중 한 사람인 칼 포퍼(Karl Popper 1902~1994)는 이렇게 말했다. "우리의 지식은 실수를 바로 잡는 것을 통해서만 성장한다." 과학에서 가장 혁명적인 이론들은 사실 기존에 존재했던 이론을 조금 개선한 결과인 경우가 종종 있다. 아이작 뉴턴은 다음과 같이 말한 바 있다. "내가 보통 사람들보다 더 이해가 깊다면 그것은 순전히 내가 이전 세대의 훌륭한 과학자들이 얻은 이해를 바탕으로 연구하기 때문이다." 뉴턴에게 가장 큰 영향을 미친 과학자는 갈릴레오였다. 뉴턴이 밝혀낸 세 가지 운동의 법칙(관성의 법칙, 가속도의 법칙, 작용 반작용의 법칙을 일컬음 - 역자 주)은 갈릴레오의 운동 법칙에서 영향받은 것이었다.

인쇄 기술은 정보를 기록하고 저장하여 더 많은 대중이 오류를 정정하는 것을 가능하게 했다. 이로 인해 이성의 시대라고도 불리는 계몽주의 시대가 도래하게 되었다. 17세기 후반부터 18세기까지는 철학과 지성(과학과 논리)이 교회와 왕정의 사상과 시대적 현실 기반을 약화시키기 시작한 과도기였다. 프랑스의 사상가 볼테르는 "기득권층이 잘못 알고 있는 문제를 바로 잡는 것은 위험하다"라고 말했다. 하지만 볼테르와 그를 따르는 이들은 뜻을 굽히지 않았고, 접근이 쉽고 지속 가능한 지식의 등장은 옳은 생각을 퍼뜨리고 대다수 의견을 형성하는 새로운 수단이 되었다. 그 새로운 생각들이 기성 종교가 의지했던 기반(지구가 우주의 중심이라는 생각과 같은)을 무너뜨림에 따라 다른 오래된 교리 또한 문제가 되었다. 그에 따라 일상을 지배하던 교회의 엄청난 권력은 더욱 약화되었고 과학을 기반으로 한 추론을 장려하고 사회의 적극적인 참여를 끌어냄으로써 혁신은 더 빨라졌다.

나날이 분열되어가는 것처럼 보이는 세상에서 더 나은 해답을 찾기 위한 지적인 토론이야말로 과학의 목적이자 인류가 빠르게 진보할 수 있게 해준 것임을 기억할 필요가 있다. 칼 포퍼의 말을 다시 한번 인용하자면, "진정한 무지란 지식의 부재가 아니라 지식 획득을 거부하는 것이다."

지식을 영구적으로 저장할 수 있게 되고 우리의 생각에 지속적으로 문제를 제기하며 개선할 수 있게 되면서 인간이 세계를 이해하는 능력은 하룻밤 사이에 진화 수준으로 크게 변화한 듯하다. 인간의 두뇌는 30만 년 동안 거의 변화가 없었으나 인쇄 기술이 탄생한 지는 600년이 채 되지 않았다는 사실을 기억하자.

몇 페니와 체스판 위의 쌀 몇 톨이 기하급수적으로 불어나 엄청난 숫자가 되듯이, 책으로 우리의 두뇌를 확장하는 한편 우리 이전 시대의 생각을 발전시키고 확장하는 것은 우리의 지식을 기하급수적으로 증가시켰다. 처음에는 겉으로 보기에 느리고 작은 한 줌의 정보에 불과했겠지만, 이제는 모두 이해하기도 어려울 만큼 따라잡기 힘든 정보와 지식의 바다가 되었다. 매 초마다 우리가 평생 배우고 공유할 수 있는 것보다 훨씬 더 많은 정보가 만들어지고 공유되고 있다. 정보의 양이 많아질수록 수정해야 할 오류도 많아진다. 하지만 정보의 폭발을 가져온 기술의 급속한 성장 또한 급속도로 향상된 오류 수정을 가능하게 해준다. 이것이 바로 점점 더 인간보다 빠른 속도로 앞서가고 있는 컴퓨터가 이끄는 지식 정보의 소닉붐인 것이다.

AI의 등장

1800년대 초중반에 살고 있는 당신의 모습을 상상해 보라. 마차를 타고 다니고, 전화가 없는 전기 이전 시대의 도시에 살고 있다고 상상해 보라. 그 당시에 현대식 컴퓨터를 구상할 수 있었다는 사실이 믿기 어렵겠지만, 수학, 철학, 기계공학 등 여러 학문 분야를 넘나드는 영국의 학자 찰스 배비지(Charles Babbage, 1791~1871)가 한 일이 바로 그것이었다.

배비지는 수기로 계산된 천문표를 검토하면서 오류를 발견해 냈고, 계산상의 문제가 발생하게 되면 항해에 위험하다는 사실을 알게 되었다. 그는 해결책을 생각해냈고 기계 기반의 계산기 개발을 위한 최초의 청사진을 내놓았다. 1822년 배비지는 '미분기' 개발에 착수했다. 엄밀히 말하면 일종의 계산기였다. 비록 배비지가 생전에 미분기 개발을 완성하지는 못했지만 2002년 런던 과학 박물관은 그 시대에 만들어진 배비지의 설계도와 부품 일부를 이용해 두 가지 버전으로 미분기의 최초 설계를 완성했다. 각각의 미분기는 8,000개의 부분으로 이루어져 있으며, 5톤 무게에 가로 3.3m에 세로 2.1m 정도의 크기였다. 배비지는 나중에 미분기를 설계하는 동안 얻게 된 지식을 기반으로 분석 엔진의 원형을 만들었다. 그것이 현대적인 컴퓨터가 가지고 있는 많은 기능, 이를테면 별도의 저장소와 중앙 처리 시스템, 입력 및 출력 데이터 공간, 작동 명령 등을 갖춘 최초의 범용 컴퓨터 설계였다. 그는 그의 시대를 훨씬 앞서가고 있었고 또다시 자금 사정으로 인해 그 원형을 생전에 완성하지 못했다. (Plan28.org가 바로 배비지의 설계를 이용해 그 시대의 부품 일부를 가지고 분석 엔진을 만들고 있는 프로젝트이다. 이 프로젝트는 2021년 완료를 목표로 진행 중이다).

전기 발명과 같은 기술 발전은 가능성의 범위를 확장해준다. 생각하는 기계에 관한 연구는 1930년대에서 1950년대 사이에 성장했다. 그 시대의 중요한 선구자는 영국의 수학자인 앨런 튜링(Alan Turing, 1912~1954)이었다. 튜링은 2차 세계대전 당시 독일군의 암호 체계인 에니그마 해독으로 잘 알려진 인물이다. 그는 연합국이 암호화된 메시지를 해독할 수 있게 해주어 나치 독일과의 전쟁에서 승리하는 데 공헌했다. 영화 〈이미테이션 게임(The Imitation Game)〉은 그의 업적을 자세히 보여주고 있다. 하지만 그는 인간의 두뇌가 많은 부분에서 디지털 연산 기계와도 같다고 믿었던 인물이기도 했다. 따라서 컴퓨터가 스스로 생각할 수 있는 지능을 가질 수 있다고 믿었다. 1950년 그는 '연산 기계와 지능'이라는 제목의 논문을 발표했다. 이 논문에서 그는 이미테이션 게임이라는 테스트를 제안했고 오늘날 그것은 일반적으로 튜링 테스트라고 불린다. 테스트에서 인간 평가자는 두 상대와 대화를 나누는데, 하나는 기계이고 다른 하나는 인간이다. 평가자가 인간과 기계를 구분하지 못하면, 다시 말해 인간이 진짜 인간의 지능과 기계의 인공지능을 구분하지 못하면 테스트에 통과하는 것이다.

튜링이 '연산 기계와 지능'을 발표했을 때와 비슷한 시기에 또 다른 저명한 학자 클로드 섀넌(Claude Shannon 1916~2001)은 우리가 현재 당연하게 받아들이고 있는 컴퓨터와 인공지능에 획기적인 발전을 가져왔다. 섀넌은 미국의 수학자이자 정보 시대를 연 설계자 중 한 명이었다. 그렇게 잘 알려지지는 않았지만, 그의 획기적인 업적들은 우리가 정보에 대해 생각하는 방식을 바꾸었다는 점에서 앨버트 아인슈타인에 필적할 만한 것이었다.

섀넌은 정보를 가장 단순한 형태로 전송하는 방법에 관심이 많았고 그렇게 하기 위해서는 정보를 의미와 혼동해서는 안 된다는 사실을 깨달았다. 우리는 우리에게 정보를 보내는 사람이 의미한 그대로 정보를 받아들이는 경우가 거의 없다. 그 정보에 우리 자신의 감정을 더하게 되고 그 결과 메시지는 종종 바뀐다. 정보를 받아들일 때 맥락 또한 중요하게 작용하는 요소이다. 예를 들면 '아마존'이라는 단어는 아마존 본사가 있는 시애틀 사람이 듣는 것과 아마존강이 열대 우림의 중심을 이루며 전체 국가 면적의 70%를 차지하고 있는 브라질 사람이 듣는 것은 완전히 다른 의미로 받아들여질 것이다. 섀넌은 "의사소통에 있어 이러한 의미론적 측면은 공학적인 문제와는 무관하다. 중요한 점은 실제 메시지는 가능한 여러 메시지 중 선택된 하나의 메시지라는 것이다." 그는 원래 의도한 의미가 무엇인지 단서를 제공하는 일부 메시지를 이용해 정보가 전달되는 방법을 설명하기도 했다. 이를테면, 메시지가 1에서 100 사이의 숫자라고 말했다면 그다음 메시지에서는 그 숫자가 홀수라고 말해 주어 의미의 선택 범위를 절반으로 좁혀 주는 것이다.

섀넌은 의사소통에 엔트로피 개념을 처음으로 사용하기도 했다. 그리고 각각의 부분 메시지에서 정보는 수신자가 의미를 받아들이는 데 있어 얼마만큼의 불확실성을 해소해 주는지를 측정해주는 수단이 되어준다. 그렇게 해서 그는 정보 측정의 단위인 '비트'를 만들어냈다. 부분 메시지에서 1비트의 정보는 수신자에게 의미 선택 범위를 절반으로 줄여준다. 수신자에게 의미 선택 범위를 줄여주지 못하는 메시지는 0비트의 정보를 전달한 것이다. 이와 같은 섀넌의 정보 이론 덕분에 최초로 정보의 수량화가 가능해졌다. 정보와 정보의 성장률을 측정하는 것이 다른 것을 측정하는 것만큼이나 쉬워졌고, 정보 처리, 저장, 회수가 가능해졌다.

컴퓨터와 정보의 저장으로 더 많은 양의 정보 분석이 가능해지자 1956년 다트머스 대학의 워크숍에서 인공지능에 관한 연구가 시작되었다. 앨런 뉴웰(Allen Newell), 허버트 사이먼(Herbert Simon), 존 매카시(John McCarthy), 마빈 민스키(Marvin Minsky), 그리고 아서 사무엘(Arthur Samuel)이 최초의 참여자들이었고 그들은 AI 연구의 선구자가 되었다. 그들의 최초 연구 제안은 다음과 같았다. "이 연구는 학습의 모든 측면, 또는 지능의 특성을 기계가 모방할 수 있다는 것을 이론적으로 간단히 규명 가능하다는 추측을 기반으로 진행될 것이다. 기계가 인간만 할 수 있는 활동으로 여겨지는 언어 사용과 추상적 사고와 개념 형성, 문제 해결을 할 수 있도록 만들고 스스로 그 능력을 발전시키도록 만드는 법을 알아내기 위한 연구에 집중할 예정이다. 우리는 과학자들로 구성된 선발팀이 여름 동안 연구에 착수한다면 이 문제들 중 적어도 한 가지 이상의 분야에서 놀라운 진전이 있을 것이라 기대하고 있다."

이 과학자팀은 그해 여름 체커스(12개의 말을 쓰는 서양 장기 - 역자 주) 게임에서의 승리를 포함해 소기의 성과를 보여주었다. 1970년대 초반 전 세계적으로 자금 지원이 크게 확대되었다. 그러나 혁신의 속도는 선지자들의 기대에는 못 미치는 정도였고, 미국과 영국에서는 자금 지원이 중단되어 AI 연구는 처음으로 엄혹한 시기를 맞이하게 된다. 조금씩의 진전은 보였으나 디지털화 추세와 컴퓨터의 향상된 연산 능력으로 인해 그 발전 속도가 더디게 느껴졌고 1990년대 후반이 되어 인공지능 연구는 마침내 기사회생의 기미를 보이기 시작했다.

인공지능 분야의 많은 연구자가 특히 관심을 가지는 연구 분야는 우리의 두뇌가 작동하는 방식이다. 앨런 튜링은 인간의 대뇌 피질은 출생 시 '구조화되기 전의 기계'와 비슷하며 '훈련'을 통해 '범용 기계와 비슷하게' 구조화된다는 이론을 내놓았다. 만약 인간의 뇌가 컴퓨터처럼 학습한다면 컴퓨터 또한 인간의 뇌처럼 학습할 수 있다. 하지만 튜링의 생각이 옳았을까? 인간은 정말 확률을 좁혀나가면서 이해할까? 행동 과학과 머신 러닝, 심리학에서의 연구에 따르면 그에 대한 답변은 '그렇다'이다. 우리의 두뇌는 우리 감각에 입력되는 시시때때로 변화하는 정보를 기반으로 끊임없이 새로운 예측을 하고 있으며, 미래의 결과가 어떻게 나올지에 대한 확률을 계산하면서 베이즈 확률 기계처럼 작동한다.

그렇다면 베이즈 확률 기계란 무엇인가? 베이즈의 정리에 따라 작동하는 컴퓨터로, 그 이론을 정립한 토머스 베이즈(Thomas Bayes 1702~1761)의 이름을 따서 명명되었다. 베이즈의 정리는 이전의 정보를 기반으로 어떤 사건의 확률을 계산해 낸다. 내가 가장 좋아하는 예는 페드로 도밍고(Pedro Domingo)의 책 〈마스터 알고리즘(The Master Algorithm)〉에 등장한다. 책에서 도밍고는 태초에 어느 행성에서 오후에 기상하는 사람의 경우를 가정한다. 그는 해가 지는 것을 보며 해가 또 뜰 것인지 궁금해한다. 그 사람은 태양이 떠오르는 것을 본 적이 없어서 태양이 떠오르거나 떠오르지 않을 것이라 믿을 근거가 없다. 따라서 두 가지 시나리오, 즉 태양이 떠오르거나 떠오르지 않거나 둘 중 하나일 것이며 각각 50%의 확률이다. 매일 아침에 해가 뜨므로 그다음 날에도 해가 뜰 확률은 점점 높아지지만, 그 사람은 완전히 확신할 수 없으므로 100% 자신할 수는 없다. 이번에는 태초에 무작위의 사람이 아니라 당신이 지구에 살다가 밤에 낯선 행성으로 보내졌다고 상상해 보라. 다시 말해서, 당신은 사전 지식을 가지고 있다. 밤하늘의 별도 볼 줄 알고 태양계가 어떻게 작동하는지 알고 있다. 그래서 지구에서 어떠했는지에 대한 사전 지식을 가지고 있어 당신은 아침에 태양이 떠오를 확률이 50%가 아니라 2/3 이상이라고 예측할 수 있게 된다.

확률의 시작 값을 가지고 있고 확률값을 갱신할 수 있는 순환 주기가 충분하다면 베이즈 확률론을 활용해 어떤 문제도 해결할 수 있을 것이다. 이와 마찬가지로 컴퓨터도 이전의 확률값과 충분한 데이터, 지속해서 그 확률값을 조정할 수 있는 연산 능력만 있다면 어떤 문제든 해결할 수 있을 것이다. 즉, 반복을 통해 더 나은 답을 찾아 나가며 오류를 수정하고 가설을 개선하는 것이 바로 '지능'이다.

　세계에서 가장 오래된 보드게임인 바둑을 통해 이를 시험해 보자. 2,500년 전 중국에서 발명된 바둑은 여전히 2천만 명의 팬들이 있으며, 프로 기사 대항전도 열리고 있다. 바둑판에 바둑돌을 배치할 수 있는 경우의 수는 무려 10의 780제곱이라고 한다. 즉, 경기 포지션이 무수히 많아 경우의 수가 1에 780개의 0이 붙을 정도로 많다는 뜻이다. 2014년까지 AI 연구자들조차도 바둑의 복잡성과 바둑돌이 한 번 놓여질 때마다 알고리즘이 그것을 비교 분석해야 한다는 사실 때문에 최고의 인간 바둑 기사들이 미래에도 컴퓨터를 이길 것이라 믿었다. 그렇게 모든 경우의 수를 고려해 수를 분석해야 한다는 것은 컴퓨터에도 엄청난 계산 능력을 요구하는 활동이다. 그러나 2016년 구글의 딥마인트가 개발한 인공지능 바둑 프로그램 알파고(AlphaGo)는 역사적인 세기의 대국에서 세계 최고 프로 기사인 이세돌을 이겼다. 알파고의 프로그램은 딥러닝에 기반을 둔 것으로, 수천 명의 인간 아마추어와 프로 선수들의 경기를 이용해 '훈련되어' 있었다. 이 대국이 역사적일 수밖에 없는 이유는 컴퓨터가 최고의 바둑 기사를 최초로 이겼기 때문만이 아니라 알파고가 이기게 된 경위 때문이기도 했다. 2국 37번째 수에서 알파고는 다른 돌들과 동떨어져 있는 비어 있는 중앙에 검은 돌을 놓는 변칙적인 수를 두었다. 이 대국을 해설하던 세계 바둑 전문가들은 처음에는 알파고의 실착이라 생각하고 그 수를 무시했지만, 곧 그것이 실착이 아님을 깨달았다. 그것은 아주 탁월한 묘수였고, 알파고는 4대 1로 이세돌을 이겼다. 이후 전문가들은 그 수가 얼마나 창의적이었는지에 대해 언급하곤 한다. 인공지능이 창의적이라는 말을 들은 것은 이번이 처음이었고, 더구나 인간만이 할수 있다고 여겨졌던 분야에서 그런 평가를 받은 것이었다. 1년 후인 2017년 구글은 알파고를 100대 0으로 누르고 압승한 알파고 제로를 출시했다.

알파고 제로는 알파고보다 훨씬 더 강력할뿐만 아니라 인간의 경기들을 예시로 '훈련' 받을 필요도 없었다. 알파고 제로는 경기 규칙만 이해하고 나면 그때부터 스스로가 자신의 교사가 되어 수백만 번의 경기를 치르며 재강화 학습을 통해 매번 더 강력해졌다. 알파고 제로가 더는 인간 지식의 제약을 받지 않고 스스로 경기를 치르며 최고의 연구자들이 개발한 알파고를 넘어서는 데에는 겨우 3일이 걸렸고, 그 이후에도 계속 발전해 나갔다. 최고 실력자들을 능가하고 또 자기자신을 능가하면서 계속 그런 식으로 발전했다.

이것은 어떤 면에서 우리의 지능과 관계가 있을까? 제프리 힌튼(Geoffrey Hinton)은 우리의 뇌가 작동하는 방식을 알아내기 위해 오랫동안 연구해왔다. '딥러닝의 대부'라고 불리는 힌튼은 인지 심리학자이자 컴퓨터공학자로, 1990년대 초반 AI 연구의 두 번째 혹한기를 지나오며 지속적인 연구 자금 지원이 가능한 캐나다로 이주했다. 그는 현재 구글 연구자 겸 토론토 대학교에서 교수로 재직 중이다. 그전에는 두뇌의 계산 방식을 보여줄 수 있는 '신경생물학적으로 현실적이고 전산학적으로도 타당한 모델을 만들겠다'는 목표 하에 유니버시티 칼리지 런던에 개츠비 계산 신경과학 연구소를 설립하기도했다. 다층 신경망, 즉 인공 신경망에 관한 그의 연구는 머신 러닝이더 효과적으로 해결할 수 있는 폭넓은 문제들을 제시했다. 힌튼의 연구는 머신 러닝의 여러 분야에서 중요한 돌파구를 마련했다.

우리가 과거에 배운 내용에 새로운 정보가 더해져 축적되는 동시에 기술이 발전하면서 지식 정보는 기하급수적으로 확장했다. 곧, 아니 어쩌면 이미 그 성장 속도는 우리의 지성으로는 따라가기 힘들 만큼 너무 빨라져 있는지도 모른다. 우리는 기계보다 훨씬 뒤처져 기계의 뒤를 좇게 될지도 모른다. 그렇게 된다면 도대체 세상의 주인은 누가 되는 것일까?

제 7 장

누가 주인이 될 것인가?

주인의 요건은 무엇일까? 1993년 역사적인 연구에서 안데르스 에릭슨(Anders Ericsson)과 랄프 크램프(Ralf Krampe), 클레멘스 테쉬뢰머(Clemens Tesch-Romer)는 독일 음악 아카데미에서 가장 뛰어난 바이올린 연주자들과 피아노 연주자들이 스무 살이 되기 전까지 평균 1만 시간 이상 연습하는 모습을 보여주었다. 말콤 글래드웰(Malcolm Gladwell)은 후에 다양한 분야에서의 성공을 연구한 그의 베스트셀러 〈아웃라이어(Outliers)〉에서 1만 시간이라는 매직 넘버에 다시 주목했다. 왜 어떤 사람들은 최고의 숙련도를 달성하기 위해 혼신의 힘을 다해 연습하려고 할까? 글래드웰은 많은 경우 그것이 단순한 편향 때문이라는 사실을 발견했다. 그들은 어려서부터 그것을 더 잘했고, 어떤 경우에는 생일이 며칠 빠르다는 이유만으로 동갑 집단에서 다른 아이들보다 한 살 더 많아지는 경우도 있다. 이른 성공으로 인해 그들은 긍정적인 강화 효과로 더 많이 연습하기를 원하게 되는 것이다.

연습에 쏟는 시간이 정확히 몇 시간이어야 한다는 것에 대한 논란에도 불구하고 어떤 이들은 더 적은 시간 연습하고 어떤 이들은 더 많은 시간 연습한다. 그리고 더 많이 연습하는 사람이 항상 그 분야에서 최고가 되는 것은 아니다. 일반적인 원칙이 직관적으로도 수긍이 갈 것이다. '더 많이 연습할수록 실력은 더 좋아진다.' 당신의 생물학적 컴퓨터는 무언가를 연습할 때마다, 그리고 두뇌 신경망이 오류 수정 기능에 있어 중요한 역할을 하는 신경 세포와 시냅스 사이의 연결을 가속화하기 위해 스스로를 바꿀 때마다 예측하고 오류를 수정한다. 이렇게 강화된 신경 연결 통로는 뒷골목 자갈길이 아닌 고속도로를 달리는 것처럼 패턴을 훨씬 더 빨리 보고 그에 반응할 수 있게 된다. 에너지를 쏟아서 찾아야 보였던 움직임이 더 많은 연습과 패턴 강화를 통해 이제는 무의식적으로 보이게 되는 것이다.

몇 해 전 캘리포니아의 페블비치에서 열린 한 사교 행사에 참석한 일이 있었다. 페블비치는 최고의 스포츠 선수들과 비즈니스 리더들이 골프를 배우기 위해 모여드는 곳이다. 3일간 그곳에 머물면서 기억에 남는 한 가지는 거의 모든 뛰어난 선수들이 연습 시간에 대해 많은 대화를 한다는 것이었다. 대단한 일은 아니더라도 작은 동작의 반복과 같은 연습에 대해 아주 관심이 많았다. 그 중에서도 캘리포니아를 연고로 둔 풋볼팀 샌프란시스코 포티나이너스의 와이드 리시버였던 제리 라이스(Jerry Rice)는 단연 돋보였다. 그는 팀 동료들이 집으로 돌아간 비시즌 중에도 꾸준히 연습해 모든 경기에서 가장 좋은 성적을 낼 수 있었다고 말했다. 혼신을 다한 연습이 제리 라이스를 역사상 가장 훌륭한 와이드 리시버로 만든 것이다.

그런데 제리 라이스가 풋볼 경기장을 뛰쳐나와 엘튼 존처럼 피아노를 치거나 아인슈타인처럼 물리학을 연구한다면 어떻겠는가? 반복 연습은 두뇌에서 특정 부분의 연결을 확고히 해주는 대가로 다른 부분의 연결은 약화시킨다. 새로운 정보를 얻고 새로운 것들을 배울 수 없다는 뜻은 아니다. 하지만 두뇌에 기존에 인식된 패턴과 연결해주는 격자 뉴런이 없이는 완전히 새로운 것을 배우기는 어렵다. 이미 신경 세포의 연결이 강화된, 우리가 잘 아는 분야와는 달리 새로운 것을 배울 때 두뇌는 반복과 오류 수정을 통해 세포 간 연결망을 다시 형성해야만 한다. 그리고 바로 그것이 새로운 사고가 필요할 때 함정이 되기도 한다. 그래서 우리는 기존의 사고방식에 얽매이게 되기 쉬운 것이다.

기술의 힘

다시 바둑 이야기로 돌아가 보자. 바둑에서 1만 시간의 연습을 달성하기 위해서는 10년 동안 주 5일 하루에 4시간씩 투자해야 한다. 그 시간과 경기 경험이라면 그 사람은 많은 수와 수의 조합들을 보게 되겠지만 10의 780제곱 가지의 경우의 수에 비하면 새 발의 피일 것이다. 그 사람이 (실제로 그럴 가능성은 별로 없지만) 6초마다 수를 놓는다고 가정한다면 1만 시간 동안 6백만 개의 수를 놓게 될 것이다. 하지만 컴퓨터의 경우 (슈퍼컴퓨터가 아니라 오늘날 우리가 흔히 살 수 있는 일반 컴퓨터라도) 인간이 하나의 수를 놓는 것보다 더 짧은 시간 안에 6백만 개의 수를 처리할 수 있다.

인간이 똑같은 시간 안에 컴퓨터처럼 그렇게 많은 경기를 할 수 있다 치더라도 다른 문제가 존재한다. 인간이 기억하고 출력하는 능력의 한계이다. 〈실험 심리학 저널(Journal of Experimental Psychology)〉에 게재된 3천 명을 대상으로 한 연구 보고에서 연구자들은 참가자들에게 9·11 테러에 대해 질문했다. 당시 누구와 함께 있었는지, 몇 대의 비행기가 그 사건에 연루되어 있었는지, 그리고 9·11 테러에 대해 어떤 생각을 했는지에 이르기까지 다양한 질문을 던졌다. 그러자 사람들이 사건 직후 보고한 내용과 차후에 보고한 내용 사이에는 커다란 차이가 있다는 사실이 드러났다. 거의 40%의 사람들은 9·11 테러와 관련된 경험에 대해 부분적으로 부정확하게 기억하고 있었다.

우리는 모두 정확하지 못한 기억을 가지고 있다. 우리의 뇌는 모든 감각 기관이 받아들인 정보를 단기 기억부터 장기 기억까지 모두 통합하기 때문에 새로운 정보에 연결하기 위해서는 기존의 정보를 종합해 그 속에서 패턴을 찾아낸 후 필요한 부분을 그 정보로 메꾸려 한다. 지금 당신이 이 글을 읽거나 들을 때도 당신의 두뇌는 기억할 수 있는 것보다 훨씬 더 많은 정보를 받아들이고 있다. 이 책에 나온 글이나 개념 이외에도 당신의 뇌는 모든 감각 기관을 통해 냄새와 주변의 분위기, 온도, 촉감, 멀리서 들리는 새의 노랫소리, 색깔 등의 정보를 동시에 받아들이고 있다. 당신이 기억하는 것은 당신 스스로 만드는 서사를 강화해 주는 다른 기억이나 생각과 연계되어 있다. 새로운 것을 경험하는 매 순간 그 정보는 이전의 정보와 결합한다. 모든 정보를 저장하는 것이 불가능하기에 당신은 무의식적 혹은 의식적으로 중요한 정보와 관심을 기울여야 하는 정보를 선택하고 있다. 그 정보 중 일부는 추론과 의사결정을 위해 저장되는 작업 기억으로 이동한다.

작업 기억은 용량에 한계가 있다. 작업 기억은 일반적으로 7개에서 플러스 마이너스 2개의 아이템을 기억하는 용량인 것으로 알려져 있다. 숫자나 문자, 또는 다른 단위로 저장되어 있더라도 용량은 비슷하다. 예시를 통해 살펴보자. 다음의 문자와 숫자의 조합을 읽어 보라.

D729F58.
이제 37 × 42를 해보라.
이번에는 위의 것을 보지 말고 문자와 숫자의 조합을 기억해서 말해보라.

우리의 감각이 끊임없이 엄청난 양의 새로운 정보를 받아들이고 두뇌의 저장 용량은 제한되어 있으므로 두뇌는 우리가 저장하는 것을 단순화해서 가장 중요한 부분만을 기억한다. 정보가 우리 자신의 심성 모형과 맞아떨어지는 것처럼 보이면 우리는 그것을 중요한 정보로 간주하고 암호화한다. 정보를 단순화하는 과정에서 일부 선명한 세부사항들은 지워지거나 다른 기억들과 섞여서 부분적으로 부정확한 기억을 생성해낸다. 두뇌의 저장고에서는 과거의 경험이라는 필터를 사용해 뇌가 새로운 기억과 관련해 비슷하다고 생각하는 것들을 기억해낸다.

아마도 이와 같은 이유에서 뛰어난 결과를 얻기 위해서는 혼신의 노력을 다해야 하는 것이다. 연습은 완전한 숙련 상태에 도달할 때까지 이전의 잘못을 바로잡아준다. 더 많이 연습할수록 뇌에서 맞다고 인식하는 방향으로 움직이게 되고 그러한 과정은 무의식적으로 일어난다. 당신은 스스로 패턴을 보고 있다는 사실을 깨닫지 못한 채 패턴을 인식하고 있다. 그 이유는 유명 운동선수들과 많은 사람이 언급하는 몰입의 상태와 같이 이제는 패턴을 무의식 차원에서 인식하고 있어 의식적인 에너지는 더 중요한 활동이나 판단을 위해 쓰이고 있기 때문이다.

두뇌가 정보를 입력하는 속도는 스스로 판단하는 정보의 중요도에 따라 달라진다. 해당 정보가 다른 정보들에 비해 얼마나 더 중요한지에 달린 것이다. 그러한 유형의 기억의 단적인 예가 출산이나 사별이다. 경험이 더 생생하고 감정적일수록 뇌에 더 쉽게 각인된다. 하지만 이 경우도 다른 경우들과 마찬가지로 정확한 기억이 아닐 수도 있으며 그 기억이 반드시 우리에게 도움이 된다는 것도 아니다. 우리 각자가 바라보고 경험하는 세상은 다른 이들이 보고 경험하는 세상과 많이 다르다. 우리의 마음은 우리의 현실 감각에 들어맞는 것들을 찾아 그것의 타당성이나 가치에 대해서는 거의 아무런 의심 없이 지속해서 그 패턴들을 쌓아간다. 우리는 실제로 상대방이 '말하는 것'을 그들이 의미하는 바 그대로 듣거나 인지하지 않는다. 그보다는 이전에 각인된 정보의 여과 장치를 통해 그 말을 '듣는다'.

반면 컴퓨터는 이전의 사고에 얽매이지 않는다. 컴퓨터는 인간들처럼 저장된 정보에 감정을 더하지 않는다. 그들은 (인간이 그렇게 프로그램하지 않는 한) 편견에 관한 문제가 없다. 그들은 데이터를 받아들인 대로 정확히 출력한다. 충분한 데이터나 게임의 규칙이 입력된 상태라면 컴퓨터는 인간처럼 극히 일부의 표본만 파악하는 데 그치지 않고 모든 조합과 상호 미치게 될 영향까지 파악할 수 있다. 하지만 인공지능이 초인적인 지능으로 여겨지는 부분은 인간이 효율성을 높이려면 더 시간을 단축할 방법을 찾아야 하는 것과는 달리 컴퓨터는 대량의 패턴 인식과 오류 수정이 가능하다는 것이다. 데이터의 양과 계산 능력만 충분하다면 컴퓨터는 수십억 건의 시뮬레이션을 동시에 진행할 수 있으며 이전 게임에서 한 실수를 하나도 잊지 않은 채 각각의 시뮬레이션에서 새로운 것을 배울 수 있다. 그리고 한 번 학습한 내용에 대해서는 절대로 싫증을 내거나 잊어버리지 않는다.

그러므로 충분한 데이터와 계산 능력, 저장 장치가 있다면 인간이 해결할 수 있는 거의 모든 문제를 컴퓨터가 더 잘 해결할 수 있게 될 것이라는 가정도 무리는 아니다.

미래의 인공지능

인공지능이 다양한 업계로 퍼져나가면서 인류가 얻게 되는 이득은 놀라우리만치 크다. 하지만 인공지능이 새로운 기술을 습득하게 되면 아주 낮은 비용으로도 그 일을 더 잘하게 될 것이므로 인간들의 일자리는 위기를 맞게 될 것이다. 컴퓨터가 새로운 기술을 배울 때마다 더 다양한 지식이 세계의 지식 그래프에 추가될 것이고 그 기술은 거의 공짜로 어디에든 적용이 가능해진다. 그로 인해 인공지능이 모든 분야에서 인간의 지능보다 우월해지는 혁신은 훨씬 더 가속화된다.

많은 사람은 이러한 예측을 의심스러워할 것이다. 왜냐하면, 현재로서는 인간이 컴퓨터보다 일반화에 훨씬 능숙하며 한 가지 분야에서 패턴을 가져와 다른 분야에 적용하는 데 더 우월한 능력을 발휘하기 때문이다. 지금으로서는 인간이 다양한 분야에서 학습한 내용을 그와 유사한 새로운 분야에 적용하는 데 여전히 컴퓨터보다 월등히 우월하다. 이세돌과의 바둑 경기에서 승리한 컴퓨터 프로그램이 자동차를 운전할 수는 없다. 그리고 자동차를 운전하는 컴퓨터 프로그램이 TV 퀴즈쇼에서 승리할 수는 없다. 오늘날의 머신 러닝은 좁은 의미의 AI로 이루어져 있다.

하지만 좁은 의미의 AI가 충분한 정보를 보유하고 있을 때 특정 분야에서 인간을 이길 수 있다면 모든 분야에서 각각의 좁은 의미의 AI가 만들어진다면 어떻게 될까? 많은 수의 좁은 의미의 AI가 한데 결합해 우리가 인간만이 특별히 할 수 있다고 여겼던 일들을 전혀 그렇지 않은 것으로 만들어버릴 수 있을까? 사실 오늘날 우리의 일자리와 경제가 건설된 방식이 그러하지 않았는가? 우리는 전문적인 지식을 가지고 일을 하고 보수를 받는다. 그리고 특화된 분야에서는 최고 실력자나 전문가들에게 가장 많은 보수를 준다. 비즈니스, 스포츠, 음악, 그리고 거의 모든 분야에서 최고 실력자들은 보통 사람들보다 몇십 배에서 몇백 배 더 많은 돈을 번다. 최고가 되겠다는 의지는 경쟁과 학습을 부추기고 그 자체가 숙달의 경지에 도달하기 위해 수년 동안 혼신의 노력을 다하게 만드는 동력이 된다. 그러나 컴퓨터가 어떤 분야에서 최고의 자리를 장악하게 되면 그 분야에서 최고 실력자가 되어 금전적 보상을 받겠다는 동기도 줄어들기 마련일 것이다. AI가 일상적으로 훨씬 더 좋은 결과물을 낼 수 있는 어떤 일에 숙달하기 위해 굳이 인생 전체를 바쳐야 할 이유가 있을까? 알파고 제로가 사흘 만에 모든 인간 경쟁자들을 물리치고 이후로도 계속 발전을 이어간다면 인간 바둑 챔피언의 지위는 과연 무슨 의미가 있을까?

현재 이 추세가 얼마나 빠르게 가속화하고 있는지 간과해서는 안 된다. 최초의 호모 사피엔스는 30만 년 전에 출현했다. 쓰기를 가능하게 만든 알파벳은 약 3,000년 전에 발명되었다. 그리고 인쇄술은 약 600년 전에 발명되었다. 기계식 컴퓨터를 최초로 (만든 것이 아니라) 고안한 것은 170년 전이었다. 인공지능과 관련된 최초의 아이디어는 70년 전 처음으로 논의되었다. 체스 그랜드 마스터를 최초로 이긴 AI는 23년 전 개발되었다. 최초로 TV 퀴즈쇼에서 승리한 AI는 8년 전에 등장했다. 바둑 챔피언을 이긴 AI가 등장한 것은 3년 전이었다. AI의 성장은 이제 1년이나 10년, 100년 단위가 아니라 한 달, 혹은 며칠 단위로 측정될 정도로 빠르다. 앞으로는 몇 분이나 몇 초 단위로 측정될지도 모른다.

핵심은 인간과 기계의 차이가 조합의 문제에 있다는 것이다. 인간은 보거나 반응해야 할 정보가 너무 많다. 반면 딥러닝 알고리즘에 따라 작동하는 컴퓨터는 아주 유리하다. 물론 초반에는 AI도 오늘날 인간들처럼 실수를 할 것이다. 하지만 인간이 가늠하기 힘들 정도의 빠른 속도로 오류를 수정해 나갈 것이다.

모든 플랫폼은 좁은 의미의 인공지능을 이용해 알파고 제로와 비슷한 방식으로 문제를 해결하며, 그 덕분에 사용자들에게 큰 가치를 제공할 수 있는 것이다. 아마존은 AI가 없었다면 각각의 개성 있는 고객들 앞에 5억 개의 상품 중 어떤 상품들을 보여줄지 선택하기 어려웠을 것이다. 구글은 수 조에 달하는 웹 페이지들을 그와 비슷한 AI를 이용해 분류한다. 앱스토어에서 수백만 개의 앱 중에 원하는 것을 찾고 유튜브가 당신이 관심을 가질 만한 동영상들을 추천하는 것도 동일한 방식이다. 그렇다면 다음 타자는 어느 분야가 될까? 의료 분야가 되지 않을까?

신체 정보의 디지털화

신체와 그것에 영향을 미치는 요소, 즉 유전자 구성에서부터 환경, 먹는 음식, 장내 미생물, 운동 패턴 등은 모두 정보로 간주되어 디지털화할 수 있다. 다양한 정보가 입력되면 인간의 지능이 제대로 파악하기에는 조합 결과의 경우의 수가 너무 많아진다. 인간은 변화가 일어나는 부분들(그런 부분들은 아주 많다)을 모두 볼 수 없으므로 일반화하게 되며, 그 결과 중요한 단서를 놓치게 된다. 오늘날 약이 시장에 출시되는 과정을 한번 보자. 신약 연구와 시험을 위해 수십억 달러가 투자된다. 그들 중 많은 수는 임상 시험이나 사용 승인을 받고 난 뒤에도 의도치 않은 결과를 나타내기도 한다. 우리 각자는 모두 달라서 인간과 약 사이에 일어나는 상호작용이 사람마다 다르게 나타나기 때문이다.

그렇다면 사람은 개인 별로 얼마나 다른 걸까? 예로 당신의 게놈을 살펴보자. 인간 게놈의 전체 염기 서열(인간의 전체 DNA)은 2003년에 최초로 밝혀졌다. 인간의 게놈은 가능한 4개의 염기 조합으로 이루어져 있는 약 30억 개의 염기쌍으로 구성되어 있다. 염기쌍들은 모든 세포의 핵 안에 있는 23쌍의 염색체에 존재한다. 각 염색체는 단백질을 합성하는데 필요한 정보를 포함하고 있는 수백 개에서 수천 개의 유전자를 가지고 있다. 유전자는 인간을 만들고 작동시키는 지침서라 할 수 있다. 그러나 너무 분량이 방대하고 내용이 복잡해서 당신은 절대로 완전히 이해할 수 없는 지침서다. 가능한 조합들과 조합 간의 상호작용은 인간의 지능으로 이해할 수 있는 것보다 더 많다. 그리고 운동, 환경, 음식, 복용 약과 같은 다른 입력 정보들은 그것을 더 복잡하게 만들기만 할 뿐이다. 바둑 경기와도 비슷하다. 전체 '수'의 일부만을 보고 배운 패턴을 강화하느라 의료 종사자들과 우리는 얼마나 많은 '수'를 놓치고 보지 못하고 있겠는가?

당신은 애플워치를 가지고 있는가? 있다면 당신은 우리가 미래에 이용하게 될 의료 서비스의 한 형태를 손목에 차고 다니는 것이다. 애플의 시계는 이미 심장 박동 수와 심전도 정보, 운동 패턴, 수면 패턴 등의 정보를 수집하고 있다. 애플워치는 심장 박동의 이상이나 심박수 상승을 감지해 이미 수많은 사람의 목숨을 구했다. 심장 박동 데이터뿐만 아니라 수면 패턴, 운동 패턴과 관련된 정보도 수집해 건강을 증진하는 데 이용할 수 있다. 게놈 정보에서부터 애플워치 데이터와 구글 검색에 이르기까지 건강 데이터는 다른 많은 분야에서 우리가 본 것과 같이 인공지능이 건강 분야에서도 커다란 도약을 할 수 있게 해주는 디지털 엔진 개발의 시발점이라 할 수 있다. 다른 많은 분야에서의 정보 입력은 중요한 데이터의 지속적인 흐름을 도와 인공지능이 더 빨리 발전하도록 돕는다. 그 결과 의료 분야에서도 훨씬 더 훌륭한 결과를 낳게 되고 그것이 다시 더 많은 데이터의 흐름을 만들게 된다. 현재 우리가 보유하고 있는 데이터의 수집 양은 의료 분야를 확실히 바꿀 수 있을 만큼 충분치는 못하다. 하지만 지금도 이미 내 주치의가 가지고 있는 실시간 데이터보다는 훨씬 더 많은 데이터를 보유하고 있는 것이 사실이다.

만약 애플이 나의 DNA를 디지털화해서 나의 체격 조건, 수면 등 기타 건강 관련 자료와 결합하기 위해 그런 서비스를 제공하는 거라면 어떻겠는가? 애플 네트워크의 개인 정보 보호 방침을 믿는다면 나는 그 서비스가 제공해주는 잠재적 혜택 때문에 내 건강 관련 자료를 애플에 기꺼이 넘길 것이다. 더 많은 데이터가 추가될수록 나의 건강 증진에 도움이 되는 피드백 루프가 생성되므로 내 자료를 제공한 뒤 나는 모든 데이터를 함께 처리하기 위해 AI에 접근할 때마다 아마 내 진료 기록과 투약 기록을 추가하게 될 것이고, 그 결과는 건강 증진이라는 특별한 혜택으로 되돌아올 것이다. 이 모든 과정은 건강관리 통합 플랫폼을 통해 이루어질 것이다.

이 새로운 건강관리 플랫폼은 오늘날 다른 플랫폼들처럼 동일한 이유로 독점이 될 가능성이 크다. 사용자에게 주어지는 혜택은 무시할 수 없을 만큼 크고 정보의 통합은 그 혜택을 계속 증가시키기 때문이다. 한 가지 궁금증이라면, 건강 데이터 독점을 구글이 하게 될지, 아마존이나 애플, 혹은 업계에서 이미 빠른 행보를 보이는 또 다른 플랫폼 중 하나가 될지, 그도 아니라면 데이터 수집을 빠르게 확장할 수 있는 충분한 자원을 보유한 새로운 주자가 등장할지가 궁금할 뿐이다. 이 경우에도 역시 구글 무료 검색처럼 네트워크 효과와 데이터의 이점은 사회에 놀라운 혜택을 제공하게 될 것이다. 이는 우리의 건강을 증진시키고 의료비 부담을 줄여줄 것이며, 방대한 정보를 통합할 수 있는 능력을 보유한 몇몇 기업들에게 아주 희소식이 될 것이다.

그러나 이 역시 고용 시장에는 나쁜 소식이 될 것이다. 그 이유는 정보의 비대칭성으로 인해 시스템 내의 소모적인 부분에 많은 일자리가 존재하는 것을 보면 알 수 있다. 당신이 여러 명의 의사에게 진료를 받는 것을 생각해 보라. 가정의학과, 방사선과, 소화기내과 전문의 등 다양한 전문의를 찾아가 진료를 받는다. 그들은 각자 자신의 보조 간호사들과 당신에 관한 일부 정보를 가지고 있을 뿐이다. 진료를 받을 때 반복적인 통원과 더욱 세분화된 진료, 그리고 종종 발생하는 오진은 모두 전체 의료 예산에 포함되는 것이다. 인공지능이 그러한 낭비를 줄이고 사회에 더 많은 혜택을 줄 때, 시스템적으로 소모되는 부분을 제거함으로써 발생하는 부작용은 의료 분야의 일자리 수가 감소하는 것이다. 의료 분야에 연간 3조5천억 달러 이상을 지출하고 의료비가 미국 GDP의 19%를 차지한다는 것은 아주 많은 일자리를 의미하는 것이다.

그와 관련된 사례로, 폐암 검사를 위한 3D 딥러닝 모델이 개발됐다는 내용의 2019년 5월 〈네이처 메디슨(Nature Medicine)〉지에 실린 기사를 살펴보자. 하나의 이미지를 비교할 때는 딥러닝 모델이 허위 양성 진단을 11% 줄이고 허위 음성 진단을 5% 줄이며 여섯 명의 방사선 전문의의 능력을 능가했다. 이 연구 논문의 공동 저자인 모지야르 데테마디 박사는 "3D AI가 인간이 육안으로 2D 이미지를 보는 것보다 초기 폐암을 진단하는 능력이 훨씬 더 예리할 수 있다. 사실 엄밀히 말하면 '4D'에 가깝다고 볼 수 있다. 왜냐하면, AI는 한 장의 CT 스캔 사진만을 보고 있는 것이 아니라 두 장(현재의 것과 이전의 것)을 동시에 보고 있는 것이나 마찬가지이기 때문이다." 그리고 현재 AI의 현실이 폐암 진단에 있어 이미 전문의를 능가하고 있다면 내년에는 얼마나 그 능력이 향상될까? 그렇다면 후년에는 어떨까? 데이터 양도 훨씬 더 많아지고 오류 수정 능력도 더욱 향상되지 않을까? 기술은 질병의 조기 진단으로 수많은 생명을 구할 수 있는 잠재력을 가지고 있다. 또한, 수많은 방사선과 전문의의 일자리를 빼앗을 잠재력도 가지고 있다. 스스로에게 물어보라. 당신이나 당신 가족의 건강이 위태로운 상황이라면 비용이 더 저렴하고 더 효과적인 쪽을 선택하겠는가, 아니면 더 비용이 많이 들지만 의사들의 자리가 보호받는 쪽을 선택하겠는가?

초기의 많은 예를 살펴보면, 인공지능이 홀로 작동할 때보다 인간과 결합했을 때 더 좋은 결과를 보여준다는 것은 사실이다. 실제 바둑 경기를 그대로 따라 하며 여러 명의 AI 연구자의 연구를 거쳐 수년 동안 개발된 최초 버전의 알파고가 그 좋은 예라 할 수 있다. 그래서 일각에서는 인간이 AI와 함께 일하는 시나리오를 예상하고 일자리가 충분할 것으로 생각한다. 당분간은 인공지능을 훈련하고 오류를 수정해야 하므로 인간이 필요하리라는 예상에는 나도 동의하지만, 과도기가 지나도 계속 그럴 것으로 보이지는 않는다. 우리는 인공지능이 우리보다 더 '똑똑해질' 때까지 인공지능의 오류를 수정할 것이다. 따라서 단기적으로는 일자리가 많아질 수도 있겠지만 'AI를 훈련하는' 직업들은 AI가 한 단계 높은 수준의 지식을 가지게 되면 서서히 줄어들 것이다. 알파고가 등장한 지 겨우 1년 만에 사람의 도움이 필요 없고 100회의 게임에서 모두 승리한 알파고 제로가 등장한 것을 잊지 말아야 한다. 그것이 현재 가능한 일을 보여주는 단적인 예이다.

AI 경쟁

AI의 발전이 단순한 계산 능력의 향상은 아니다. 우리는 컴퓨터로 분석해 데이터 세트에서 필요한 데이터를 수집하고 그것을 다시 훈련 데이터 세트를 만드는 데 사용하는 변곡점에 놓여 있다. 현재 세계에서 가장 잘 나가는 기업들은 모두 네트워크 효과를 누리고 있는 데이터 기업들이다. 기업이 성장할수록 더 많은 데이터를 보유하게 되고 그 결과 더 좋은 시스템을 구축한다. 그들은 방대한 양의 데이터 세트들이 결합해 놀라운 결과를 만들어내는 데이터 독점 기업을 만들어내고 있다. 데이터의 양이 많아질수록 데이터 흐름의 속도도 더 빨라지며, 인공지능이 더 똑똑해질수록 그 결과물은 더 훌륭해진다. AI 분야의 최고 연구자들은 실험 속도가 그만큼 빨라진다는 이유로 이런 데이터 세트를 많이 보유하고 있는 기업들을 선호한다. 우리의 데이터를 보유하고 있는 주체들은 거대한 데이터 세트를 구축하고 있으므로 궁극적으로 세계를 지배하게 된다.

이것이 바로 현재 실제로 벌어지고 있는 경쟁이다. 범위와 규모 면에서 지정학적인 경쟁이라 볼 수 있다. 2017년 블라디미르 푸틴 대통령의 발언에도 AI 경쟁의 현실이 그대로 드러나 있다. "누구든 이 영역을 선도하는 자가 세계를 지배하게 될 것이다." 이 경쟁에서 승리하기 위해 대규모로 투자하고 있는 것은 기업들뿐만이 아니다. 국가들 또한 그러하다.

최근 세간의 관심을 집중시킨 각국 정부들 사이에서 벌어진 사건들의 뒤에는 AI 분야에서 우위를 차지하려는 경쟁이 숨어 있는지도 모른다. 미국 정부가 중국의 화웨이와 화웨이 고위 간부들을 상대로 지적 재산권 탈취 및 제재 위반으로 고소한 화웨이 사건도 AI 경쟁의 단서라 할 수 있다. 화웨이가 데이터 흐름을 점유하기 위해 기반 시설의 중추를 구축하려는 야심을 가지고 있다는 것은 이미 알려진 사실이다. '완벽히 연결된 지적인 세상 구축'이라는 그들의 구호는 그 야심을 분명히 드러내고 있다. 더 신속한 의사소통을 가능하게 해주는 5G 네트워크에서 주도권을 선점한다는 것은 화웨이를 비롯해 어느 기업에게든 데이터 수집에 아주 유리한 위치를 점하게 된다. 5G의 진정한 혁명은 현재 많이 사용하는 4G 네트워크에 비해 속도가 20배 빠르다는 이점 이외에도 더 넓어진 대역폭 덕분에 더 많은 데이터를 주고받을 수 있다는 데 있다.

미국의 주장이 사실이라 하더라도 그렇게 위험한 행보를 보이는 부차적인 이유는 경쟁자의 속도를 늦추게 하기 위함이다. 비즈니스 세계에서 사용하는 진부한 전략은, 경쟁자를 상대로 소송을 제기해 그들이 그에 대응하느라 발전 속도가 늦어지는 틈을 타 자신들은 주요 시장 점유를 위해 계획을 세우는 것이다. 사건의 진위나 결과를 떠나서, 미국이 전략 시장이라고 생각하는 곳에서 화웨이가 선도적인 위치에 있는 것으로 판단되는 시점에 미국이 이러한 행보를 보이는 것은 이해가 가는 부분이다.

중국은 더 빠른 속도의 데이터 수집이 가능한 많은 인구와 국가 통제로 인해 인공지능 경쟁에서 우위를 점하고 있는지도 모른다. 중국 정부는 데이터 세트를 수집 및 감시하겠다고 할 수 있으며 국민은 그에 대해 별로 발언권이 없을 것이다. 인권을 침해하게 될 가능성이 있는 큰 변화에 대해 유권자들의 동조를 끌어내야 하는 민주주의 국가들과는 달리 중국 정부는 국민의 허락을 구하지 않고 전면적인 개정을 단행할 수 있기 때문이다. 그에 해당하는 사례로 중국의 사회 신용 체계(social credit system) 제도가 있다. 중국 국무원이 2014년에 발표한 사회 신용 체계 제도는 쉽게 말해 '신용이 건실한 사람은 하늘 아래 어디든 활보하고 다닐 수 있지만, 신용 불량자는 한 발자국도 나가지 못하게 한다'는 계획이다.

사회 신용 체계 제도는 다음과 같이 작동한다. 모든 중국 국민은 공개 기록으로 점수를 부여받는다. 교통 법규 위반, 채무 불이행, 불량품 판매 등 나쁜 행동에는 점수가 깎이며, 기부나 헌혈 등 좋은 행동을 하는 경우 추가 점수를 받는다. 애초에 이 제도를 정부 고위급 인사들을 대상으로 도입하는 것은 나쁘지 않아 보였다. 국가 공무 수행에서의 부정을 감시하고 상업적, 사회적 진실성을 장려하기 위한 목적으로 말이다. 하지만 이런 제도는 오류와 조작을 할 수 있는 빈틈이 어디에 있는지 쉽게 보인다. 제도의 기준이 보편적이지 않으며 상호 연계되어 있지도 않다. 어떤 지역에서는 음악을 너무 크게 듣는 것도 감점 요인이다. 또 다른 지역에서는 도로 무단 횡단이나 비디오 게임을 하는 것도 감점 요인이다. 중국에서는 공산당에 어떤 형태로든 반대 의사를 제기하는 경우 불리해질 수 있다. 사회 신용 체계 제도는 이미 12개 지역에서 시행 중이고 2020년부터는 전국적으로 시행한다고 공표한 바 있다. 12개 지역에서는 2018년 말까지 이 제도로 인해 이미 540만 명의 사람들이 고속 열차로 여행하는 데 제한을 받았고 1,700만 명이 비행기를 타지 못했다.

한번 시스템을 구축하고 나면 정부 권한으로 작동하는 인공지능 디지털 감시 시스템을 통해 국민에 대해 얼마나 막대한 권력과 영향력을 행사할 수 있게 되는지 알 수 있다. 다른 데이터 세트의 추가도 조속한 지시로 가능하다. 메신저, 웹사이트 방문 기록, 안면 인식, 진료 기록, 그리고 그 밖의 다른 형태의 상호작용 정보들이 조지 오웰이 말한 전체주의의 절대 통제를 실현하기 위해 한데 꿰어질 수 있다. 인공지능이 전체 인구를 통제하고 있다면 그 기계는 누가 통제하고 있는가? 인공지능을 통한 데이터 통제는 사실상 거의 절대적인 또 다른 종류의 권력을 낳게 되기가 쉽다. 영국의 역사가였던 존 달버그 액턴이 남긴 명언과 같은 상황이 발생하는 것이다. "권력은 부패한다. 그리고 절대 권력은 반드시 부패한다."

미국에서는 현재 구글이나 아마존 같은 기술 기업들이 거머쥐고 있는 독점 권력을 해체하라는 요구가 쉬울지 몰라도 그렇게 하는 것이 오히려 실질적으로 안 좋은 결과를 초래할 수도 있다. AI 분야에서 선두 자리를 차지하려는 경쟁은 본질적으로 지정학적인 성격을 가지고 있어, 독점 규정 때문에 미국 기업의 인공지능 개발 노력을 늦추게 하는 것은 중국, 러시아 등 다른 나라에 AI 개발의 선두 자리를 내주는 꼴이 될 수 있기 때문이다.

벤 괴르첼과 많은 AI 연구자가 꿈꾸는 AI의 미래는 조금 다르다. 벤은 기업이나 정부가 AI를 통제한다면 위험성이 높아진다고 믿고 있다. 한 조직이나 정부의 목표는 전체 인구의 목표와는 아주 다를 수 있어, 그 혜택이 소수의 사람에게만 돌아갈 것이라는 분석이다. 그는 오랫동안 범용 인공지능이 인간보다 훨씬 더 윤리적이고 동정심을 베풀 수 있는 잠재력을 가지고 있다고 주장해왔다. 그러나 여전히 인공지능을 만드는 인간이 동정심과 긍정적 자각을 더 키운다면 많은 혜택을 주는 범용 인공지능이 탄생할 가능성은 더 커진다. 벤의 회사인 싱귤레리티넷(SingularityNET)은 AI에 대한 접근 권한을 분산해 모든 사람이 그 혜택을 누릴 수 있게 만드는 것을 기업 목표로 삼고 있다. 나는 운이 좋게도 벤과 함께 맥주를 마시며 이런 이야기를 나눌 수 있었고, 어떤 기업이나 정부가 많은 권력이 집중될 수 있는 수단을 지배하도록 허락하는 것의 위험성에 대해 나 역시 공감하고 있었다. 오픈 AI(연구를 대중에 공개함으로써 인류에게 이익을 주는 것을 목표로 하는 비영리 인공지능 연구 기업 - 역자 주) 계획을 실현할 수 있도록 도움을 준 일론 머스크와 레이드 호프만을 비롯해 다른 많은 이들 또한 같은 생각이다. 오픈 AI의 목적은 '안전한 범용 인공지능을 개발해 그 혜택이 가능한 많은 사람에게 널리 공평하게 주어지도록 만드는 것'이다.

하지만 이 오픈 AI 계획은 칭찬받아 마땅한 것임에도 불구하고 그들에게 불리한 점은 데이터 양과 속도 부족으로 기계의 학습 속도에 장애가 된다는 것이다. 모든 주요 플랫폼 기업에게 가장 중요한 것은 구글 검색에서부터 알렉사(아마존에서 개발한 인공지능 플랫폼 - 역자 주) 질문이나 인스타그램 사진에 이르기까지 당신이 자신의 정보를 무료로 주고 싶게 만드는 상품이나 서비스이다. 그러면 플랫폼은 상품이나 서비스를 당신에게 더 효과적으로 판매하거나 당신의 정보를 광고주에게 판매하는 등 당신의 정보를 여러 가지 방법을 통해 수익으로 전환한다. 그러는 동안 플랫폼은 엄청난 양의 데이터의 이점을 활용해 그들의 서비스를 점점 더 향상시킨다. 당신의 정보를 제공하는 것이 서비스의 놀라운 혜택을 누리는 것에 대한 작은 대가인 것처럼 느껴질 수도 있다. 하지만 그 자체가 오픈 AI 계획을 진행하는 데 있어 문제가 되고 있다. 사기업들이 더 나은 상품 개발을 위해 데이터를 확보하려는 목적으로 상품이나 서비스를 나누어주는 경제적 보상이 문제가 되는 것이다. 데이터 수집에 핵심적인 역할을 하는 놀라운 상품이나 서비스가 없이 오픈 AI 계획이 발전 탄력을 받게 되기는 힘들 것이다. 사용자들을 유혹할 미끼가 없이는 데이터 수집이 느려지거나 데이터의 가격이 훨씬 더 비싸진다. 그 결과 사용자들은 더 구미가 당기는 차선을 선택하게 될 것이고 그것은 아마 상업적인 기업이 될 가능성이 크다.

인류의 한 종으로서 우리 지성의 근간에는 과거에서부터 지금까지 집단적 정보의 성장이 존재한다. 역사를 통틀어 모든 정보가 옳았다는 말은 아니다. 과거에도 그랬고 지금도 여전히 잘못된 정보는 많다. 우리가 가지고 있는 정보의 오류를 수정함으로써 과학과 발견의 세계가 열렸고, 그로 인해 우리가 현재 당연하게 받아들이고 있는 많은 발전을 이룰 수 있었다. 각 순환 주기가 반복되면서 기하급수적으로 더 많은 정보와 지식을 탄생시켰다. 정보와 지식의 범람이 이제는 컴퓨터로 옮겨간 것은 논리적으로 타당한 일이다. 방대한 데이터 세트 중에서 인간보다 더 빨리 패턴을 '알아보고' 정정하는 컴퓨터의 능력 덕분이다. AI의 빠른 성장은 '지능' 피라미드의 최상단에 위치한 인간이 곧 그 자리에서 내려와야 함을 의미한다. 양자컴퓨팅 기술 업체인 D-웨이브 시스템즈의 공동 창업자인 조디 로즈(Geordie Rose)는 몇 년 전 내게 이렇게 물었다. "만약 당신이 스타트렉에 나오는 안드로이드인 데이터를 채용할 수 있다면 인간의 직업 중 현재와 미래에 살아남을 직업이 있을까요?"

이 질문은 인간 진화의 논리적인 다음 단계가 무엇인지 고민하게 만든다. 나는 개인적으로 인공지능이 언젠가 세상을 지배하게 되는 것을 걱정하지는 않는다. 새로운 슈퍼 인공지능을 잘못 사용하거나 잘못 이해했을 때 따라올 수 있는 위험 요소들이 없다는 뜻이 아니다. 그 위험 요소 중 일부는 이미 우리 눈 앞에 펼쳐지고 있다. 이를테면 한 국가나 한 기업이 인공지능을 지배하면서 몇몇 사람만이 막대한 권력을 거머쥐고 나머지 사람은 그 권력의 볼모가 되는 상황이다. 하지만 우리가 우리의 뇌를 확장하게 될 가능성이 더 크다. 책이 우리의 '지능'을 엄청나게 높이고 세계를 더 잘 이해할 수 있는 능력을 줘서 우리의 정신을 확장한 것처럼 그다음 단계로 가능한 것은 정신과 기계의 통합이 될 것이다. 두뇌와 컴퓨터의 인터페이스를 확장하는 연구가 빠르게 진행되고 있으며, 많은 사람은 그들의 '지능'을 급속도로 확장할 수 있는 길을 주저 없이 선택할 것이다. 일론 머스크는 최근 로봇에 대해 "로봇을 이길 수 없다면 그들에게 합류하라"고 언급하기도 했다.

그러나 우리가 좋든 싫든 이미 세상은 이전 상태로 되돌아갈 수 없다. 다음의 네 가지는 우리가 받아들여야 할 사실이다. 1) 오류 수정은 우리의 모든 '지능'의 본질이다. 2) 정보는 급속도로 성장하고 있다. 3) 그 정보는 인간의 두뇌보다 더 빠르게 지식을 얻고 오류를 수정할 수 있는 컴퓨터로 이양되고 있다. 4) 인간의 모든 직업은 우리 지능의 작용이다.

모든 직업이 우리 지능의 작용이라면 컴퓨터가 우리의 지능을 이기면 어떤 직업이 안전할 수 있을까? 이런 사실들을 감안하면 전체 경제가 일자리를 중심으로 설계되어 있고 우리 사회를 운영하는 데 지금보다 훨씬 더 적은 인력이 필요하게 될 것이므로 사회 붕괴는 불 보듯 뻔하다는 결론에 이르게 된다. 만일 우리가 근본적인 문제를 계속 은폐한다면 사회 분열과 양극화가 불가피할 것이다. 우리가 만든 인공지능을 통해 이 문제를 시기적절하게 해결하는 방법을 배울 수 있을까? 우리는 한 발 더 앞으로 나아가 풍요로운 새 시대를 맞이할 수 있게 될까?

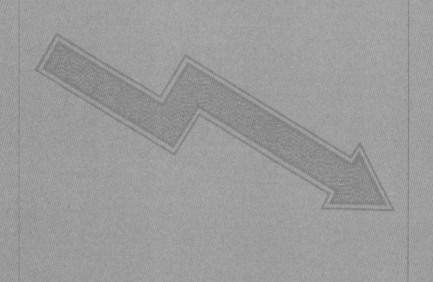

제 8 장

우리 vs. 그들

"사람들이 어떻게 그렇게 빨리 변하는지 믿을 수 없었어요."

알렉스 모세비치는 유고슬라비아 연방 시절 사라예보의 한 넉넉한 중산층 가정에서 자랐다. 1984년 동계 올림픽 개최지였던 사라예보는 10년 후 전쟁으로 완전히 폐허가 되었다. 알렉스는 옷 몇 벌 외에는 아무것도 가진 것 없이 영어도 한마디 못하는 채로 캐나다로 피난을 왔다.

나는 알렉스가 캐나다에 와서 몇 년이 지난 후 그가 우리 회사에서 일하고자 찾아왔을 때 그를 알게 되었고, 우리는 금방 친해졌다. 그는 자신의 어린 시절 이야기를 들려주었다. 그의 부모님은 좋은 직업을 가지고 있었고 그는 유복한 환경에서 아주 행복한 생활을 했다고 했다. 알렉스는 보스니아 정교회 신자였고, 다른 종교를 믿는 친구들과도 어울렸다. 아이들은 거리에서 뛰어다니며 놀았다. 그 당시의 알렉스에게 삶은 멋진 것이었다. 그는 이렇게 말했다. "모든 것이 하루아침에 바뀌었지요."

사람들은 종교로 분열되기 시작했다. 종교는 알렉스와 그의 친구들도 분열시켰다. 1992년 전쟁이 발발했을 당시, 알렉스의 가족은 어느 편에도 가담하지 않고 집에 머물러 있기만 하면 안전할 것이라 믿었다. 그러던 중 어느새 알렉스는 다른 편에 휩쓸려 들어가 있었고 경계선 반대편에는 가족들이 집안에 갇혀 있었다. 탈출을 시도했다가는 양측에서 총알이 날아올 상황이었다. 한쪽 편에서는 탈출을 시도한다고 총을 쏠 것이고 반대편에서는 적군의 공격으로 오인해서 총을 쏠 것이 분명했다. 그의 동네를 장악한 무리는 가정집을 침입해 값비싼 물건을 약탈하고 사람들을 마구잡이로 잡아가 고문하거나 죽일 것이었다. 알렉스의 할아버지와 할머니는 사라예보에서 18km 떨어진 곳에 살고 있었고 그는 어느 날 저녁 조부모가 사는 마을 전체가 불타는 모습을 위층 창가에서 목격하고 말았다.

알렉스는 운이 좋았다. 6개월 후 처음이자 마지막으로 온 유엔 수송대가 알렉스와 다른 아이들 몇 명을 구조한 것이다. 그는 3년이 넘도록 '그 자체가 전쟁터'인 난민 수용소에서 살았다. 그가 태어난 조국으로 돌아갈 수 없게 되자 그는 수 차례 캐나다로의 망명 신청을 시도한 끝에 마침내 받아들여졌다. 그는 수년 동안 부모와 조부모, 그리고 나머지 가족들의 행방을 알지 못했다. 그의 부모는 여러 사람이 도피를 도와준 덕분에 당국의 눈을 피해 살아남을 수 있었다. 그의 어머니는 남편이 그쪽 진영에 있는 한 돌아올 것이라는 당국의 계산 덕분에 하루 동안 풀려날 수 있었고, 그래서 가족들이 모두 무사한 상태로 알렉스의 아버지는 늦은 밤 국경을 넘어 위험한 탈출을 강행할 수 있었다. 만약 당신이 사는 곳에서 이런 일이 벌어졌다면 어떨지 상상해 보라. 그럴 리 없다고 치부할 일이 아니다.

인간의 어떤 면이 우리가 그토록 빨리 주변의 영향을 받도록 만드는 것일까? 우리는 모두 편견과 증오, 편 가르는 마음이 없는 채로 태어난다. 그렇다면 어떻게 그렇게 되는 것일까?

소속, 그리고 소외

모든 생물은 일종의 집단을 형성한다. 그것은 종의 생존 욕구에서 기인한 것이므로 그 생물학적 의의나 중요성을 과소평가할 수 없다. 연대를 형성하는 능력의 결여는 편집증이나 조현병과 같은 가장 심각한 인격 장애와 관련이 있다. 그리고 인간의 소속 욕구에 관해서는 많은 연구가 이루어져 왔다. 1995년 연구 논문에서 로이 바우마이스터(Roy Baumeister)와 마크 리어리(Mark Leary)는 인간에게는 연대하고자 하는 욕구가 거의 공통으로 존재하며, 그 욕구는 행복과 사회적, 감정적, 신체적 건강에 커다란 영향을 미친다고 주장한다. 그들은 "어딘가에 소속되고자 하는 욕구야말로 강력하고 본질적이며 극도로 만연해 있는 동기이다."라고 적으며, 인간이 하는 대부분의 활동이 어딘가에 귀속되어 이루어지고 있을 가능성에 대해 논하고 있다.

우리의 일상 속에서 소속감이 얼마나 중요한지 과소평가해서는 안 될 것이다. 우리가 하고자 하는 일 중 많은 일이 궁극적으로 이 욕구를 충족시키는 일이다. 강한 유대나 관계를 형성하고자 하는 욕구는 우리가 보는 거의 모든 것과 관련이 있다. 우리가 인식하든 인식하지 못하든 우리가 하는 많은 행동의 근본 원인이기도 하다. 사회적 상호작용은 인간 사회를 움직이고 가족, 친구 관계, 정치 단체, 글로벌 경제의 기반을 형성하는 근본이다.

사회 심리학은 우리의 생각과 느낌, 믿음, 의도, 행동 등이 무엇의 영향을 받고 있으며 그 결과 그것이 타인과의 상호작용에 어떤 영향을 미치는지에 대해 연구한다. 많은 사람은 우리가 생각을 완전히 통제하고 있다고 믿지만, 우리의 생각이 사실은 우리 주변 사람들과 우리가 읽고 보고 행하는 모든 것으로부터 아주 많은 영향을 받고 있다는 사실을 인식하지 못한다. 그리고 그 선택 중 대부분은 소속감을 느끼기 위한 것이다. 그러한 영향들로 말미암아 우리도 모르는 사이 우리는 다른 집단의 현실과는 아주 달라 보일지도 모르는 우리 집단만의 세상 속에 자신을 옭아맨다.

한 집단에 소속된다는 것은 곧 다른 집단에 소속되지 않는 것을 의미할 가능성이 크다. 결과적으로 어떤 관계를 깊게 맺는 것의 자연스러운 부작용은 나머지 사람들과의 관계가 깊어지지 않거나 나빠지는 것이다. 이러한 태도는 '우리 대 그들'이라는 구도를 만들 수 있고, 이는 당신이 생각하는 것보다 인생에서 훨씬 더 강력한 동력으로 작용한다.

당신이 속해 있는 모든 집단을 생각해 보라. 수백, 수천 개의 집단이 떠오를 것이다. 대학 시절 동창 그룹도 있을 것이고 자랑스럽게 고

국이라고 부를 수 있는 국가 등 여러 집단이 있을 것이다. 반드시 공식적인 집단일 필요는 없다. 소속 집단은 종종 소속감으로 조직이 더 강화되기를 희망하며 자랑스럽게 달고 다니는 꼬리표가 되기도 한다. 내가 비공식적으로 속해 있는 집단들과 정체성을 일부 나열해 보겠다. 기업가, 젊은 경영인 협회 회원, 캐나다인, 낙관주의자, 가정적인 남자, 엠패스(초민감자), 스키어, 테니스 플레이어, 배구 플레이어, 하키 플레이어, 하이커, 캠핑 애호가, 친구, 선지자, 지적인 호기심이 많은 사람, 내성적인 사람. 이 모든 꼬리표는(이밖에도 더 있다) 뜻이 비슷한 사람들과 정체성을 공유할 기회를 제공해 준다. 나는 내가 속해 있는 집단을 강화하고 나와 똑같은 관심사를 가진 사람들과 어울리기 위해 자연스럽게 더 많은 활동을 하게 된다.

우리 마음속의 이와 같은 구분은 다르다는 의미뿐만 아니라 어떤 면에서는 더 낫다라는 의미를 가지고 있을 때도 많다. 그 집단들은 이렇게 말하면서 우리를 두드러져 보이게 만든다. "나는 이런 사람이야. 저 사람들은 저런 사람들이고" 혹은 "나와 당신은 이런 사람이고 저 사람들은 저런 사람들이지", "이게 바로 나와 당신이 같은 집단에 소속되어 서로를 쉽게 이해할 수 있는 이유야." 이 말은 곧 "이게 바로 저 사람들이 우리를 절대로 이해할 수 없거나 이해하지 못하는 이유야"라는 의미를 내포하고 있다. 잠시 당신이 소속되어 있는 개인적인 집단이나 정체성을 생각해 보고 그 집단에 소속됨으로써 얻을 수 있는 긍정적인 효과를 모두 생각해 보라. 당신은 낙관주의자인가 아니면 비관주의자인가? 영웅인가 피해자인가? 당신은 경력이 쌓여가면서 소속감을 느끼고 인정받기를 원하는가, 아니면 돈을 많이 버는 것을 원하는가, 아니면 돈과 상관없이 일하기를 원하는가? 당신은 어느 스포츠팀을 응원하는가? 당신은 그 집단에서 긍정적인 느낌을 받지 못하면 그 집단과 어울리지 않으려 할 것이다. 이제 다른 집단들과의 경쟁을 한번 생각해보고, 그 경쟁이 선의의 경쟁인지 생각해 보라. 우리도 모르는 사이에 우리는 집단 밖의 다른 이들보다 우리가 어쨌든 더 잘났다고 믿는 함정에 쉽게 빠질 수 있다.

우리가 가지고 있는 모든 꼬리표가 이에 해당한다. 그 꼬리표가 민족, 종교, 소득 수준, 교육, 정치 등 무엇에 관계된 것이든 말이다. 당신이 가장 최근에 누군가를 어떤 카테고리에 넣어 구분 짓기를 한 게 언제였는가? 바로 몇 분 전은 아니었는가? 이 책을 읽는 바로 지금도 그렇게 하는지도 모른다. 당신과 나는 비슷한 생각을 하고 있을 수도 있고 그렇지 않을 수도 있다. 우리 사이에 친밀한 감정이 생길 수도 있고 사이가 벌어질 수도 있다. 사람들을 특정 집단에 소속시키려고 하는 것은 인간의 자연스러운 경향이다. 당신도 다른 사람들을 소속시키려 하고 다른 사람들 또한 당신을 소속시키려 한다. 그렇다면 여행을 하는 동안에는 어떠한가? 여행 중 만난 사람이 알고 보니 당신과 같은 나라 사람이거나 고향 사람이었던 적이 있는가? 고향에 있을 때보다 먼 타국에서는 고향 사람과 소통하기가 더 쉬운 법이다. 소속이 같다는 사실만으로도 즉각적인 유대감을 느낄 수 있고 다른 이들과 달리 동질감을 느끼게 한다. 이렇게 유대를 형성하려는 것은 인간이 태생적으로 타고나는 습성인 것 같다. 그리고 이 말은 유대를 형성하려는 인간의 습성으로 예기치 않게 생겨나는 결과, 즉 우리와 타인을 구분하는 습성 또한 타고나는 것이라는 뜻이다.

사회 심리학자인 무자퍼 셰리프(Muzafer Sherif, 1906~1988)는 1950
년대에서 1960년대 초까지 진행한 유명한 심리학 실험에서 비슷한
사회 경제적 양육 환경에 놓여 있는 11세에서 12세 사이의 개신교
백인 소년들 사이에서 벌어지는 집단 간 갈등과 문제 해결에 주목했
다. 이 실험은 연구가 진행되었던 지명의 이름을 따 '로버스 케이브
실험(Robbers Cave experiment)'으로도 불린다. 이 소년들은 자신들이 실
험 참가자라는 사실을 전혀 모르고 있었다. 셰리프는 소년들을 무작
위로 두 개 그룹으로 나누어 캠프에 참여시켜 그들이 각자 그룹의 정
체성을 기를 수 있는지 지켜보았다. 이를테면, 각각의 그룹은 그룹의
이름을 스스로 지었다. 한 그룹은 그룹명이 이글스였고, 다른 그룹은
래틀러스였다. 또한, 자기 그룹의 개성을 드러내기 위해 깃발을 만들
기도 했다. 그룹의 정체성을 정하고 난 뒤 셰리프는 실험의 다음 단계
로 넘어가 이번에는 부족한 자원을 사이에 두고 두 그룹이 경쟁을 벌
이도록 만들었다. 이때는 소년들 사이에서 아주 인기가 좋은 주머니
칼과 다른 부상도 걸었고 경쟁에서 진 그룹에게는 아무 상도 주지 않
았다. 이 단계의 실험은 4~6일 동안 진행되었고 두 그룹이 충돌을 벌
일 수 있는 장은 이미 마련되어 있었다.

경쟁을 벌이는 과정에서 두 그룹은 서로에게 점점 더 적대적으로
변해갔다. 처음에는 선의의 스포츠정신으로 시작되었지만, 어느새 상
대에게 욕을 하기도 하고 반칙도 하며 오두막을 습격하고 주먹다짐
을 벌이는 등 심각한 양상으로 치달았다. 일부 소년들은 상대 팀의 습
격에 대비해 양말에 돌멩이를 집어넣고 다니기도 했다. 1966년 셰리
프가 그의 책 〈집단의 갈등과 협력(Group Conflict and Cooperation)〉에서

밝힌 내용에 따르면, 일반적으로 경쟁은 '우리 대 그들'이라는 집단적 정체성을 형성한다고 한다. 이 실험을 통해서도 아무런 행동 문제가 없는 소년들이 적대적이고 편협한 상대로 바뀔 수 있음을 확인할 수 있었다.

이 책의 핵심이자 셰리프의 연구에서 가장 중요한 부분인 실험의 3단계와 4단계를 살펴보자. 소년들이 각자의 그룹에 배정되어 그룹별 생활을 하고 난 뒤 셰리프는 그들을 다시 한데 모아 통합하려고 시도해 보았다. 3단계에서 그는 두 그룹을 집합시켜 특정 시간 동안 함께 영화를 보고 식사를 하게 했다. 그는 물리적 접촉만으로는 두 그룹 사이의 긴장이 눈에 띄게 줄어들지는 않을 것이라는 가설 하에 이 실험을 진행했다. 이 가설은 접촉이 일어나는 모든 시간에 사실로 확인되었다. 소년들은 자리에 앉을 때 그룹별로 따로 앉았고 서로 욕을 했으며, 한 번은 식사 시간에 음식을 가지고 싸움이 벌어지기도 했다. 셰리프는 4단계 실험에서는 더 큰 상위 목표를 제시했다. 상위 목표를 제시함으로써 두 그룹이 주어진 더 큰 문제를 해결하기 위해 양측의 간극을 뛰어넘어 협력할 것으로 그는 기대하고 있었다.

첫 번째 상위 목표는 식수 문제였다. 오리엔테이션에서 연구자들은 두 그룹에 가끔 공공 기물 파손자들이 그들의 유일한 급수장을 망가뜨리기 때문에 물통을 매일 채워놓아야 한다고 말해 주었다. 4단계에서는 연구자들이 식수원에 문제를 발생시켜 두 그룹 모두에게 식수 비상사태를 알려 즉각 서로 협력할 수밖에 없는 상황을 조성했다. 두 그룹 모두 식수를 확보해야 한다는 공동 목표가 있기에 자진해서 협력했다. 물탱크는 캠프에서 1.6km가 넘는 거리에 있었고, 소년들은 전체 식수 공급 라인의 어느 부분에 이상이 있는지 살펴본 후 물 탱크가 있는 위치에 다시 집결했다. 그들은 물탱크의 4분의 3이 채워져 있으며 문제는 밸브에 있었다는 사실을 결국 알아냈다. 그 결과 문제를 해결해 가까스로 궁지에서 벗어날 수 있게 되었다. 양측 그룹이 함께 문제 해결을 해야만 하는 상위 목표가 연이어 주어질 때마다 두 그룹은 서로 더 친해져서 결국에는 가까운 관계로 발전했다. 소년들을 다시 하나로 묶어준 결정적 계기는 집으로 돌아오는 버스 안에서의 일이었다. 휴게소에 들르기 직전에 래틀러스 그룹 중 한 명이 그들 그룹이 캠프 초반에 오자미 게임에서 승리했는데 받아야 할 상금 5달러를 아직 받지 못했다고 투덜댔다. 래틀러스 그룹은 그 상금을 받자마자 자기 그룹에만 사용하지 않고 몰트 밀크를 사서 두 그룹의 모든 이들에게 나누어 주었다.

우리는 인생을 살아가면서 이 실험에서 보여준 결과와 비슷한 상황이 벌어지는 것을 보게 된다. 어떤 경우에는 우리에게 가장 중요한 인간관계에서도 그렇다. 11~12세 소년들에게만 해당하는 결과가 아니다. 역설적이게도 어딘가에 소속되고자 하는 강한 열망으로 인해 우리는 편 가르기를 하기 쉽다. 그럼에도 로버스 케이브 실험은 정당한 보상이나 모두에게 해당하는 도전이 있다면 상황이 훨씬 더 나아질 가능성을 우리에게 보여준다.

강한 유대를 형성하고자 하는 집단적 욕구에는 편을 가르려는 잠재의식도 포함되어 있다는 사실을 인식한다면 소속감에 대해 느끼는 매력을 경계해야 한다. 또한, 소속감에 내재되어 있는 인지적 편향도 인식해야만 한다. 3장에서 우리는 우리의 뇌가 정보를 단순화시켜 다루기 더 쉽게 만들기 위해 어떻게 편견을 발전시키는지를 논의했다. 이 편견에는 후광 효과(halo effect)도 포함된다. 후광 효과는 이를테면 외모가 잘 생기면 똑똑할 것이라고 간주하는 것처럼 누군가에 대한 전반적인 인상이 구체적인 어떤 것에 의해 크게 영향을 받는 것을 말한다. 또한, 우리 집단의 구성원을 더 좋게 보는 내집단 편향(in-group bias)도 있다. 그리고 우리 집단에는 다양성이 존재한다고 생각하는 반면 다른 집단의 사람들은 모두 똑같이 행동한다고 믿는 외집단 동질성 효과(out-group homogeneity bias)도 있다. 이러한 편향들에 대해 한 번 알아보고 지나가는 것은 쉽지만 사실 우리는 모두 이 편향들로부터 자유롭지 못하다. 우리가 살아가면서 스스로에게 하는 이야기들은 많은 부분 우리의 이전 경험이 입력된 것을 기반으로 하고 있다. 이전의 경험은 사실이라기보다는 우리가 그 경험을 해석한 내용이라 볼 수 있다. 이러한 점을 미루어 볼 때, 우리는 쉽게 조종당하고 더 심한 경우에는 그 조종이 스스로 강화되어 그것이 애초에 우리의 생각이었다고 스스로 믿게 된다.

사회적 설득이 무엇이고 그것이 우리 모두에게 어떻게 영향을 미치는지 더 잘 이해하게 되면서 나는 어떤 생각이 진짜 나의 것이고 어떤 것이 다른 이들에 의해 주입된 것인지 깨달을 때마다 점점 더 놀라움을 금치 못했다. 내가 예전부터 가장 좋아하는 명언 중 하나로 1977년에 프랭크 아웃로(Frank Outlaw)가 한 말을 소개한다. 우리는 대부분 시간을 머릿속으로 생각하며 보낸다. 따라서 우리의 생각을 어떻게 해석하는가가 우리가 경험하는 다른 많은 것을 좌우하는 것은 당연한 일이다.

생각을 조심하라. 생각이 말이 된다.

말을 조심하라. 말이 행동이 된다.

행동을 조심하라. 행동이 습관이 된다.

습관을 조심하라. 습관이 인격이 된다.

인격을 조심하라. 인격이 곧 당신의 운명이 된다.

요구와 욕망을 이해하는 것의 중요성

우리의 가장 깊은 인간적 욕구와 접속하는 능력은 엄청난 영향력과 권력을 행사하게 해준다. 깊고 넓은 사회적 네트워크가 중요한 영향력을 발휘하는 개인 인간관계에서 그 사실을 확인할 수 있을 것이다. 하지만 모든 지도자와 기업, 브랜드, 정치 단체가 비슷한 이해를 바탕으로 권력을 형성한다는 사실은 미처 모를지도 모른다. 그 자체는 좋은 것도 나쁜 것도 아니다. 역사적으로 훌륭한 지도자와 브랜드, 기업, 정치 단체들은 이 세상을 더 좋은 곳으로 만들기 위해 그 영향력과 설득력을 이용해왔다. 더 공정하고 좋은 세상을 만들기 위해 노력한 인물들로 마틴 루터 킹 주니어(Martin Luther King Jr.)와 마하트마 간디(Mohandas Gandhi), 에이브러햄 링컨(Abraham Lincoln), 넬슨 만델라(Nelson Mandela)와 같은 영감을 주는 지도자들이 떠오른다. 그리고 일론 머스크가 하는 일이나 이야기에 모두 공감하지는 않는다고 해도 그의 영향력이 부족하다고 주장하기는 힘들다. 그의 영향력 덕분에 수많은 산업이 급속히 발전해 인류의 삶을 향상시켰기 때문이다.

인간이 무언가를 결정할 때 어떻게 결정하는지, 그리고 그 결정에 어떻게 영향을 미치는지 이해하는 것이 권력을 형성하는 데 가장 핵심이라 할 수 있다. 영향력을 미치는 방법만 안다면 권력을 계속 유지할 수 있다. 1943년 미국의 심리학자인 에이브러햄 매슬로(Abraham Maslow, 1908~1970)는 모든 인간은 기본적 욕구에서부터 자아실현에 이르기까지 다양한 층위의 욕구가 있다는 이론을 제시했다. 어떤 욕구는 다른 욕구들 보다 더 중요하게 여겨지기도 하며, 특정 단계의 욕구가 충족되어야지만 다음 단계의 욕구가 나타날 수 있다. 예를 들어, 생존은 기본적인 욕구이며 그 결과 우리의 행동을 유발시키는 가장 기본적인 요소로 작용한다. 만일 배가 고픈 상황이라면 다른 욕구에 대해서는 생각하기 힘들다.

매슬로의 욕구 단계설

- 자아실현 욕구(Self-actualization)

- 존중 욕구(Esteem)

- 애정과 소속감 욕구(Love/belonging)

- 안전 욕구(Safety)

- 생리적 욕구(Physiological)

매슬로의 욕구 단계설에 대한 초기의 비판은 그것을 뒷받침해 줄 만큼 과학적 정확성이 충분하지 않다는 것이었다. 2011년 루이 테이(Louis Tay)와 에드 다이너(Ed Diener)는 그의 이론을 시험한 연구 결과를 발표했다. 테이와 다이너는 그들의 연구 결과에 대해 다음과 같이 언급했다. "매슬로의 이론은 대체로 정확했다. 세계 모든 문화를 통틀어 그가 제시한 욕구의 충족은 행복과 상관관계를 보여준다."

매슬로의 욕구 단계 표에서 당신의 위치와 비교해 다른 이들이 어느 단계에 놓여 있는지 이해하는 것이 중요하다. "내가 어떻게 행동하게 될까?"라고 자문하기보다는 다른 단계에 놓여 있는 사람들이 어떻게 행동해야 하는지 자신의 관점대로 판단하기에 십상이다. 만약 당신이나 당신의 가족이 굶어 죽고 있거나 박해를 당하고 있다면 당신의 행동은 지금과 어떻게 달라지겠는가?

욕구와 욕망을 이해하고 그것을 정확히 겨냥하는 것이 설득의 핵심이다. 따라서 매슬로의 초기 연구가 많은 업계와 브랜드의 마케팅 및 커뮤니케이션 발전에 도움이 되었다는 사실은 놀랄 일이 아니다. 매슬로의 연구에는 심리적 통찰만 있는 것이 아니다. 행동 과학 최전방 연구자들의 연구 결과는 우리가 사용하는 대부분 제품과 서비스를 개발할 때 그 기저를 이루고 있다. 광고와 마케팅은 우리의 생각을 자신들이 원하는 방향으로 움직이고자 의도적으로 소비자의 욕망과 편견을 이용한다. 모든 상품과 서비스, 혹은 조직이 달성하고자 하는 핵심 목표는 당신의 결정에 영향을 미치는 것이다. 우리는 심지어 애초에 뭔가를 믿게 된 이유를 인식하지 못할 수도 있다. 이를테면, 사람들에게 타이드(Tide 미국의 세탁 세제 시장 1위 브랜드 - 역자 주)가 다른 것들보다 더 좋은 세탁 세제라고 믿는 이유를 물어보라. 그들은 마음속에 자신들의 선택에 대한 타당한 이유가 있겠지만 마케팅이 그 생각을 형성하는 데 큰 역할을 했다는 사실은 미처 모르고 있을 것이다.

세탁 세제에 관한 인식과 같은 사소한 믿음도 우리의 지식이나 동의 없이 외부의 영향으로 만들어질 수 있는 것이라면 다른 것은 어떻겠는가? 그러한 사실을 고려하면 지난 10년간 우리의 가장 깊숙한 욕망을 건드리는 방법에 관한 연구가 넘쳐난 것은 당연한 결과이다. 이러한 연구는 뇌 영상 촬영 기술 발전으로 인해 더욱 발전했다. 연구자들이 뇌의 어느 부위가 어떻게 반응하고 그 이유는 무엇인지 정확히 짚어낼 수 있게 된 것이다. 스스로 인식하지 못할 때조차도 우리가 어떤 행동을 왜 하는지 그 이유를 이해하고 자신들이 원하는 방향으로 행동하게 하는 것이 광고와 영향력, 권력이 하고자 하는 일이다.

유카이 추는 그의 주요 저서인 〈게이미피케이션 실전 전략(Actionable Gamification)〉에서 옥탈리시스(Octalysis)라는 인간의 동기 분석 프레임을 제안한다. 이 동기 분석 프레임에서 그는 게임에서뿐만 아니라 생활 속에서 우리가 하는 모든 행동을 유발하는 여덟 가지 동력을 제시하고 있다. 유카이는 그 동력들을 이론화해 인간에게 엄청난 영향을 미치는 데 이용할 수 있다고 생각했다. 우리의 뇌가 태생적으로 이 동기 유발 요소들을 받아들이게 되어 있기 때문이다.

1. 서사적 의미와 소명 – 무엇인가를 아주 훌륭하게 잘하고 있다는 생각, 또는 당신이 무엇인가를 하도록 선택 받았다는 믿음.
2. 발전과 성취 – 발전을 이루고 기술을 개발하여 결국은 의미 있는 도전들을 극복하고자 하는 내면적 동기.
3. 창조성과 피드백 – 발전을 도모하기 위해 수차례 방안을 생각해 내고 다른 행동 조합을 시도해야 하는 창조적인 활동을 할 때.
4. 소유와 소유물 – 부, 재산, 정보, 수집물 등 무언가를 소유하고자

하는 욕구.

5. 사회적 압력과 관련성 – 사람들에게 동기를 부여하는 모든 사회적 요소들. 경쟁과 선망하는 감정뿐만 아니라 조언자 관계, 수락, 사회적 반응, 동료 의식 등이 포함된다.

6. 결핍과 조바심 – 자원이 부족해서이거나 그것에 접촉하지 못하게 되어 있어 뭔가를 가질 수 없기 때문에 원하는 것.

7. 예측 불가능성과 호기심 – 영화를 볼 때나 도박을 할 때처럼 다음에 무슨 일이 일어날지 알고 싶은 호기심.

8. 손실과 회피 – 부정적인 일이 발생하는 것을 피하고 싶은 마음.

유카이의 분석이 맞다면 이 동기 분석 프레임만 이해한다면 누구라도 사용자의 행동을 다른 방향으로 조종해 사소한 것에서부터 큰 것까지 거의 모든 목표를 달성할 수 있게 될 것이다.

단순한 게임의 역학을 통해 발견한 이와 같은 작용은 사람들을 중독시킬 수 있다. 디지털 게임의 경우는 사람들이 게임을 하겠다고 선택하는 것이다. 아무런 금전적 보상의 가능성이 없는데도 당신은 시간을 거기에 소비한다. 그 소중한 시간은 당신에게 훨씬 더 큰 혜택을 가져다주는 수많은 활동에 쓰일 수 있다. 그리고 당신은 욕망 때문에 게임에 시간을 소비한다고 믿고 있겠지만 그 욕망을 부추기는 것이 무엇인지 게임 기획자의 관점에서 살펴보자.

게임 기획에서 어떤 메커니즘이 우리에게 습관을 만들고 계속 다시 게임을 하게 만드는 것일까? 예컨대 게임이 처음부터 이기기에 너무 어렵다면 사용자들은 실망하고 그것에 집착하지 않을 것이다. 그래서 게임 기획자들은 처음에 점수를 딸 수 있는 기능이나 뇌에서 도파민이 분비되게 만드는 보상을 포함시켜 게임에 집착하게 만든다. 게임이 진행됨에 따라 이기거나 보상을 받는 것이 너무 쉬우면 사용자들은 쉽게 지루해져서 그만 둔다. 시간이 지나면서 게임 기획자는 더 어려운 단계를 돌파할 때 활용할 수 있는 부상을 부여함과 동시에 난이도를 상승시키는 형태로 당신의 두뇌가 계속 신경 쓰도록 동기유발 단계를 설정해 놓는다. 부상을 많이 축적해놓아 게임에서 좋은 성적을 내기가 훨씬 유리해진 상태에서는 게임을 그만 둔다는 것이 손해로 느껴지기 때문에 게임을 계속 하게 되는 것이다. 그들은 당신의 관심을 끌고 유지하기 위해 가장 적절한 시기에 가장 적절한 균형으로 동기를 유발시키는 것이다.

그렇다면 세계의 최고 기업 중 다수가 옥탈리시스나 그와 유사한 전략을 활용하고 있다는 사실은 놀랄 일이 아니다. 매우 효과적인 전략이기 때문이다. 그 예로는 확인하지 않은 알림이 있을 때 휴대폰의 어플리케이션 아이콘에 빨간색 번호가 찍히는 것(클릭해서 확인해야만 번호가 사라진다)에서부터 페이스북이나 포트나이트와 같은 인기 제품의 디자인에 이르기까지 모든 곳에서 찾을 수 있다. 이런 전략은 소비자를 설득하고 우리의 행동이 스스로의 자유 의지에서 나왔다고 믿으며 자신도 모르는 사이 중독이 되도록 만든다.

나는 개인적으로 유카이와 함께 그의 팀에서 일한 적이 있다. 그리고 내가 함께 일한 몇몇 기업에서 옥탈리시스 프레임을 활용했으며, 그는 이베이, 구글과 같은 최고의 기업들과 함께 일했다. 프레임을 실행해 보고 그 결과를 확인한 후에 나는 훨씬 더 넓은 의미에서 이 작업의 중요성을 깨닫게 되었다.

세상은 10년이나 20년 전과는 다른 모습이다. 우리의 뇌가 어떻게 작동하는지(그리고 우리가 어떻게 결정을 내리는지)에 대한 더 최근의 지식이 개인을 표적으로 하는 기술과 결합해 우리는 모두 온라인상에서 각자 다른 화면 결과를 바라보고 있다. 내가 클릭할 상품들을 가지고 공략하는 것이 한 기업에는 더 이득인 것이 당연하다. 자사 상품으로 갈아타는 고객들이 많아질수록 매출도 증가하기 때문이다. 검색 결과를 보여주는 알고리즘의 상당 부분이 바로 그것을 달성하려는 목적으로 설계되어 있다. 하지만 내게도 혜택은 있다. 검색 결과가 좁혀질수록 끝없이 검색할 필요가 없으므로 시간을 더 효율적으로 활용할 수 있게 된다. 인공지능은 내가 어떤 정보들은 클릭하지 않을 것임을 이미 알고 있다. 내가 클릭을 하는지 하지 않는지에 따라 검색 결과는 더 좁혀지고 내가 취하는 행동마다 인공지능은 내가 무엇을 원하는지 알아내고 그것을 발전시켜 내게 가장 최적의 것들을 제시하는 것이다. 구글에서 수 조 개의 웹페이지를 내가 보는 분량의 웹페이지로 범위를 줄이는 것은 시스템 오류가 아닌 발전된 기능이다.

우리는 우리가 보고, 읽고, 듣는 것으로부터 생각과 행동이 얼마나 많은 영향을 받는지 알고 있다. 따라서 우리를 표적으로 해서 작동하는 기술로 인해 당연히 필터 버블(인터넷 정보제공자가 개인 성향에 맞추어 필터링된 정보만을 제공하여 비슷한 성향의 이용자들을 한 버블 안에 가두는 현상을 지칭하는 말 - 역자 주)이 발생하게 된다는 뜻이다. 우리는 어떤 생각이 처음에 우리 머릿속에 어떻게 침투해 들어왔는지조차 잘 알지 못한다. 좋아하는 것을 클릭하면 필터 버블은 스스로 강화되어 머릿속에서는 제공된 정보들 사이의 연계성이 강화되고 우리의 시각은 더 고착화된다. 우리는 우리의 버블 밖에서 현실을 바라보는 경우가 거의 없다. 그렇게 한다면 다른 필터 버블 속에 있는 사람들이 완전히 제정신이 아닌 것처럼 보일 것이다. 그 필터 버블은 종교일 수도 있고, 정치, 경제, 인종, 아니면 분열을 낳는 그 밖의 다른 구별 기준이 될 수도 있다.

다음의 세 가지가 결합하면 증오와 분열이 지배하는 위험한 악순환이 강화될 가능성이 있다. 1) 이 세상의 많은 지역, 또는 우리가 사는 곳조차 각자 다른 욕구 단계에 놓여 있다고 말하는 매슬로의 욕구 단계설 2) 우리에게 개별적인 맞춤형 정보를 제공해서 신뢰 패턴을 강화하는 기술 3) '우리 대 그들'이라는 대결 구도를 만들려고 하는 인간의 본성.

특히 세상이 더 불평등해지고 있다면 더욱 그렇게 될 가능성이 크다.

극단주의의 부상

이 모든 요인은 전 세계적으로 극단주의가 부상하게 된 원인이다. 이는 경제적 격차에서 발생한 불평등과 희망의 상실에서 기인한 것이다. 사람들은 만족스럽고 풍요로운 상태일 때는 당연히 다른 이들을 미워하지 않는다. 무시당한다고 느끼거나 상대적 박탈감을 느낄 때 미워하는 감정에 빠지게 된다. 어떤 집단이 무엇인가 부당하다고 생각할 때 똑같이 환멸을 느끼고 있는 사람들의 힘을 결집하기는 쉽다. 로버스 케이브 실험에서 확인했듯 부족한 자원을 사이에 두고 경쟁할 때 갈등은 고조된다. 그러나 실제 삶에서는 고소득 일자리를 사이에 두고 경쟁할 때 갈등이 고조된다. 어딘가에 소속되고자 하는 인간의 욕구를 이용하는 것이 용이하므로 대개는 상대방을 우리에게 고통을 주는 악당으로 규정하고 힘을 결집하는 방법을 사용한다.

전형적인 예가 1차 세계대전 후 독일 아돌프 히틀러의 집권이다. 1차 세계대전이 끝난 후 독일 국민의 생활은 처참했다. 부끄러운 전쟁 참패와 개탄스러운 베르사유 조약 체결에 이어 식량난과 높은 실업률, 거기다 미국을 비롯한 다른 국가들이 독일에 일자리를 빼앗기지 않도록 보호하기 위한 관세 부과까지 더해져 독일인들의 불만은 극도로 고조되고 있었다. 경제를 살리고 고용을 안정시키기 위해 정부는 상환이 불가능한 엄청난 규모로 부채를 늘렸다. 독일은 대규모로 화폐를 발행했고 그로 인해 초인플레이션이 발생해 모든 부채는 청산되고 예금은 무가치해졌다. 1914년 달러당 4마르크였던 환율은 1923년 달러당 4조2천억 마르크에 이르렀다. 평생 모은 예금으로 빵 한 덩어리도 사기 어려운 상황을 상상해 보라. 국가사회주의 독일 노동자당(National Socialist German Workers' Party) 즉, 나치스의 당수인 히틀러는 이러한 어려운 경제 상황을 악용해 강력한 지지 기반을 형성했다. 그는 초기에 뮌헨 맥주 홀 폭동(Munich Beer Hall Putsch)으로 혁명 시도에 실패해 1923년 구속되었다. 수감 중에도 '우리 대 그들'이라는 내러티브를 지속시키려는 노력의 일환으로 히틀러는 〈나의 투쟁(My Struggle)〉이라는 책을 집필했다. 원제는 '거짓과 어리석음, 비겁함에 맞선 4년 반 동안의 투쟁(Four and a Half Years of Struggle against Lies, Stupidity and Cowardice)이었다.

1924년 도스 안(Dawes Plan)이 통과되어 미국 은행들이 독일 경제 회복을 돕기 위해 차관을 제공하는 동시에 독일이 새 통화를 도입하면서 경제와 정치가 안정되기 시작했다. 그러나 1929년 미국의 금융 붕괴와 연이은 경기 침체로 미국 은행들은 독일에 부채 상환을 요구하기에 이르렀다. 부채를 상환할 수 없었던 독일은 또다시 대량 실업과 불안정에 직면하게 되었다. 히틀러는 이 기회를 포착해 재빨리 당원들을 규합했다. 1930년 나치스는 득표율 19%에서 출발해 1933년까지 정치 선전을 통해 세력을 결집해나갔다. 1933년 전권 위임법에 의해 절대 권력을 손에 쥔 히틀러는 독재 정권을 수립해 순수 아리아인의 혈통을 지킨다는 명목 아래 약 600만 명의 유대인들과 1,100만 명의 반대 세력들을 강제 수용소에서 조직적으로 살해했다. 아리아인이 세계에서 가장 우월한 민족이라는 잘못된 믿음으로 '우리 대 그들'이라는 대결 구도를 극단으로 몰고 간 경우라 할 수 있다.

히틀러는 영향력을 행사하고 대중을 통제하는 데 정치 선전을 능숙하게 활용했다. 그는 〈나의 투쟁〉에서 다음과 같이 적었다.

"모든 정치 선전은 항상 폭넓은 대중을 대상으로 해야 한다. 외교관이나 법학자들, 혹은 주어진 사안에 대해 이성적인 판단을 내릴 수 있는 사람들이 아니라 하나의 의견과 다른 의견 사이에서 갈팡질팡하며 끊임없이 흔들리는 어린아이 같은 군중을 대상으로 해야 한다. 국민의 다수는 너무 여성적인 성향과 시각을 가지고 있어 생각과 행동이 냉정한 이성보다는 감정에 좌우되기가 쉽다. 그러나 이 감정은 복잡한 것이 아니라 단순하고 한결같은 감정이다. 사랑과 증오, 옳고 그름, 진실과 거짓을 섬세하게 구분하기보다는 부정적이거나 긍정적인 관념만을 가질 뿐이다."

그는 더 나아가 이렇게 언급했다. "정치 선전은 진실을 객관적으로 바라봐서는 안 된다. 상대편에게 유리한 진실이면 이론적 정의의 원칙에 따라 제시해야 할 것이며, 우리 편에 유리한 진실이면 오로지 그 유리한 측면만을 제시해야 한다."

우리는 인류의 역사에서 어두운 상처 중 하나를 돌이켜 볼 때 히틀러가 자신을 따르도록 설득한 많은 사람이 히틀러의 표현에 의하면 흔들리는 어린아이 같은 군중이었다는 것을 생각해볼 필요가 있다. 또한, 오늘날의 리더십이 어떠한지와 우리가 어느 정도까지 조종당하고 있는지도 생각해볼 필요가 있다.

1960년대에는 심리학자인 스탠리 밀그램(Stanley Milgram, 1933~1984)이 예일대에서 진행한 한 유명한 사회 심리학 연구에서 권위에 대한 인간의 복종을 실험했다. 밀그램은 애초에 "강제 수용소의 수백만 명 대량 학살 공범자들이 명령대로 따르기만 했을까?"라는 물음에 대한 답을 찾고자 이 실험을 계획했다. 그의 실험은 우리가 할 것이라고 생각하는 행동이 우리가 실제로 하게 되는 행동과 다르다는 사실을 입증했다. 실험에서는 참가자들에게 학습자들이 다양한 질문에 대해 틀린 답을 말할 때마다 점점 더 강력한 전기 충격을 가할 것을 요구했다. 실험의 결과는 여러 나라에서 비슷하게 나왔다. 학습자들은 다른 방에서 '전기의자'에 묶인 채 앉아 있는 연기자들이었고 진짜 전기 충격기는 아니었지만, 실험 참가자들은 그 사실을 모르고 있었다. 실험은 다음의 두 가지 사유로만 중단될 수 있었다. 1) 가짜 전기 충격기가 최대 전압인 450V로 작동해 학습자가 의식을 잃고 무반응을 보일 때, 2) 실험 참가자가 다음 지시에 따라 순서대로 응하지 않고 거부하는 경우 (1) 계속하세요. (2) 실험 진행상 계속하셔야 합니다. (3) 당신이 계속하는 게 절대적으로 중요합니다. (4) 어쩔 수 없습니다. 계속하셔야 합니다.

모든 실험 참가자가 다른 방에서 들리는 비명이나 비명이 잦아들어 정적이 흐르는 것에 반응을 보이며 최소 한 번은 실험이 중단된 것에 비해, 모든 참가자는 적어도 300V까지는 진행했고, 65%의 참가자들이 최대 450V까지 계속 진행한 것으로 나타났다.

밀그램은 후에 이렇게 적었다. "자기 일에 충실할 뿐인 보통 사람들은 개인적으로 특별한 적대감이 없다 하더라도 아주 파괴적인 일에서 대리인의 역할을 수행할 수 있다. 더욱이 그들이 하는 일의 파괴적인 효과가 명백해졌을 때, 혹은 기본적인 도덕적 기준에 부합하지 않는 행위를 하도록 요청 받았을 때조차도 권위에 저항할 수 있는 수단을 가지고 있는 사람은 거의 없다."

이 연구는 집단과 집단 사이에 일단 구분과 분열이 발생하고 나면 그 집단적 행동이 개인의 도덕적 기준에 맞지 않는 일이라 해도 중단하기 힘들어진다는 것을 보여준다.

풍요가 가능한 세상에서 극단적인 불평등을 야기하고 있는 것은 잘못된 시스템이다. 불평등은 더 심각한 극단주의를 낳는 부정적인 피드백 루프로 이어지게 될 것이다. 결과적으로 그러한 집단적 사고방식은 협력하기보다는 '우리 대 그들'이라는 단순한 내러티브를 이용해 우리를 더욱 분열시키는 지도자를 탄생시킬 것이다. 그 지도자들은 우리 모두에게 잠재적으로 심각한 결과를 초래할 것임이 분명하다. 겉으로 보기에는 작은 일처럼 보이는 것이 점차 번져서 아주 큰일이 될 수 있는 일종의 나비 효과라 할 수 있겠다. 이미 우리는 과거에 그런 일을 겪은 바 있고, 해결책을 찾지 않는 한 그런 일은 또 다시 발생할 것이다.

하지만 다시 한번 언급하건대 로버스 케이브 실험은 우리가 갈등을 어떻게 해결할 수 있을지, 혹은 애초에 그것을 예방할 수 있을지에 대한 통찰을 제공한다. 개인 간의 경쟁을 하기보다는 인류의 행복을 위해 우리가 공동으로 해결해야 할 더 큰 목표들을 찾아 오늘날 세계를 위해 더 나은 시스템을 만들 수는 없는 것일까? 우리가 서로 경쟁하게 만드는, 우리 사회의 일부분만을 위해 작동하는 시스템이기보다는 '우리' 전체를 위해 작동하는 시스템은 없는 것일까? 명백한 사실은 이 세계에는 우리 모두가 속해 있는 인류라는 단 하나의 종족이 존재한다는 사실이다.

제 9 장

인간은 협력할 수 있을까?

당신과 친구가 범죄를 저질러 체포됐다고 가정해 보자. 범행이 입증된다면 징역 10년을 선고받게 된다. 경찰은 두 사람을 각각 독방에 가둬놓고 서로 이야기를 나누거나 답변을 공모할 수 없게 한다. 그들은 더 심각한 범죄로 기소할 직접적인 증거를 충분히 확보하지는 못했지만, 당신과 친구가 1년을 감옥에서 보내게 되는 정도의 처벌은 가능한 상황이다. 두 사람을 더 심각한 범죄로 처벌하기 위해 경찰은 당신과 친구가 함께 범행을 저질렀다는 자백을 당신이나 친구에게서 받아내야 한다.

경찰은 당신의 방에 와서 다음과 같이 말한다. "만약 당신이 순순히 범행을 자백하고 당신의 친구가 자백하지 않으면 당신은 석방될 것이오. 당신은 감옥에 있지 않아도 되며 당신의 친구는 10년 동안 감옥에 있어야 하오. 하지만 두 사람 모두 범행을 자백하면 각자 징역 5년을 선고받게 될 것이오." 경찰이 친구에게도 똑같은 제안을 할 예정이거나 이미 했을 것임을 추정할 수 있다. 당신이라면 어떻게 하겠는가?

만약 당신이 친구를 믿고 자백하지 않고 친구도 당신을 믿고 자백하지 않는다면 두 사람 모두 1년 동안만 수감될 것이고, 그것이 최상의 결과이다. 하지만 만약 당신은 친구를 믿었는데 친구는 당신을 배신한다면 친구는 석방되고 당신은 10년 동안 수감될 것이다. 당신에게는 이것이 가장 안 좋은 결과이다.

이것이 바로 게임 이론에서 가장 유명한 사례인 '죄수의 딜레마'이다. 이는 각 참여자의 행동이 어느 쪽에도 손실을 주지 않고 쌍방의 이익을 모두 증대시키는 논 제로섬 게임(non-zero-sum game)의 한 예라 할 수 있다. 이와 반대로 제로섬 게임은 한 사람이나 집단의 이익이 다른 사람이나 집단의 손실과 같아진다는 것이다. 이를테면 열 명의 사람이 하나의 케이크를 나누어 먹는 것도 제로섬 게임의 한 예가 될 수 있다. 만약 한 사람이 케이크의 더 큰 조각을 가져가면 나머지 아홉 명의 사람들은 모두 똑같이 더 작은 조각을 가져가야 한다는 것이다. 1장에서 언급했던 세계 무역 수지도 제로섬 게임의 또 다른 예이다. 모든 국가의 무역 흑자와 적자를 합하면 세계 무역 수지는 0이 된다. 한 국가가 수출하거나 팔면 다른 국가는 수입하거나 사게 되기 때문이다.

다시 죄수의 딜레마에 관한 논의로 돌아가 보자. 여기서는 친구가 어떻게 행동할 것인가를 예상하는 것이 당신이 결정을 내리는 데 있어 가장 중요한 요소가 된다. 가능한 결과를 종합해 보면 최고의 선택은 두 사람 모두 서로를 배신하지 않는 것이다. 그럴 경우 총 수감 기간은 각각 1년씩으로 총 2년이다. 어려운 점은 서로의 이득을 위해 함께 자백하지 않는 것이 최선이긴 하지만, 자칫 상대가 배신하면 징역 10년을 선고받게 될 위험이 따른다는 것이다. 그렇게 되면 당신도 친구를 배신하고 친구도 당신을 배신하는 것이 이성적인 선택이 된다. 그 결과 각각 5년씩 선고받아 총 10년 동안 수감 생활을 하게 될 것이다.

죄수의 딜레마를 통해 우리가 발견하게 되는 가장 중요한 사실은 자신의 이해를 고려하면 배신이 최선으로 여겨진다는 것이다. 하지만 상대방 또한 자신의 이해를 고려할 가능성이 크므로 모두에게 더 안 좋은 결과를 초래하게 된다.

여기서 게임 이론을 살펴보는 이유는 일상생활 속에서의 의미뿐만 아니라 국가 간의 문제에서도 해결책을 제시하기 위해서는 다른 국가들이 '게임'을 하는 방식을 이해할 필요가 있기 때문이다. 죄수의 딜레마에서 보는 바와 같이 국가들도 국제적 대의보다는 자국의 이익을 위한 선택을 할 것이므로 모두에게 성공적인 선택을 하는 것이 불가능해 보인다. 지구 온난화 회의가 바로 이에 해당할 수 있다. 일부 국가들은 무탄소 사회로의 너무 빠른 전환이 (그들이 보유하고 있는 에너지 자원이 신재생 에너지보다 상대적으로 고가이므로) 국가 경제에 타격을 주게 될 것을 우려하기 때문이다. 하지만 우리가 게임 이론을 죄수의 딜레마를 넘어 더 폭넓게 이해한다면 전체의 이익을 따르는 것이 보기보다 그렇게 나쁘지는 않은 이유도 알게 될 것이다.

게임을 하는 이론적 방식

앞서 살펴본 것처럼 인간은 의사 결정 과정에서 항상 우리가 생각하는 것만큼 논리적이거나 이성적이지 않다. 우리의 감정과 우리가 자신에게 하는 이야기는 우리의 결정에 어떤 형태로든 많은 영향을 끼친다. 어떤 결정들은 우리가 자신에게 불리한 게임을 하고 있을 때조차도 오랜 시간이 흘러 그 결과가 나오기 전까지는 아주 훌륭해 보인다. 그렇다 하더라도 잠시 동안만이라도 우리가 우리 자신과 가족, 국가, 그리고 세계를 위해 최상의 결정을 내릴 만큼 항상 완벽하게 이성적이라고 가정해 보자. 겉으로 보기에는 간단해 보이겠지만 우리에게 최상으로 보이는 결정들이 종종 다른 이들에게는 그 반대인 현실을 고려한다면 그야말로 녹록지 않은 문제가 된다.

게임 이론은 부족한 자원을 놓고 경쟁하는 거의 모든 경우에 적용된다. 1928년 존 폰 노이만(John von Newmann, 1903~1957)이 게임 이론의 이론적 기초를 정립했고, 이후 1944년 오스카 모르겐스턴(Oskar Morgenstern, 1902~1977)이 이 이론을 체계화해 비즈니스, 경제, 생물학, 전쟁 등 여러 분야에서 우리 자신의 행동이 다른 참여자들의 행동에 따라 크게 좌우되는 경우에 적용했다. '행위자들'(게임 이론에서 사용하는 용어로, 이 경우에는 '개인들'이나 '국가들'이라고 지칭해도 무방하다)은 자신의 이득을 극대화하기 위해 각자 다른 전략을 선택하기 때문에 '게임'에서는 각각의 행위자가 어떤 행동을 할 것인지 이해하는 것이 게임의 승패를 결정한다. 따라서 당신의 결정은 다른 이들의 결정에 달려 있다. 게임 이론은 전략 간의 상호의존성을 주시한다. 게임 이론은 경쟁적인 세계에서 당신이 생각해낼 수 있는 것보다 훨씬 더 많은 시나리오를 만들어내며 우리가 하는 많은 선택과 결정에 적용된다. 우리는 지구 한쪽 편에서 내리는 결정이 다른 쪽 편에 커다란 변화를 가져다줄 수 있는 전 지구적으로 연결된 세상에서 살고 있다. 다른 국가들의 일자리와 관세, 세금, 금융 정책이 당신의 부와 일자리에도 커다란 영향을 미친다.

그러나 실제 삶 속에서의 게임은 대체로 죄수의 딜레마처럼 진행되지는 않는다. 우리는 게임에서 다른 이들이 어떻게 대응할지에 대해 어느 정도의 정보를 가지고 있다. 그리고 실제 사람들의 상호작용은 죄수의 딜레마에서처럼 단 한 번의 시행으로 한정되지 않는다. 베이즈의 정리에서처럼 다른 이들의 과거 행동이 그들이 앞으로 어떻게 행동할지에 대해 단서를 주기 때문에 더 복잡한 게임이 되는 것이다. 우리는 상대가 어떻게 행동할지에 따라 결과가 어떠할 것이라고 확률을 진단한다. 이런 이유로 모두가 협력하는 게임에서는 배신하거나 부정행위를 하는 사람이 이득을 얻게 되는 경우가 흔히 발생한다. 다시 말해 당신이 부정행위를 저지르는 유일한 사람이고 그것이 적발되지 않는 한 부정행위를 통해 얻는 이득이 정당한 보상인 것처럼 보인다. 이런 부정행위는 비교적 악의가 없는 유형에서부터 위험한 유형에 이르기까지 우리 삶의 많은 영역에서 나타난다. 실제 세계에서 부정행위가 어떤 형태로 나타나는지 몇 가지 예를 살펴보겠다.

먼저 다인승 차량 전용 차선과 관련된 예를 들어보자. 다인승 차량 전용 차선은 하나의 차량을 더 많은 사람이 함께 타는 것을 장려하고 1인승 차량의 수를 줄임으로써 도로에서 교통 혼잡을 덜기 위한 목적으로 만들어졌다. 모든 사람이 규칙을 준수한다면 이 제도는 1인승 차량을 포함해 모두에게 편익을 제공할 것이다. 다인승 차량 이용자들은 출퇴근 시간을 가장 많이 절약할 수 있다. 만약 1인승 차량이 부정직하게 다인승 차량 전용 차선에서 운전한다면 그 사람은 다인승 차량 전용 차선이 더 빠르기 때문에 다인승 차량 이용자들과 함께 출퇴근 시간을 절약할 수 있게 될 것이다. 하지만 많은 1인승 차량이 그렇게 부정행위를 한다면 다인승 차량 전용 차선은 해당 이용자들에게도 이점이 없어질 것이다. 그 결과 차를 함께 타는 사람들은 줄어들고 도로의 교통량은 많아질 것이다.

이번에는 스포츠 경기에서의 약물 복용을 예로 들어보자. 아무도 경기력 향상 약물을 복용하지 않는다면 위험한 약물 부작용을 겪는 사람이 없을 것이므로 더 바람직할 것이다. 하지만 경기 승리라는 성과를 고려하면 선수나 팀이 약물의 이점을 통해 얻게 되는 보상은 엄청나게 크다. 따라서 일부 선수들에게 경기력 향상 약물은 위험을 감수할 만한 가치가 있는 것처럼 보이는 것이다. 랜스 암스트롱(Lance Armstrong)이 그 대표적인 예이다. 그는 오랫동안 세계 최고의 사이클 선수로 각광받았다. 그는 약물을 복용하지 않는 스포츠 선수의 전형으로, 세계에 자신의 이미지를 각인시키려 노력했지만(다른 선수들이 약물을 복용하면 그가 약물을 복용하는 이점이 사라질 것이기 때문이다.) 실제로는 경기력 향상을 위해 약물을 복용하고 있었다. 그것은 극단적인 위선이었고 그의 최고 선수로서의 영예는 처참하게 추락했다. 나는 그의 영웅적인 삶을 믿고 싶었다. 그는 암을 이겨내고 사이클 황제의 자리에 올랐다. 나는 마지막 순간까지 그를 믿었다. 그리고 난 뒤 배신감에 엄청난 충격에 휩싸여야만 했다.

이제 군비와 관련한 예를 들어보겠다. 국가가 핵무기나 다른 무기에 비용을 들이지 않아도 된다면, 그 돈은 사회에 더 많은 혜택을 주기 위해 쓰일 수 있을 것이다. 그러나 한 국가가 군대에 지출하기로 하고 다른 국가들은 그렇게 하지 않는다면 군대에 지출하는 국가가 군사력에 있어 유리한 고지를 점하게 될 것이다. 그렇게 되면 군에 투자하지 않는 국가들 입장에서는 실제 상황이든 심적으로든 위험 요소가 발생하는 것이다. 그 결과 다른 국가들도 그에 준하는 군사력을 갖추기 위해, 혹은 타국의 공격을 제지하기 위해 군에 투자하게 된다. 특히 군사력이 우월하다고 여겨지는 국가에서 공격을 암시할 때에는 더욱 그렇다. 세계 각국 정부의 행보도 이런 맥락에서 이해할 수 있다.

게임 이론과 그 영향은 사회적으로 가장 논란이 되는 논쟁들에 적용될 수 있다. 그리고 논쟁은 모두 똑같이 다음의 핵심 쟁점에서 출발한다. '집단 역학에서는 한 사람을 위해 좋은 선택이 종종 집단에게는 좋은 선택이 아닐 수도 있다.' 그래서 총기 규제, 지구 온난화, 통화 정책, 세계 무역 및 관세, 인공지능 우위 경쟁 등이 그렇게 까다로운 쟁점이 되는 것이다.

앞서 언급했듯이 다행히 딱 한 번만 게임을 하는 경우는 거의 없다. 게임이 여러 번 반복되고 상대방이 어떻게 게임을 하는지 알게 되면, 당신은 전략을 바꾸게 될 가능성이 크다. 동일한 게임 참가자들이 서로 계속 전략을 수정해 가며 여러 차례 게임을 진행하는 것을 지켜보면 관계의 복잡성뿐만 아니라 협력과 신뢰를 이끌어내는 다양한 전략들을 바라보는 시각을 개발할 수 있게 된다.

　인공지능은 이런 차원에서 명백하고도 중요한 영향을 미친다. 딥러닝 시스템은, 구체적으로 말하자면 다수의 AI 대리인들이 원하는 목표를 달성하기 위해 함께 일하거나 경쟁하도록 설계되어 있다. 그러나 만약 원하는 목표를 달성하기 위해 컴퓨터가 컴퓨터를 대행하는 대신 컴퓨터가 인간을 대행하게 된다면 어떻게 되겠는가? AI가 모든 가능한 전략들을 섭렵하는 동시에 인간을 이기기 위해 매번 우리의 다음 행보를 예측하고 있다면 어떻겠는가?

죄수의 딜레마 게임을 반복 시행하는 경우

　협력의 진화에 대해 여러 학문 분야에 걸친 연구로 유명한 미국의 과학자 로버트 액설로드(Robert Axelrod)는 죄수의 딜레마 게임을 수백 회 반복하는 연구를 진행했다. 그는 상대와 게임을 할 때 가장 결과가 좋은 전략이 어떤 것인지 알아보기 위해 컴퓨터 프로그램 대회를 고안했다. 참가자들은 상대의 배신이나 협력 사실을 알게 되면 그에 따라 자신의 전략을 바꾸기도 한다. 이 대회에서 사용한 대표적인 전략 몇 가지를 소개하자면 다음과 같다.

　항상 협력하는 전략 - 상대가 취하는 태도와 상관없다.
　항상 배신하는 전략 - 상대가 취하는 태도와 상관없다.
　팃포탯 전략 - 처음에는 협력하고 상대가 취하는 태도를 그대로 따라한다.

악의적 전략 – 상대가 배신하기 전까지만 협력하고 상대가 배신하면 그때부터 계속 배신한다.

불신 전략 – 먼저 배신하고 그다음부터 상대가 취하는 태도를 따라한다.

각각의 전략들은 매우 인간적인 반응들과 인간 군상들을 그대로 담고 있다. 이들 중에는 우리 문화에서 칭찬받는 태도도 있고 죄악시되는 태도도 있다. 우리는 한편으로 1987년 영화 〈월스트리트(Wall Street)〉에서 전형적인 기업 사냥꾼으로 나온 고든 게코(Gordon Gekko)의 모습을 가지고 있다. 그의 유명한 대사는 다음과 같다. "여러분, 제가 말씀드리고자 하는 바는, 욕심은…, 달리 표현할 단어가 없네요. 욕심은 좋은 것입니다. 욕심은 정당하고 효과적입니다. 욕심은 인간의 진화 정신을 꿰뚫어 선명히 보여주며 그것을 유지시킵니다." 또, 다른 한편으로는 1946년 영화 〈멋진 인생(It's a Wonderful Life)〉에 나오는 조지 베일리(George Bailey)의 모습도 가지고 있다. 조지 베일리는 영화 내내 전형적인 이타적 인간의 모습을 보여준다. 그는 결국 긍정적인 관계를 통해 보상 받고 멋진 인생을 살게 된다. 영화가 아니더라도 우리는 일상 속에서도 신뢰를 주는 사람들이 바람직한 상호작용을 통해 관계 형성에서 이점을 누리는 것을 볼 수 있다. 여전히 우리는 그 사람들에 대해서도 그들이 나중에 우리를 배신할지도 모른다는 위험성을 안고 있다. 하지만 우리가 그들을 신뢰할 만하다고 느낄 때 사회적 계약은 성립되는 것이다. 우리는 이 관계를 통해 더 많은 일을 도모하고 그들에 대해 더 좋은 감정을 느낀다. 반면 신뢰할 수 없다고 여겨지는 다른 이들과는 아주 다른 방식으로 게임을 하거나 아예 하지 않을지도 모른다.

컴퓨터 프로그램을 통해 양측이 여러 전략을 시험하면서 게임을 벌여 보면 어떤 전략이 다른 것보다 더 효과적인지 알 수 있다. 예컨대 팃포탯은 처음에는 협력하다가 상대의 태도를 그대로 따라 하는 꽤 단순한 전략이다. 그렇게 해서 상대가 협력하지 않을 때까지 협력을 지향하며 계속 협력한다. 그러다가 어느 순간 상대가 배신하면 그대로 따라서 배신한다. 그리고 상대가 먼저 협력할 때에만 다시 협력한다. 실제 현실에서 용서를 빌고 받아주는 것과 비슷하다. 컴퓨터 프로그램 대회 결과 팃포탯 전략이 전략들 중 효과가 가장 좋은 것으로 나타났다. 적어도 컴퓨터 시뮬레이션 상에서는 협력이 생존 가능성을 높여 주었다.

액셀로드의 획기적인 저서 〈협력의 진화(The Evolution of Cooperation)〉는 1984년에 처음 출간되었고, 이후 신뢰와 호혜가 인간의 진화와 관계에 어떤 영향을 미치는지에 대해 밝히는 데 크게 기여했다. 장기적으로 승리로 이끄는 전략은 협력에 기반을 둔 전략인 것으로 드러났다. 항상 그런 것은 아닐지라도 상호 이해를 위해 협력하는 인간은 가장 어려운 문제들도 해결할 수 있을 것이라는 협력에 대한 진화적 편견이 존재하는 것이 사실이다. 인간이 협력하지 않는 것에 대한 대가는 실로 크다. 인간이라는 종이 생존하기 어려워질지도 모른다.

그럼에도 우리가 알아두어야 할 또 다른 측면이 있다. 컴퓨터 시뮬레이션에서와는 달리 현실에서는 게임 참여자들이 살아가면서 하나의 전략만을 고집하지는 않는다는 것이다. 상대의 태도를 기반으로 우리는 끊임없이 전략에 수정을 가하며 우리가 존경하는 사람들의 전략을 그대로 따라 하고 보상과 처벌을 고려해 게임의 방향을 바꾸기도 한다. 이는 곧 현실에서는 하나의 전략이 계속 이길 가능성은 희박하다는 뜻이다.

간단한 사고 실험으로 이를 증명할 수 있다. 갈등이 없는 세상을 한 번 상상해 보라. 전 인류가 호혜와 신뢰, 협력을 통해 모든 전쟁을 없애기로 합의했다고 가정해 보자. 그 상상의 세상에는 갈등으로부터 생겨나는 죽음과 파괴가 존재하지 않는다. 이로 인해 모든 거주민은 평화와 사랑의 세상에서 살 수 있게 된다. 무기와 무기에 들어가는 비용은 더 이상 필요치 않다. 그러나 그런 세상이 존재한다면 배신을 도모하는 권력자에게 주어지는 상은 훨씬 더 커질 것이다. 한 국가가 비밀리에 무기를 모아 침략을 준비해 다른 모든 국가를 정복하려 한다면 다른 국가들은 침략을 막아낼 능력이 없을 것이므로 쉽게 그 뜻을 이루게 될 것이다. 그렇게 주어지는 보상이 커지면 배신이 일어날 가능성은 더 커진다.

따라서 전략은 끊임없이 유동적으로 변화한다. 협력 전략은 그 전략이 만연하기 전까지는 이기는 전략이 될 수 있다. 이후 이기적인 전략이나 결함이 있는 전략이 협력 전략의 약점을 이용해 한동안 승리를 누리게 된다. 부당하다고 느껴지겠지만 때로는 속임수를 쓰는 자들이 이기기도 한다. 하지만 시간이 지나면서 부정행위자들이 많아지면 그들의 전략은 노출되고 소외되어 거꾸로 협력적인 전략이 그것을 이용해 다시 승자의 자리를 되찾게 된다. 이와 같은 과정은 계속 끊임없이 반복된다. 해당 시기에 맞는 최적의 전략은 우리의 삶 속에서도 조수 간만처럼 끊임없이 성쇠를 반복한다.

이러한 시각은 현재의 세상을 바라볼 때도 유용하다. 2차 세계대전 이후 대체로 그 상태를 줄곧 유지해온 세계 질서는 현재 무너지고 있다. 자본주의와 그것이 쉼 없이 추구하는 발전을 향한 행진으로 말미암아 많은 이들은 승리했다. 어떤 제도도 완벽하지 않지만, 자본주의가 작동하는 규칙들은 인정받고 잘 받아들여졌다. 만약 당신이 내기에서 큰돈을 걸었다가 지게 되면 빈털터리가 되겠지만, 반대로 당신이 이긴다면 그동안의 수고와 뛰어난 능력, 위험을 감수한 것에 대해 보상을 받게 될 것이다. 게임 이론으로 치면 이것을 우세한 협력 전략이라고 부를 수 있을 것이며, 이 전략은 20세기 동안 우세한 전략으로 자리매김해왔다. 국가의 조작이 가능한 명목 화폐가 부상하고 2008년 구제 금융이 제공되면서 그 전략은 판돈을 잘못 걸어 위기에 빠진 사람들이 빈털터리가 되는 대신 상당히 잘 보상 받을 수 있는 전략으로 바뀌었다. 자본주의에서 오랫동안 우세한 위치를 차지했던 협력 전략은 부정행위를 저지르는 사람들이 승리하는 족벌 자본주의로 대체된 것이다.

아마도 일반적으로 존재하는 협력에 대한 선입견으로 인해 시간이 지날수록 우리는 세상에 균형을 맞추는 방식을 찾게 될 것이다. 협력하고자 하는 많은 사람의 의지와 정당한 보상 체계만 있다면 사회는 비협력의 부정적인 영향에 노출되는 것을 최소화하는 길을 찾을 수 있게 될 것이다.

새로운 규칙

정당한 보상 체계를 만드는 일은 미래로 갈수록 생각보다 더 실현 가능한 일이 될 것이다. 기존의 보상 체계들이 풍요로운 세상에서 기술의 발전에 힘입어 바뀌고 있기 때문이다. 인간 세상의 '게임'에서 가장 중요한 핵심 요소는 부족하거나 한정적인 자원을 좇는 것이다. 예를 들면 역사적으로 에너지 분야에서 경제적 우위를 점하려고 여러 국가가 경쟁하는 것은 저렴한 화석 연료가 부족해서였다. 우리는 화석 연료를 더 많이 얻기를 원하며, 적어도 다른 이들의 행보로 인해 피해를 보는 일은 일어나지 않기를 바란다.

풍요로운 생활은 물가 하락과 함께 찾아온다. 단순한 수요와 공급의 경제 원칙에 따른 결과이다. 어떤 것이 더 풍부하게 존재할수록 그것의 가격이 내려갈 가능성은 커진다. 풍요로움은 우리의 관념과 경제 이론을 크게 바꿔놓아 어떨 때는 어떤 것의 가치를 더는 인식하지 못하게 되기도 한다. 특히 무료나 거의 무료로 그 풍요를 누릴 수 있을 때는 더욱 그러하다. 산소를 한번 생각해보라. 산소가 없다면 우리는 죽게 된다. 그 사실 하나만으로도 산소는 우리 삶에서 가장 중요한 것이 될 수 있다. 하지만 산소는 풍부하게 존재하기도 한다. 대기의 약 21%를 차지하고 있고 너무 풍부해서 무료로 제공된다. 우리가 마시는 공기에 가격을 매겨서 파는 아주 수익성 좋은 사업 모델을 내놓는 것을 상상하기란 어렵다. (우리가 대기를 온통 오염시켜서 깨끗한 공기가 부족해진다면 가능할지도 모르지만 말이다).

이제 기술의 발전으로 현재와 가까운 미래에 무엇이 풍부해질지 생각해보자. 그것들은 아주 가치가 높지만 풍부하게 존재하기 때문에 가격이 급격히 내려갈 것이다.

기술이 디플레이션과 풍요로움을 동시에 가져다주는 세상에서 아마도 결국 협력 전략을 고수할 가능성이 더 커지는 결정적 이유는 '부정행위'나 '배신'에 대해서는 큰 경제적 보상이 따르지 않을 것이라는 사실이다. 풍요로운 환경 속에서는 부정행위에 대한 보상이 작아 보일 것이기 때문이다.

아니면 우리 스스로 부정행위나 배신은 많은 보상을 받을 수 없는 경제 시스템을 만들기 위해 노력해야 할 것이다.

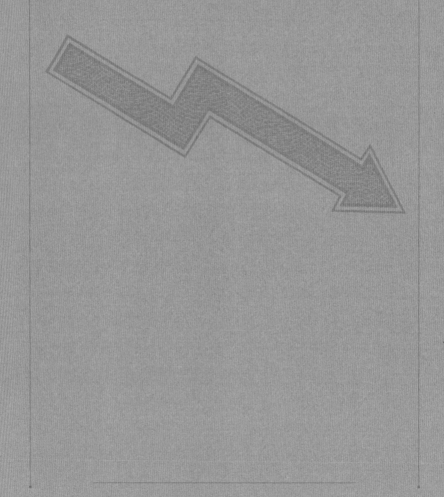

제10장

행동 개시

"20세기에 성공하도록 설계된 모든 기업은 21세기에는 실패하도록 설계된 것이다."

〈기하급수 시대가 온다(Exponential Organizations)〉의 저자 살림 이스마일(Salim Ismail)이 우리가 주최한 한 콘퍼런스에서 젊은 경영인 협회 회원들에게 한 말이다. 이스마일은 기하급수적으로 발전하는 기술 상황을 이해하고 기업들이 그 기술을 활용할 수 있는 기틀을 마련하는 일을 돕는다. 오래된 기업들이 반드시 실패한다는 말은 아니다. 그러나 그는 과거의 독점 기업이 미래에도 통용되는 사업을 도모하는 경우는 역사적으로 매우 드문 일이라고 말한다.

나는 변화를 도모할 수 없었거나 도모하지 않은 현재와 과거의 기업들을 떠올려 보았다. S&P 500 기업 중 평균 근무 연한이 33년인 기업들은 기술 발전으로 인해 2027년까지 근무 연한이 12년으로 줄어들 것으로 전망되고 있다. 이는 어느 정도 타당한 전망이다. 새로운 국면으로의 전환을 위해서는 장기적인 관점의 고민이 필요하기 때문이다. 극적인 변화를 이루려면 지금의 시장과 수익원을 거스르는 결단이 필요하다. 미래에 대한 투자는 예외 없이 현재 수익원과는 반대되는 투자가 결정적인 한 방이 된다. 투자자와 주주가 원하는 것을 고려하여 당장의 단기적 요구도 충족시키면서 미래의 사업 결정을 내리는 데에는 과감한 리더십과 시간이 필요하다.

우리는 코닥, 블록버스터, 시어스 등 미래의 시장 방향을 제대로 예측하지 못한 기업들의 여러 사례를 살펴보았다. 마이크로소프트는 전환기에 도약을 이루어낸 성공 사례로 남을 것이다. 하지만 마이크로소프트와 같은 회사들에게도 변화할 수 없는 부분은 있기 마련이다. 역설적이게도 마이크로소프트가 새로운 시장에 맞게 변화할 수 있었던 이유 중 하나는 투자자인 밸류액트 캐피탈(ValueAct Capital)이 변화를 도모하려는 장기적인 계획 아래에 경영 지원을 목적으로 이 사회에 참여했기 때문이었다.

기업이 미래에 투자하지 않으면 그 대가는 파멸이라는 것을 데이터 수치가 명확히 보여주고 있다. 그렇다면 망하도록 그냥 내버려 둘 수 없는 몇몇 대형 기관은 어떨까? 이를테면, 교육, 의료, 정부 관련 기관들이다. 그 기관들은 기술이 선도 기업들의 판도를 바꾸고 있는 이 시점에 사각지대에서 고통받게 되지는 않을까? 그리고 그 기관들이 규모가 더 커지면 현상 유지에만 사로잡혀 더 어려움에 처하게 되는 것은 아닐까? 정부와 기관들이 우리 모두가 게임을 하는 방식에 따라 규칙을 정하는지에 따라 결과는 달라질 것이다. 만약 그들이 규칙이 어떻게 바뀌어야 하는지 모르거나 과감한 리더십을 발휘할 용기가 없다면 우리는 온도가 올라가고 있는데도 그것을 깨닫지 못한 채 끓는 냄비 속에 있는 개구리와 같은 신세인 것이다.

하지만 사실은 '그들'의 책임이 아니다. 가장 뛰어난 기업들이 미래에는 무능해지도록 만드는 책임은 우리 모두에게 있다. 매몰 비용의 편향이나 확증 편향일 수도 있고 아니면 또 다른 편향일 수도 있다. 우리를 분열하게 만들기도 하는 어딘가에 소속되고자 하는 과도한 욕구일 수도 있다. 아니면 우주의 중심이 우리라는 착각 속에서 하는 단기적 사고일 수도 있다. 보상이나 처벌에 따라 협력하거나 배신하게 만드는 게임 이론일 수도 있다. 아니면 우리가 스스로에게 들려주는 이야기일 수도 있으며, 그것이 우리 마음속에서 아주 강화되어 무엇이 우리를 괴롭히고 있는지 간과하고 있는지도 모른다. 이 모든 것들이 원인이다. 이런 원인이 우리 모두에게 있다.

우리 정부 기관들은 왜 모든 사람이 공통적으로 저지르는 사고의 오류에 대해 면죄부를 받는 것일까? 우리의 생물학적 컴퓨터(우리 두뇌) 회로는 인간이라는 종으로서 아주 뛰어난 활동을 할 수 있도록 만들어져 있지만, 실수도 하도록 만들어져 있다. 인간의 패턴 인식 능력은 우리의 세계관과 상충되는 이정표는 보지 못하도록 우리를 제한한다. 정보의 성장과 변화의 속도는 이제부터 점점 더 빨라지기만 할 것이다. 그리고 하루가 다르게 급변하는 세상에서 규칙을 정하는 위치에 있는 정부 기관 종사자들이라고 해서 그 변화에 영향 받지 않을 것이라 생각해서는 안 된다.

관련 논의가 이루어지지 않는 것은 아니다. 전 세계적으로 심화하고 있는 불평등 문제를 해결할 방안들은 논의가 되고 있다. 하지만 지금까지 제안된 해결책들은 불평등이 심화하는 주요 원인을 분석하는 데 실패해 분열만 가중할 뿐이었다. 경제적 독단은 세계가 다르게 작동하던 기술 이전 시기에 건설된 프레임 속에서 그릇된 선택을 하게한다. 다른 대안을 찾지 못하면 우리는 이런저런 경제 프레임에 갇혀무슨 수를 써서라도 우리의 지위를 방어한다. 또한, 그 지위가 견고할수록 우리를 구원할 수 있는 잠재적 해결책을 보지 못하게 된다. 마치코닥이 디지털 카메라를 보지 못했던 것처럼 말이다.

두 가지 해결책

레이 달리오에 따르면 정부가 부채 위기에서 벗어나기 위해 이용할 수 있는 수단은 네 가지밖에 없다. 현재 부채 부담이 너무 크기 때문에 어떤 장기적 해결책을 채택하든 그 문제를 해결해야만 한다. 부채 부담에서 벗어나기 위해 정부가 이용할 수 있는 네 가지 해결책을살펴보자.

1. 긴축 재정 - 지출을 줄인다.
2. 채무 불이행 / 구조조정
3. 중앙은행의 통화 발행 또는 다른 보장 방안
4. 돈이 많은 사람들에게서 돈이 없는 사람들에게로 부의 이전

1, 2번 해결책에 대해서는 지금껏 많은 논의가 없었다. 1장에서 살펴본 것처럼 긴축 재정은 디플레이션을 발생시켜 악순환이 반복되고 자산 가격을 폭락시킨다. 그와 함께 고용률이 낮아져 채무 불이행이나 구조조정을 초래한다. 그런 이유로 긴축 재정(해결책 1)과 채무 불이행 및 구조조정(해결책 2)은 불가분한 관계로 연결되어 있다. 구조조정을 먼저 하든 긴축 재정을 먼저 하든 순서는 중요하지 않다. 어쨌든 부채를 해결하기 위해서는 구조조정이 필요하다. 이 두 가지 해결책에 대한 논의가 사실상 별로 없는 이유는 단기적으로 이런 상황을 감내하는 것이 사회적으로는 가장 고통스럽기 때문이다.

악순환을 만드는 원인이 긴축 재정만은 아니다. 부채는 충분히 **빠른** 성장 없이는 이자 지불이 불가능해지므로 성장을 둔화시키는 것만으로도 이 연쇄 반응을 촉발할 수 있다. 아마도 그래서 오늘날 제안되는 대부분의 해결책이 정치적으로 반대되는 두 진영으로 갈리는 것이다. 한 편은 3번 해결책을 사용하는 사람들이고 다른 한 편은 4번 해결책을 사용하는 사람들이다. 그들의 해결책은 결과적으로 비슷한 부분이 많지만 많은 부분에서 다른 형태를 띤다. 양측의 해결책을 하나씩 살펴보자.

먼저 지속적인 저금리나 마이너스 금리 환경 유지, 중앙은행의 통화 발행, 현대 화폐 이론 또는 그 밖의 보장 방안들을 해결책으로 제시하는 진영을 살펴보자면, 이 진영의 가장 큰 아이러니는 이들은 자유시장 경제 체제와 자본주의에 대해 아주 높은 신뢰도를 보이고 있지만, 그와 동시에 현재 일어나고 있는 일들이 자유시장 자본주의에 걸맞지 않다는 사실은 깨닫지 못하고 있다는 것이다.

세계 여러 나라에서 단행하는 통화 정책들 또한 논의 중인 여러 부채 해결책 중 하나로 분류할 수 있다. 중앙은행이 완화 정책이나 부양책을 단행한다는 소식을 듣는다면 이 진영의 입장이라 생각하면 되겠다. 마이너스 금리, 현대 화폐 정책, 화폐 발행, 소비 활동을 할 사람들에게로 부를 이전, 지출을 늘리기 위한 국세 및 지방세 감세 등 (뭐라고 이름 붙이든 어떤 형태로든 상관없다) 이 모든 해결책이 더 많은 부채를 발생시키며 계속 경제를 유지시킨다. 그것이 정부 부채가 되었든, 기업 부채나 가계 부채가 되었든 중요하지 않다. 그들은 모두 장기적으로는 고통을 가중시키면서 단기적으로는 경제의 단물을 빨아먹는다.

단기적 관점에서 보면 이 접근법은 사람들이 더 부자가 된 듯한 느낌을 받기 때문에 성공적일 수 있다. 그러나 그런 기분은 어디까지나 청구서 지불 마감일까지만 지속되는 것일 뿐이다. 새로운 길을 모색하는 데 실패한 기업들의 예에서 살펴본 바와 같이 장기적인 관점에서 필요한 일을 하기 위해서는 단기적으로 감내해야 할 고통이 너무 크기 때문에 과감한 리더십이 필요하다. 그러나 장기적 관점에서 과감한 결단을 내리지 못하면 그 결과로 사업은 나중에 위기를 맞을 수도 있다. 나는 이것을 '문제 회피' 전략, 또는 '타이타닉호에서 갑판 의자 재배열하기'라고 부른다. 이 전략은 다른 말로 표현하면 '어떤 사회적 대가를 치르고서라도 성장을 추구한다'는 것이다.

우리 경제를 유지하는 유일한 수단이 부채 폭발이라는 사실을 깨닫는 날이 아마 머지않아 오게 될 것이다. 만약 정부가 거의 완전 고용을 이루고 있는 경제 상황에서조차 성장 실패의 두려움으로 인해 초저금리로 큰 재정 적자를 내야 한다면, 경제가 휘청거리는 경기 침체기나 불황의 시기에 부채와 적자가 얼마나 폭발하게 될지 상상해 보라. 정부가 채무 상환 능력이 없다고 채권자가 판단하게 될 경우 부채에 대한 리스크 프리미엄(또는 이율)은 더 증가할 것이다. 물론 정부는 통화량을 늘리거나 자국의 통화 가치를 떨어뜨릴 수 있다. 하지만 다른 중앙은행들도 통화량을 늘릴 수 있으므로 그 전략은 그다지 효과적이지 않다.

이 책에서 지금까지 살펴본 것처럼 이 전략은 하나의 종반전이 남아 있을 뿐이다. 1) 불평등의 심화 2) 수입과 지출의 균형을 맞출 수 없어 이 체제 아래에 희망을 잃어버리는 사람들 3) 양극화 현상 심화 4) 권력 강화를 위해 양극화를 이용해 '우리 대 그들' 내러티브를 만들어내는 정치 지도자들의 부상 5) 일반적인 혁명과 전쟁. 이 해결책은 결국은 소멸을 불러온다.

4번째 해결책인 부자들에게 더 높은 세금 부과, 기본 소득 보장 방안은 사실 정치에서 이러한 사고방식은 진보/사회주의/공산주의 진영에서 나올 법한 내용이다. 이 주장은 경제 체제가 사회적 약자들에게 공평해야 한다는 원칙을 따르고 있다. 따라서 가난한 사람들에게 혜택을 제공하기 위해 부자들에게 더 많은 세금을 징수해야만 한다.

이 진영에서 주장하는 해결책들은 부의 이전을 요구하므로 그 때문에 많은 부자의 반감을 사고 있다. 자신이 피땀 흘려가며 번 돈이 자신만큼 열심히 일했다고 여겨지지 않는 사람들에게 간다는 것이 이해하기 어려운 것이다. 부를 지닌 사람들의 주장은 부자들에게 더 높은 세금을 징수할수록 위험을 감수하고 혁신하고 사회에 공헌하려는 동기가 줄어든다는 것이다.

이 진영의 제안 중 더 눈에 띄는 것은 보편적 기본 소득이다. 세계 정가에서 이 문제는 진지하게 다뤄지고 있다. 그 주장의 전제는 간단하다. 부자들에게 세금을 걷어 노동 여부와 상관없이 최소 기본 소득을 지급하자는 것이다. 최대한 열심히 일하는 사람들의 주머니는 채워주지만, 그 소득만큼 일할 것을 요구하지는 않는다는 의미이다.

이 생각은 새로운 것이 아니다. 수백 년 전에도 다양한 제안들이 나왔다. 이론적으로는 타당하게 들린다. 아주 열렬한 자본주의자에게조차도 자신에게 득이 되는 이야기로 들릴 수 있다. 자본주의는 구매자가 없으면 붕괴한다. 실업과 소득 불평등은 경제 활동에 참여할 수 있는 사람들의 수를 줄일 것이다. 어느 시점이 되면 경제에 참여하는 사람들이 지속적으로 줄어듦에 따라 더 이상 손익 계산이 안 나오게 되고 결국 경제 체제는 붕괴하고 만다. 따라서 보편적인 기본 소득이 일부 사람에게는 급진적으로 들릴지 몰라도 적어도 최악의 결과를 막을 수 있는 대안은 될 수 있다는 뜻이다.

그러나 실제 시행을 검토해 보면 이 문제는 훨씬 더 복잡하다. 보편적 기본 소득은 기본적으로 부의 이전을 의미한다. 이것이 노동 의욕을 꺾어 결과적으로 사람들이 아무 일도 하지 않고도 급여를 받게 된다는 우파의 전통적인 주장은 차치하고라도 적정한 급여 수준을 결정하는 일이 복잡해 여러 가지 어려움이 따른다. 정부는 개인의 요구에 따라 어떻게 급여를 차등 지급할 수 있을까? 이를테면 생활비의 차이로 인해 어느 도시에 살 것인지 선택하는 것이 문제가 될 수 있다. 누군가가 취업의 기회가 더 많다는 이유로 생활비가 비싼 도시에 살기로 했으나 여전히 일자리를 구하지 못했다면 어떻게 할 것인가? 그 사람에게는 더 높은 기본 소득을 지급해야 할까? 그렇다면 장애가 있거나 피부양인의 기본 소득은 어떻게 해야 할까? 기본 소득을 요구에 맞는 적정 금액으로 각각 다르게 책정하는 것은 달성하기 어려운 일이다. 특히 정부 보조금이 많아질수록 부자들이 내야하는 세금도 많아지므로 부자들이 자신이 이용당하고 있다는 생각에 일촉즉발의 분열 상황이 벌어질 수도 있다.

어찌 되었든 이 해결책의 가장 중요한 문제는 이것이 근본 원인은 다루지 않는다는 것이다. 기술은 디플레이션을 초래하고 있으며 그로 인해 기술과 마찬가지로 디플레이션 또한 급류를 타게 될 것이다. 다시 말해 디플레이션 속도는 (화폐 발행을 하지 않는다면) 앞으로 점차 빨라질 것이다. 기술이 우리에게 제공하는 풍요로 인해 세계적으로 새로운 노동력은 필요하지 않을 것이다. 오히려 기술은 노동과 우리가 하고 있는 일을 사라지게 만들고 있다. 고용 시장에 대한 이와 같은 부정적 효과는 세계적으로 가속화할 것이다. 사회의 빈부 격차를 줄임으로써 우리는 애초에 그 문제를 야기한 근본적인 구조적 변화는 외면하고 있다. 근본 원인을 무시하는 것은 더욱 심각한 분열을 일으킬 가능성이 크다.

누가 돈을 통제하는가?

위의 두 가지 해결책은 모두 세계 부채가 이미 너무 많으며 빠르게 계속 확대되고 있어 어떤 가능한 해결책을 써서라도 부채 리셋이 필요하다는 사실을 고려하지 않고 있다. 부채 리셋은 고통스러운 과정이며 하룻밤 사이에 많은 부가 사라지는 한편 새로운 부가 창출되기도 한다. 과거에도 이러한 부채 리셋은 일어난 적이 있었다. 그 과정에서 어느 쪽에 서 있는가에 따라 승자와 패자가 갈린다.

또한, 위의 해결책들은 모두 통화 정책을 수립하고 화폐의 기본 가치를 통제하는 중앙 정부의 역할에 의존하면서 필요 시 경기 부양책을 시행할 권한을 정부에게 주고 있다. 하지만 화폐 가치를 통제하는 것은 권력 남용으로 이어질 수 있다. 특히 해당 통화가 다른 통화에 큰 영향을 미치는 경우 그렇게 될 가능성은 더욱 크다.

게임 이론이 시사하는 바와 같이 우리는 우리 자신의 요구를 가장 우선으로 고려한다. 국가적 사안이 항상 국제적 사안보다 우선순위를 차지한다. 따라서 한 국가에서 관리하는 통화 제도가 다른 모든 통화의 중추 역할을 하는 경우, 그 제도가 국제적으로 통용되다가도 통화를 관리하는 국가의 국내 사안이 그 국가에만 편파적으로 유리한 경제적 혜택을 안겨주고 다른 국가들에게 피해를 주는 상황에 이르게 되면 그 통화 제도를 따르지 않게 될 수도 있다는 것을 의미한다. 그 통화에 대한 신뢰가 깨지면 게임 이론에 따라 다른 국가들은 자국의 통화 성장을 도모하는 조치를 취하게 될 것이다. 그리고 국제적 협력 관계가 무너져 대혼란이 발생할 수도 있다.

앞서 언급한 것처럼 사실 1900년대 초반에 무역 경쟁에서 승리하기 위해 자국의 통화 가치를 떨어뜨리려는 각국의 조치들은 2차 세계대전을 발생시킨 실마리를 제공했다. 대량 실업과 권위주의, 2차 세계대전을 초래한 실수를 되풀이하지 않기 위해 세계의 정치 지도 자들은 1944년 전후의 국제 통화 질서를 규정하는 브레튼 우즈 체제 (Bretton Woods) 출범을 위해 한자리에 모였다. 브레튼 우즈 체제는 모든 국가가 환율을 미국 달러와 금 가격에 고정하기로 합의하는 것을 핵심 내용으로 한 국제 통화 제도이다. 그에 따라 미국 달러가 기축통화의 지위를 차지하게 되었고 교환 비율을 금 1온스당 35달러로 고정시켰다. 이 새로운 규칙은 국제 거래에서 신뢰를 구축했고, 여러 국가가 재량에 따라 인위적으로 통화를 조작할 수 없게 됨에 따라 국제 무역이 확대되고 세계는 더욱 번영했다.

이 또한 게임 이론이 시사한 바와 같이 여러 국가가 규칙을 명확히 이해하고 합의했을 때 모두를 위해 발전이 증진된다는 것을 보여주었다. 그러나 1971년 미국은 브레튼 우즈 체제의 중요한 합의 사항인 금환본위제를 일방적으로 파기했다. 그로 인해 미국 달러가 국내 상황에 따라 가치가 달라질 수 있는 명목 화폐로서 세계 경제 질서의 중추가 된 달러본위제로 바뀌게 되었다. 이것으로 브레튼 우즈 체제는 사실상 막을 내리게 되었다. 미국 달러가 금에 고정되지 않고도 기축통화로 자리를 잡게 되자 미국은 국제 문제에서 대단한 영향력을 발휘하게 되었다. 또한, 개별 국가가 화폐 발행으로 규칙을 바꾸는 것도 허용이 되어 공정한 무역을 위한 환경은 악화되었지만 다시 현재와 같이 각 국이 정치적 이득을 위해 통화를 조작할 수 있는 기반이 마련되었다.

비트코인(과 다른 사이버통화)은 하나의 해결책으로 시도되는 화폐다. 비트코인은 본질적으로 분권적이고 정부를 포함해 그 누구도 조작할 수 없는 시스템을 만들 수 있다는 데 그 장래성이 있다. 우리가 알다시피 돈은 수요와 공급의 법칙을 따른다. 미국 달러는 공급보다 수요가 증가하면 가치가 올라간다. 정부는 화폐 발행과 같은 방법으로 화폐 공급을 늘림으로써 자국 통화의 가치를 떨어뜨려 이 자연스러운 역학을 바꾸거나 조작할 수 있다. 비트코인은 2천백만 비트코인으로 화폐 공급을 영구적으로 고정시켜 그 역학을 바꾸려고 시도한다. 그에 더해 어떤 중앙의 통제도 받지 않고 P2P 거래 장부를 생성해 내기도 한다. 이것이 바로 블록체인 기술이다. 블록체인은 분산형 공공 거래 장부로서 중앙 통제를 통해서가 아니라 상호 합의를 통해 거래를 승인함으로써 보안과 신뢰성을 제공한다.

비트코인이 기반으로 하는 블록체인 기술은 해킹을 당한 적은 없지만, 거래가 쉽지 않다. 이 때문에 대중적인 지불 수단으로의 채택이 더뎌지고 있다. 그에 더해 비트코인 보관소나 다른 암호화폐(지갑)는 사이버 공격이나 분실에 취약해 다른 형태의 위험 요소가 발생하고 있다. 하지만 위험성과 현재의 높은 변동성에도 불구하고 세계 여러 나라의 일부 사람에게는 자국 통화보다 비트코인을 보유하는 것이 더 안전하다. 비트코인은 국경을 넘어서도 같은 가치를 인정받을 수 있으며 자국 화폐의 가치가 폭락했을 때 지불 수단으로 활용할 수도 있다. 예컨대 현재 베네수엘라에서는 비트코인을 보유하고 있는 사람들에게 비트코인은 이미 목숨과도 같은 통화로서의 역할을 다하고 있다. 비트코인이 자국 화폐보다 훨씬 더 안전한 지불 수단이기 때문이다.

비트코인의 높은 변동성은 비트코인이 국제적인 지불 수단으로 신뢰를 얻을 수 없는 이유로 자주 언급된다. 비트코인은 유동적이다. 2018년에는 그 가치가 30% 하락했다가 2019년 상반기에 100% 이상 다시 상승했다. 그러나 그 변동성은 전체 맥락을 감안해서 이해해야 한다. 베네수엘라의 자국 통화인 볼리바르의 환율 상승률은 2018년 180만%였다. 2018년도에 내게 선택권이 주어졌다면 나는 180만%의 볼리바르 화폐 가치를 잃는 쪽보다 차라리 비트코인에서 30%를 잃는 쪽을 선택했을 것이다.

단순한 해결 방안

오컴의 면도날(Occam's razor)이라는 철학적 원리가 있다. 단순한 해결책이 복잡한 해결책보다 참일 확률이 높다는 원리이다. 오컴의 면도날은 직관적인 감각을 더 중시한다. 복잡한 것은 오류에 이르게 할 가능성이 크다. 가설을 내세울 때 가정의 수가 많아질수록 한 가지 이상의 가정이 틀렸을 가능성이 커진다. 그래서 나는 가장 단순한 해결책이라 여겨지는 것을 제안하려고 한다. 사실 너무나 단순해서 짐작하기 어려울 것이다.

만물이 자연적 체계에 따라 흘러가도록 내버려 둔다면 어떨까? 디플레이션을 무조건 막으려고 노력할 것이 아니라 그것을 수용해보면 어떨까? 기술이 확산하면서 디플레이션의 속도도 그와 함께 빨라진다. 우리는 적은 돈을 지불하고 더 많은 것을 누리고 있으므로 디플레이션은 우리가 환영해야 하는 것인지도 모른다. 우리는 스스로에게 풍요를 수용할 것을 허락해야 한다. 그 연장 선상에서 기술이 일자리를 없애고 전체적으로 직업의 수가 줄어들면 가격은 계속 내려갈 것이고 대규모 부의 이전 없이도 일자리를 잃은 이들도 기술 풍요의 혜택을 누릴 수 있게 된다. 기술 주도의 가격 인하가 가격이 무료가 되는 지점까지 계속된다면 그것도 받아들여야 한다. 사람들은 더 이상 계속해서 가격이 오르는 것들에 끊임없이 돈을 지불하며 살지 않아도 될 것이다. 우리가 받아들이기 어려운 만큼 그것은 오늘날 우리 삶에 있어 너무도 급진적인 변화이기 때문에 내가 보기엔 이것이 우리가 가지고 있는 유일한 현실적인 선택지인 것 같다.

우리는 이 선택지가 존재하지 않는 세상에서 살아왔기 때문에 이를 상상하기가 쉽지 않다. 기술 디플레이션은 경제 전반에 걸쳐서 나타나고 있는 현상이 아니라 일부에서 나타나고 있는 현상이었고, 경제 변화의 타격을 받지 않은 일자리와 업계에 맞게 사람들을 재훈련시켜 과거와 동일한 번영의 길을 계속 갈 수 있었다. 하지만 이제는 기술이 곧 우리가 하는 거의 모든 일을 지배할 것이므로 그 길은 미래의 길이 될 수 없다.

우리는 일자리가 없어진다면 어떻게 해야 할지 모르는 시스템 속에 갇혀 있기 때문에 그런 선택지를 고려하지 않고 제쳐두기가 쉽다. 우리의 직업은 일에서 얻게 되는 수입보다도 우리에게 훨씬 더 중요한 의미를 가진다. 직업은 직장에서 따라오는 (앞서 언급했던 '우리'에 해당하는) 인간관계 및 사회적 지위와 함께 우리가 어떤 사람인지를 보여주는 일부가 된다. 그런 이유로, 대부분의 일자리를 기술이 대체할 것이라는 사실을 바꿀 수 없음에도 불구하고 우리는 문제를 직시하려

하지 않는다. 그 일자리들과 일자리가 주는 자기 가치가 사라진 미래에 대한 두려움 때문에 우리는 그런 것들이 필요 없는 더 좋은 세상을 상상할 수가 없는 것이다.

이런 대안을 한 번 고려해 보라. 일자리가 없이 풍요로움이 허락되는 상황은 실제로 완전히 새로운 계몽의 시대를 열게 될지도 모른다. 우리는 기술이 가져다주는 혜택을 누릴 충분한 시간을 가진 것이다.

진정한 자본주의 체제는 그런 환경에서도 잘 작동할 수 있다. 더 열심히 일하고 혁신하려는 자세를 가진 사람에게는 여전히 보상이 주어질 것이기 때문이다. 모든 상품의 가격은 내려갈 것이다. 하지만 가치를 창출하는 사람들은 새로운 수요 및 공급의 현실과 디지털 세상에 맞춰 그들이 창출하는 가치에 대해 보상을 받게 될 것이다. 우리는 구 모델의 스마트폰을 무료로 제공하는데도 여전히 최신 아이폰을 구매하기 위해 줄을 선다. 하지만 사회의 경쟁에서 밀려난 사람들이 져야 할 위험 부담은 그만큼 줄어들 것이다. 통화 완화 정책으로 가격 인플레이션이 발생하면서 늘어났던 많은 일자리를 지원하기 위해 필요했던 공공 기반 시설이 사라지게 되면 정부의 복지후생 계획 예산도 그와 함께 사라지게 된다. 생활비는 훨씬 낮아지고 노동자들에게 지워졌던 부담도 덜어진다.

결국, 그와 같은 경향은 이미 분명해져 다른 삶의 방식을 예언하고 있다. 우리가 어떻게 그 지점에 도달할 것인지가 관건일 뿐이다. 기술이 디플레이션을 불러오는 경향은 너무 강력하게 작용하는 나머지 그것을 멈추려는 최대한의 노력조차 무색하게 만들 것이다. 디플레이션을 멈추려는 노력과 그것을 중단시키려는 싸움의 2차적 결과는 미래 세대에게는 정신 나간 행동으로 보일 것이다. 그 싸움이 결국은 기존의 시스템을 완전히 무너뜨리는 혁명과 전쟁을 불러올 것이기 때문이다. 인류가 기술이 만들어 준 사회의 상승 기류를 탈 기회를 영원히 잃어버리게 되는 것이므로 디플레이션을 중단시키기 위한 싸움을 그대로 두고 보는 것은 비상식적으로 무책임해 보인다.

내가 제안하는 해결 방안은 이론적으로는 간단하지만 여러 가지 한계점이 있는 것이 사실이다. 우선 첫째로, 각국 정부가 과연 디플레이션을 그대로 두고만 볼 것인가의 문제이다. 정부와 중앙은행은 통화 공급에 대한 통제 권한을 가지고 경제와 국민에게 엄청난 영향력을 행사한다. 그들이 조종할 수 없는 새로운 시대의 통화에 그 통제권을 자발적으로 넘겨줄 리 만무하다. 통화를 통제하지 않으면 기술 디플레이션은 이미 기정사실이라 볼 수 있다.

또 다른 한계점은 이 해결안이 한 국가에서만 시행될 수는 없다는 점이다. 무역 관계에서는 한 국가가 이러한 조치를 취하는 것이 여전히 통화를 통제하는 다른 국가들에게는 불리하게 작용할 수 있기 때문에 국제적 공조 속에서 시행되어야 할 것이다.

정부가 그들의 통화 통제권을 자발적으로 포기하지 않을 것임은 분명하지만, 환율과 관련된 규칙을 확립하는 브레튼 우즈 체제와 같은 국제적 공조가 없이는 정부의 의사와 상관없이 어찌 되었든 또 다른 방식으로 통화 통제권을 내려놓게 될 것이다. 통화는 우리가 그 통화를 신뢰하기 때문에 가치를 지닌다는 사실을 기억해야 한다. 신뢰가 없다면 숫자가 적혀 있는 종잇조각에 불과한 것이다. 그 신뢰는 합의된 교환 가치이며 정부는 그 약속을 지키는 것이다. 하지만 정부가 약속을 지키지 않으면 신뢰는 손상된다. 약속이 적혀 있는 종이의 가치를 바꾸는 것으로 약속을 지키는 척해도 소용이 없다. 통화에 대한 신뢰가 손상될수록 대체 통화는 더 신뢰할 만한 수단으로 떠오르게 된다. 비트코인이 되었든 다른 것이 되었든 대체 통화는 빠른 속도로 부상할 것이다.

비트코인은 디지털적이고 분권적인 특성으로 인해 (2장에서 언급한 바 있는) 네트워크 효과의 혜택을 기대할 수 있다. 네트워크 효과는 사용자가 많아질수록 그 가치가 올라가는 것이다. 더 많은 사용자가 시스템을 신뢰할수록 시스템에 대한 신뢰도는 더 높아진다. 비록 비트코인이 주요 통화를 따라잡는 것은 상상하기 어렵지만, 더 많은 통화가 압박을 받게 되면 앞으로의 추세는 바뀔 수도 있다. 주요 통화들이 압박을 받을수록 그 부작용으로 비트코인이나 비트코인과 비슷한 형태의 네트워크의 가치가 상승하게 된다. 다시 말해서 베네수엘라 국민과 다른 나라들이 통화 가치 하락의 압박에서 벗어나려는 방편으로 시작한 비트코인 사용이 여러 국가로 퍼져나가면 실질적인 신뢰의 기준으로까지 쉽게 자리 잡을 가능성도 있다.

하지만 어떻게 모든 것을 확실히 알겠는가? 내 판단에도 취약성과 편견이 있고 그것을 바로잡기 위해 최선을 다한다고 할지라도 나역시 한 인간이고 누구나 그렇듯 결함이 있고 오류에 빠질 수도 있다. 내가 제시하는 대안은 수많은 대안 중 하나에 불과하다. 아마도 하나의 해결책이 단독으로 효과를 발휘하기도 어렵고, 갑자기 실행되기도 어려울 것이다. 어쩌면 기술이 주도할 미래에도 작동할 수 있는 경제 기반으로 전환하기 위해 해결 방안들이 단계적으로 한데 어우러질 필요가 있는 것인지도 모르겠다. 이것이 바로 내가 당신에게 질문하는 이유이다.

대책을 세워야 하는 것만은 확실하다. 그러나 사안의 성격이 워낙 복잡하고 까다로워서 문제를 외면하고 다른 이들이 문제를 해결해 주기만을 바라게 되기가 쉽다. 하지만 나의 통찰을 믿으시라. 나는 10년 동안 이 문제에 관해 이야기하며 우리 사회에 적개심이 자라고 양극화가 심화하고 있는 상황을 제3자의 입장에서 지켜봐 왔다. 이 책을 쓰게 된 것은 책을 집필하겠다는 욕심에서가 아니라 핵심적인 사안에 대한 진지한 논의와 해결책이 부족한 것에 염증을 느꼈고, 그와 동시에 우리가 행동하지 않는다면 세계적으로 갈등이 얼마나 더 심각해질지 걱정되었기 때문이다. 우리 아이들에게 물려줄 세상이 걱정되었다. 이 책을 통해 우리 모두가 대화하고 고민하며 거대한 질문들을 던지게 되었으면 하는 바람이다.

거대한 질문을 던지는 것이 때때로 해결책 자체보다 더 강력한 효과를 발휘하기도 한다. 질문이 세계의 지식을 자극하고 그것을 통해 다양한 문제 해결 방법이 나오기 때문이다. 거대한 질문을 던지는 것의 한 예로 안사리(Ansari) 엑스 프라이즈를 들 수 있다. 안사리 엑스 프라이즈는 1996년에 피터 디아만디스(Peter Diamandis)가 창시한 상으로, 전 세계에서 26개 팀이 참가해 1천만 달러의 상금을 놓고 2주 내로 3인승 민간 우주선을 만들어 두 차례 저궤도에 올려놓는 것을 경쟁하는 기술경진대회였다. 대회 참가 팀들은 1억 달러 이상을 들여 문제 해결 방안을 마련하고 우리가 오늘날 혜택을 누리고 있는 새로운 우주선 경쟁을 시작했다. 그 이후 다양한 크라우드소싱 대회들이 개최되어 의료 분야에서부터 암흑 물질을 찾아내기 위해 더 향상된 알고리즘을 개발하는 일, 그리고 바다 정화에 이르기까지 모든 분야에서 돌파구가 될 해결책을 마련하는 데 활용되었다. 크라우드소싱의 주요 특징 중 하나는 누구나 참여할 수 있다는 것이다. 어디에서든 누구나 아이디어를 내거나 참여할 수 있다. 대회 참가자들이 내놓는 방안들은 해당 분야의 전문가들이 생각해 낸 방안들보다 훨씬 더 좋은 경우가 많다.

이 책 집필을 결정하게 된 내면적인 요인은 삶에서 얻은 가장 중요한 교훈 때문이었다. 그것은 내 인생에서 가장 큰 비극이었던 내 형제의 갑작스러운 죽음이었다. 나는 그 교훈을 모든 인간관계와 삶의 결정에 방향을 제시해 주는 나침반으로 삼으며 살려고 최대한 노력한다. 그 교훈은 '우리의 삶은 우리가 타인에게 미치는 긍정적인 영향력으로 정의된다'는 것이다.

우리 모두는 그 사랑을 동력으로 살아가며 그 사랑이 모습을 드러낼 때 우리는 그것을 기억한다. 사랑은 지속된다. 사람들은 우리를 형성하고 영향을 미치며 더 나은 사람으로 만든다. 그들에게서 받은 선물을 후대에 전달하는 것이 우리의 책무이다.

나는 운이 좋게도 삶에서 긍정적인 영향을 주는 사람들을 많이 만날 수 있었다. 그리고 그들이 내게 미친 영향에 영원히 감사하는 바이다. 앞으로 풍요로운 미래를 맞이하면서 인류가 가장 이상적인 모습으로 번영할 수 있는 세상을 함께 만들어나갈 수 있도록 대화와 토론의 장에 당신도 적극적으로 참여해 줄 것을 당부한다. www.thepriceoftomorrow.com에서 우리의 대화는 계속 이어질 것이다.

THE PRICE OF TOMORROW

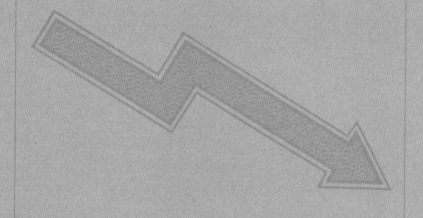

미래의 가격

초판 1쇄 인쇄 | 2021년 3월 15일
초판 3쇄 발행 | 2025년 1월 3일

지은이 | 제프 부스
옮긴이 | 강성실
발행인 | 노승권
발행처 | (사)한국물가정보

주소 | (10881)경기도 파주시 회동길 354
전화 | 031-870-1062(편집), 031-870-1060(마케팅)
팩스 | 031-870-1097

등록 | 1980년 3월 29일
이메일 | editor@kpi.or.kr
홈페이지 | www.kpi.or.kr

값은 뒤표지에 있습니다.